JULIA EBNER

GOING

ゴーイング・メインストリーム

過激主義が主流になる日

ユリア・エブナー

西川美樹 訳

清水知子 解説

左右社

ゴーイング・メインストリーム
過激主義が主流になる日

GOING MAINSTREAM

How Extremists are Taking Over

ゴーイング・メインストリーム

目次

まえがき 007
はじめに 016
第1章 過激主義の主流化——ゴーイング・ダークからゴーイング・メインストリームへ 034
第2章 サブカルチャーの創生——インセルの潜入調査 044
第3章 ネットワークの構築——気候変動否定論者の世界 088
第4章 オルトメディアの興隆——ホワイト・ライブズ・マター 136
第5章 バックラッシュの誘発——トランスフォビアの究明 189
第6章 大衆の説得——反ワクチンネットワークの世界 228

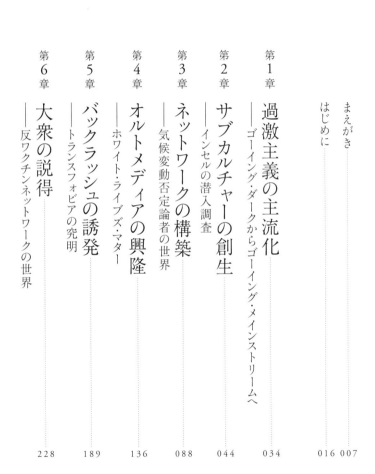

第7章　代理戦争の遂行
——ロシアによる反リベラリズムの戦い……278
第8章　わたしたちにできること
——5人の専門家による15の提案……317
謝辞……351
解説　清水知子……354
原註……i

［凡例］
・本文中の（　）は原文中の補足、［　］は原文中の著者による添え書き、〔　〕は訳者による補足、を示す。
・＊は訳者による註とし、ページ端に示した。

本書には過激な差別発言やヘイトが事例としてとりあげられているが、過激主義組織の実態を伝えるものとしてそのまま掲載している。

まえがき

過激主義者の傾向について調査を始めたのは2015年のことだが、その頃わたしたちの住む世界はいまとはかなり違っていた。当時話をした政府や治安機関の担当者の大半は、政治的意図による暴力やテロリズムがもたらす危険性について、わたしの意見に賛同してくれた。それでも自分たちが生きているあいだに、この急進的な異端派が政治的に無視できない存在になると予想した者はほとんどいなかった。彼らが襲撃を計画し、国家安全保障上のリスクになりかねないことだけは確かだった。とはいえ、自分たちの思想を支持する大衆をどうやって動員できるというのか。

ところがブレグジット〔イギリスのEU離脱〕とトランプを支持した票が、この考えを覆《くつがえ》した。当時わたしはリベラルで進歩的な政策決定者に状況説明をしていたけれど、その多くは、EU離脱を問う国民投票も2016年の米大統領選の結果も、どちらも例外的な状況下で偶然起きたポピュリストの躍進にすぎないといまだ考えていた。広範な傾向に転じることなどまずありえない政治的事故で、そのうち平常に戻るだろうと。ところがここ数年——しばしばリアルタイムで急進的なムーヴメントの内側から——観察していると、世に埋もれた発想や過激な陰謀論の一部が世間の人びとの意識に入り込んでいるようすが見てとれた。

こうした周縁の発想の主流化に拍車をかけるのが、この数十年で進む政治的中道の侵食だ。そしてまた、こうした発想の主流化がさらに中道層の縮小に拍車をかけている。抜本的な変化を求める声が高まるなか、諸政党は自らを刷新する必要に迫られてきた。英米ではそれぞれ保守党と共和党が警戒を怠りポピュリストのナショナリズムに与《くみ》し、オーストラリア自由党内でもそれが勢力を拡大しつつある。この英語圏諸国の状況はハンガリーやポーランド、オーストリアなどの状況とよく似ていて、後者の国々でも主流派の保守政党が、反リベラルで超ナショナリストの急進的思想を徐々に抱き込んでいる。国によっては中道の政党が極右政党との激化する競争に対処すべく、より過激な相手と連立政権を組むこともある。ネオファシスト政党のスウェーデン民主党や「イタリアの同胞」が2020年に選挙で勝利したことは、急進右派の成功をまざまざと見せつけた事態だった。だが、そもそもなぜ最も急進的な周縁が政治的中道をとりこみ、かつて穏健派だった政党に影響力を振るうようになったのか。

本書のリサーチをしていたときに現場で会った人たちは、皆が皆、従来から極右の人間というわけではなかった。もともと左派だったり、以前は政治にまったく関心がなかった人も多かったし、諸々の懸念を抱いているごく普通の市民や親たちもいた。歴史を振り返ればヨーロッパや北米における過激主義のムーヴメントには、特有の戦術やイデオロギー的特徴、階層的構造が明確にあった。ところが今日、わたしたちは新たな現実に直面している。過激主義者は曖昧なイデオロギーを掲げ、予想もしない連立を組み、緩い脱組織型の構造を持っている。そのため、彼らはかつてないほど予測のつかない存在になっているのだ。

本書の調査を通して、急進的思想が主流化するプロセスには明確な法則性《パターン》があることに気がついた。インセル[*1]やホワイト・ライブズ・マターの活動家、Qアノンのどれを見ても、こうしたムーヴメントは、世間の言説にほとんど影響を与えない「周縁のサブカルチャー」から始まっていた。そして「国境を越えた強力なネットワーク」をつくりはじめ、自ら「もうひとつの《オルタナティブ》メディア生態系《エコシステム》」を築いたとき、初めて彼らは影響力を発揮しはじめた。そして世間の人びとの考えを徐々に変えていき、進歩的ムーヴメントに対する「敵対的な

＊1　恋人や親しい相手を見つけることのできない男性によるインターネット上のサブカルチャー。詳しくは第2章を参照。

反動《バックラッシュ》」に火をつけた。そうして「オヴァートンの窓」、すなわち多くの人に受容される言説の範囲が彼らに有利なものになるにつれ、「一般大衆が過激思想を受け入れる」道が敷かれていった。最終段階は、リベラルと反リベラルの未来像が暴力的対立へと発展することを特徴としている。これを本書では「代理文化戦争」と呼ぶことにする。

議会や街頭での抗議、オンラインの議論で過激な発言がますます声高に叫ばれるにつれて、社会の亀裂が深まっている。いまわたしたちが目にしているのは、人種的正義、ジェンダーの平等、クィアの権利、気候アクティビズム、ワクチンの受容といった境界線に沿って過度に分断されたコミュニティの台頭だ。とはいえ今日の分断は、たんにイデオロギーのぶつかり合いから生まれたわけではない。この衝突は人びとのアイデンティティに深く根ざしているものだ。[1] 敵対する集団は世界観を異にするだけでなく、自己観もまた異なっている。

強力なアイデンティティの力学こそ、急進化したコミュニティに一貫して見られる特徴だ。こうしたムーヴメントは排他的な意識を生み、それが翻《ひるがえ》って強い帰属感を喚起させる。ときにメンバー自身のアイデンティティが集団のアイデンティティと等しいものになることもある。「アイデンティティの融合」と呼ばれる現象で、[2] これが過激主義組織内で生じるとしたら、それはメンバーが政敵と闘うときか、自分たちの権利が政府に抑圧されたと感じるときだ。強い結束体験をもとにアイデンティティが融合し、さらに外部の敵から存続を脅かされたと感じれば、暴力行為に発展する可能性は十分にあるだろう。[3]

災害や戦争、先の見えない不安は、過激主義ムーヴメントにとって類のない好機になる。ここ何年も世界が絶えず非常事態に見舞われているおかげで、以前は手の届かなかった聴衆に極右が近づけるようになった。新型コロナウイルスの世界的流行《パンデミック》が起きて以来、急進的な活動家はコロナにまつわる不満を自分たちに都合よく利用してきた。さらにロシアがウクライナに侵攻したことは、ヨーロッパの周縁政党を勢いづけている。そして経済危機――急激なインフレーションと住宅価格や燃料費の高騰――は、答えの出ない不満の方程式にさらなる変数を加えている。

こうした危機を人びとが共有したことによる心理的影響が、競争に勝つための武器としてこれまで巧妙に利用されてきた。最も成果をあげる組織のなかには、こうしたすべての出来事をうまいこと利用して、異種混合《ハイブリッド》の理論をこしらえるものもある。ここにきて気候変動否定派、ワクチン反対派、反ＬＧＢＴＱ活動家、反フェミニスト、親ロシア派、白人ナショナリストなどのさまざまな活動家の連合がますます目につくようになってきた。人びとは、共有するエリートへの反感、「自由」という魅力的な言葉、分断を煽《あお》る文化戦争の議論を頼りに動員される。彼らに最低限共通するのは、そもそも「既得権益層《エスタブリッシュメント》」に根深い不信感を持っている点だ。

世界的に人気のあるメディアの有名人にも、過激思想を拡散しはじめた者がいる。毎回平均1100万人のリスナーがいるアメリカのポッドキャストの司会者ジョー・ローガンは、インターネットのとくに急進的な場所で生まれた反ワクチン陰謀論を番組で流し[4]、テレビのトーク番組司会者タッカー・カールソンは、Qアノンや「大いなる交代《グレート・リプレイスメント》」*2の陰謀論を支持している。米ラップ界のスターで現在は「イェ」と名乗るカニエ・ウェストは、3000万人のフォロワーに反ユダヤのお決まりの話をシェアし、リアリティ番組「ビッグ・ブラザー」に出演して一躍有名になったアンドリュー・テイトは、ティックトックに暴力を是とするミソジニーな動画を投稿し、数十億の視聴回数をあげている。

偽情報が流出すると、往々にして標的型のヘイトやドキシング〔個人情報をネット上に晒すこと〕が起こる。そしてヘイトやドキシングは、物理的な暴力の引き金になることがよくある。さらに偽情報とテロリズムには密接な関係がある。アメリカで起きた50を超える刑事事件で、暴力行為や暴力の脅し、暴行容疑の加害者は、犯罪をおかそうとしたきっかけにトランプの名をあげていた。[5]

これが世間に広く及ぼす影響を思うと背筋が寒くなる。多くの政治家やジャーナリスト、芸術家や活動家が自主検閲をしはじめ、憎悪に満ちたバックラッシュを回避したいがために職を辞する者まで出ている。進歩的リベラリズムを敵視する人びとは、理屈のうえでは言論の自由の名のもとに活動する。とはいえ現実には、開かれた議論を叩き、異なる意見を持つ人間を黙らせようとする。急進的に退行したムーヴメントは、物議をかもす運動を正当化すべく、理屈のうえでは自らの権利を引き合いに出す。とはいえ現実には、最も基本的な人権の保障を実現してきた軌跡——人種・宗教・ジェンダー・性的指向にかかわらず、人びとの機会の法的・道徳的・政治的平等を達成してきた過程——を帳消しにしようとする。彼らは自分たちの民主的権利を守りたいのだと理屈のうえでは主張する。とはいえ現実には、民主主義社会におけるありとあらゆる信頼を打ち砕く。

「2022エデルマン・トラストバロメーター」によれば、政治やメディア、科学に対する社会の信頼は、イギリスをはじめ多くのリベラルな民主国家で史上最低を記録した。イギリス、アメリカ、ドイツでは、自国の制度や機関を信頼する国民は半数に満たなかった。この世界的な調査によれば、フェイクニュースにまつわる懸念が過去最高となっている。いまや不信こそがデフォルトの感覚なのだ。[6] 信頼が失墜したこの深刻な事態から誰が得をしているのか。ふたつの勝ち組がいる。リベラルな民主主義を弱体化させることへの関心を共有する、

＊2 非白人による白人のジェノサイドが起こるという考え。詳しくは第4章を参照。

他国の行為者《アクター》、そして過激主義のムーヴメントだ。

いまから思えば、ブレグジットとトランプは新たな時代の始まりにすぎなかった。どちらも新たなコミュニケーション戦略の頼もしい先例になった。戦略的な挑発行為によって社会の緊張を増大させ、敵はもとより有権者から強い反応を引きだし、制度や機関への信頼を落とすことを頼みとする戦略だ。

パンデミックのピークはしばらく前に終わったかもしれないが、人びとのアイデンティティになおも暗い影を落としている。日常が中断され、孤立した生活が何カ月も続いたことは、社会に深い傷を残している。先の見えない不安や問題の複雑さ、日々流れるニュースによる情報過多のせいで、多くの人は、世界でいま起きていることに何らかの法則性を見つけたいという人間らしい思いに駆られた。心理学者が「アポフェニア」と呼ぶ現象だ。以来、過激主義者のコミュニティは活気づいている。

「ときには朝食の前に、ありえないことを6つ信じたことだってあったわよ」。ルイス・キャロルの『鏡の国のアリス』に出てくる台詞《せりふ》だ。あるいつもの朝、最初の一杯のコーヒーを飲む前のこと。わたしも信じがたい6つの陰謀論を、潜入用アカウントのフィードで目にすることになる。コロナワクチンは爬虫類型のグローバルエリートがつくったものだとか、トランスジェンダーの人びとはトランスヒューマニズム*3への入り口だ、などといった過激なものもあれば、いくらか穏健なインフォデミック[*4]の変異種もある。なかにはたいした影響もなくやがて消えゆくミーム[*5]や発想もある。だがときおり、主流にまで広がり数百万の人びとを引きつけ、選挙に影響を及ぼし、暴力を誘発するものをわたしは目にしてきた。この本では、なぜそんなことが起きるのか、どうすればわたしたちにそれを止めることができるのかを考えていこうと思う。

2023年、ロンドンにて、ユリア・エブナー

＊3 人体へのチップの埋め込み、寿命の延長、人間の遺伝子組み替えといった、テクノロジーによって人間を進化させようとする思想および運動。1950年代に誕生し、SFなどに見られたが、テクノロジーの発展とともに現実化しようとする動きもある。
＊4 不確かな情報が伝染病のように世界的に拡散すること。
＊5 インターネット上で多くの人が模倣することで拡散される動画や画像、テキストなど。娯楽性の高いものから、政治的・軍事的に使用されるものまでさまざまある。

はじめに

ケヴィン「いつ連邦議会議事堂《キャピトルヒル》に押し入るんだ？　俺も参加するぞ」
トニー「明日あちこちの議事堂《キャピトル》でおもしろいことが起きるよ、ＤＣだけじゃなくて」

元アメリカ大統領のドナルド・トランプが、選挙に不正があったと言いがかりをつけてから2カ月経った2021年の年明け早々、暗号化されたチャンネル「4ディープ・ニュース」での会話はやけに盛り上がっていた。ゲーマー向けチャットアプリ「ディスコード」上にある、この親トランプのチャットグループでは、オンラインの活動家数千人が自分たちの怒りを現実世界にぶちまけてやろうと意気込んでいる。まるでこれから休暇の予定を立てるみたいに、いそいそとホテルや移動手段を比べている。「トランプのホテルには最高のタコサラダとチョコチップクッキーがあるぞ」とケヴィンが書き込む。ジャネットの旅費までこのグループは出してくれるらしい。
自称愛国者の大半は、連邦議会議事堂が襲撃される前日の1月5日に首都ワシントンに着いていた。このチャットグループの多くの活動家にとって、現実世界で互いに顔を合わせるのはこれが初めてだ。熱烈なトランプ支持者、つまり「嘆かわしい人たち《デプロラブルズ》」*6には、連帯感そして無敵感がある。どんなことだってできそうに思えるのだ。

ジェーン「ホテルじゅうがトランプ支持者でいっぱいだよ。たいしたもんだね！」
ケヴィン「こっちのホテルはどんちゃん騒ぎさ」
ジェン「ホテルはもう天国だ！　うちらのホテルも愛国者でいっぱいさ」

彼らのうち大統領選挙が不正操作されたと本気で信じる人間は何人いるのか？　ただ何かに参加したい、コロナ禍の自粛が終わって直《じか》に集まりたいと思っているだけの人間は？　あるいは政府の力をちょっと試してみたいだけの人間は？　判断はつきにくい。

＊6　2016年米大統領選の民主党候補ヒラリー・クリントンがトランプの支持者の半数を「嘆かわしい人たち」と呼んで批判を浴びた。

それから24時間もたたないうちに、ネオファシストでミソジニストの組織プラウドボーイズのメンバーが、「俺たちの国を取り戻す」と誓いながら議会議事堂に行進するのが目撃される。[7]「我々は死ぬ気で闘うのだ」トランプがホワイトハウスに隣接するエリプス広場で支持者たちに呼びかけている。「君たちが死ぬ気で闘わないなら、この国をとられてしまうぞ」。2020年の大統領選でのジョー・バイデンの勝利を議会が確定するあいだ、「盗みを止めろ《ストップ・ザ・スティール》」集会の群衆は徐々に膨れあがっている。「ファイト・フォー・トランプ！　ファイト・フォー・トランプ！　ファイト・フォー・トランプ！」抗議に集まった人びとがトランプの呼びかけに応えて連呼する。

「くたばれ！　裏切り者めが」アーミーシャツに赤い野球帽、サングラスに無精髭をはやした男が、群衆にもまれる警官たちに叫んでいる。「このクソ野郎！」。男が「ヤング・パトリオット・ソサイエティ」によるライブ配信カメラに顔を向ける。「俺たちは暴力《フォース》を使わない。人の命を奪う暴力《リーサル・フォース》は使わない。俺たちが使うのはこの力《フォース》。神の力だ」男は両腕を曲げて力こぶを見せつける。「ほうら連中はビビってるぞ。俺たちがどんだけ大勢いるか見てみろよ。この場所を乗っとるのは楽勝さ」熱に浮かされたように男が話す。「仕事なんてクソくらえ、家なんてクソくらえ、何もかもクソくらえだ。俺たちは黙っちゃいないぞ。いま黙ってたら何もかも失っちまう。何もかもなくしちまうんだ。さあ俺たちを撃ってみろ！　俺たちを撃ってみろってんだ！」[8]

ロリ「議事堂に来た」

ロリ「これから議事堂に飛び込むぞ」

トニー「たいしたやつらだ、さあやってやれ」

午後12時53分、群衆が警察のバリケードに向かって行進を始める。議会警察官の数をはるかに凌ぐ何千もの旗が宙を翻る。「盗みを止めろ」、Qアノン、ケキスタン＊7、南部連合などの旗。群衆が警察の警戒線を突破しはじめる。フェンスによじのぼり、皆から喝采を浴びる者もいる。

議会警察官のボディーカメラの映像が乱闘の最前線を映しだす。[9] 催涙スプレーや警棒による殴打の応酬。警官隊がじりじりと後退する。旗が翻るのが見え、歓喜の叫びが聞こえるなか、最初の暴徒が議会議事堂の西側正面の階段に到達する。「くたばれ《ファック・ユー》、ビッチども」うわずった声で誰かが叫ぶ。背後で暴徒が連呼する。「U・S・A！　U・S・A！　U・S・

＊7　匿名掲示板4ちゃん（4chan）から生まれたミーム「カエルのぺぺ」を神格化した架空国家。

A！」[10]

午後1時45分、警官のひとりが、西階段を上がったところで複数方面から襲撃されていると報告し、首都警察（MPD）に援軍を頼んだ。「こちらクルーザー50。こちら警戒線を崩された。警戒線を崩された。MPDの全員、後退せよ！」[11]。だがすでに遅かった。暴徒が次々にゲートを突破していく。議事堂の窓を棒で叩き割り、よじのぼって建物内に入ろうとする。なかに入るとドアを次々に蹴って開け、群衆がどっとなだれ込む。「ここは俺たちの議事堂だ」暴徒たちが連呼しながらロビーをぞろぞろ歩き、上院議場に向かっていく。「U・S・A！　U・S・A！　U・S・A！」

シークレットサービスが当時の副大統領マイク・ペンスを避難させはじめる。下の階では暴徒らが、ペンスとナンシー・ペロシを縛り首にしろと叫びながら上院議場を探しまわる。

その間、インターネットでは、チャットグループ「4ディープ・ニュース」や「神皇帝《ゴッドエンペラー》トランプ」が希望に湧いていた。自宅にいるメンバーたちは抗議者のライブ配信を大喜びで見つめている。軽口と暴力の扇動が紙一重になっていく。

ロリ　「議事堂のなかだ」
ウィル　「俺たち議事堂を乗っとったのか？」

スーザン「あらら、議事堂が突破されてもう戦争だよ」
トニー「ペロシを捕まえるんだと思ったけどな」
スーザン「彼女逃げ足早かったから」
ケヴィン「最初に縄にかけられるのはあの女だ」

「ナンシーはどこだ?」暴徒たちが叫ぶ。彼女を探してドアというドアを激しく叩く。ペロシは間一髪で脱出したが、暴徒たちからほんの数メートル先では、彼女のスタッフがバリケードで塞いだ会議室の机の下に身を潜めている。隠れた部屋の外扉を群衆が突破する音が聞こえ、職員たちは命の危険に怯えている。

サム「議事堂までの扉がまたひとつ開いたぞ」

暴徒たちは議事堂の東側の扉も突破し、建物じゅうに散らばっていく。建物内では下院議員たちが警告を受けている。「群衆がロタンダ〔議会議事堂のドーム下にある円形の大広間〕に侵入し、こちらに向かっています」。議員たちはガスマスクを使う準備をし、椅子の下に隠れるよう指示される。民主党の下院議員エリック・スウォルウェルは急いで妻にメッセージを送った。「君と子どもたちを愛しているよ。僕の代わりにあの子たちをハグしておくれ」[12]
ロタンダの東側の扉付近では、廊下に群衆がひしめき合っている。催涙ガスの煙のなか殴り合いが続き、両者とも一歩も引こうとしない。刻一刻と混乱状態が悪化する。ＭＡＧＡ（メイク・アメリカ・グレート・アゲイン）の帽子をかぶった男が叫ぶ。「議員の入れ替えが必要だ！」。ひとりの女性が金切り声をあげる。「［盗みを］止めるんだよ！」

ロリ　「催涙ガスを浴びた奴らが、目を洗ってすぐに議事堂に戻っていったよ、ハハ！」

サム　「あっぱれだな」

最前線にいる警官と暴徒のどちらも、人波に押しつぶされ自分が窒息死するのではないかと心配になってきている。「わかっただろ。あんたは家に帰ったほうがいい。帰るんだよ！」暴徒の誰かが、あまりの痛さに悲鳴をあげる警官に叫んでいる。[13]

２０２１年1月6日に任務に就いていた警官のなかには、深刻な精神的ショックを受けて議事堂から這い出た者もいた。ハリー・ダンもそのひとりだ。あの場で死ぬかと思った、とハリーはのちにＢＢＣに語っている。暴徒の大群が彼にはゾンビみたいに見えた。

＊＊＊

リバタリアンのソーシャルメディア「パーラー」にライブ配信する何百ものアイフォンのカメラを通して、議事堂でたったいま起きている出来事を視聴していたディスコードの極右のチャンネル参加者のなかには、自分が目にした状況を快く思わない者もちらほらいた。見たところ彼らは少数派のようではあるが。

キャシー「議会議事堂で起きていることに、あんたたちみんな賛成してるの？」

議事堂内では暴徒と警官が一対一で向き合っている。「下がれ！」警官は怯《ひる》んでいるようだが、その場を頑として動かない。なかに入れた暴徒にも怖がっている者がいる。「俺たちは筋を通したいんだが、正直この連中と戦いたくはないよ」カメラに向かって誰かが言う[14]。

それでも、まだやりすぎとは思わない連中は考えを変えようとはしなかった。暴徒たちは下院議場に接するスピーカーズ・ロビーの、施錠された扉の窓を叩き割ろうとする。彼らの目が、下院規則委員長ジェームズ・マクガヴァンが下院議場から出ていこうとするのをとらえた。「割っちゃえ、割っちゃえよ！」扉のガラスを棒で叩くひとりの暴徒を群衆が煽り立てる。そのとき誰かが叫んだ。「あいつ銃を持ってるぞ！」。ひとりの警官が銃口を扉にまっすぐ向けている。警告を無視してひとりの女性がいきなり前に飛びだすと、扉をよじのぼり、割れた窓からなかに入ろうとした。次の瞬間、一発の銃声が響いた。アシュリー・バビットは床に崩れ落ち、そのまま動かなくなった。口から血が垂れている。彼女は肩を撃たれていた[15]。

「そこをどけ！」誰かが叫ぶ。「彼女を助けるんだ！」。数人の警官がこの瀕死の女性の脇に膝をつき、出血を止めようとする。それでもアシュリー・バビットの命はこの数時間後に尽きることになる。警官たちが彼女を抱えて階段を降りるようすをその場で目撃した人やライブ配信で見ていた視聴者は、事の深刻さをようやく理解しはじめる。荒らされた議事堂の床一面に書類やガラス片、ごみや壊れた備品が散乱。一枚の扉には「メディアを殺せ」と書かれている。

その晩、アシュリー・バビットはワシントン・ホスピタル・センターで息を引きとった。バビットはカリフォルニア州サンディエゴから来た35歳の退役軍人で、Qアノンの信者だった。以前はバラク・オバマに投票していたが、その後リバタリアンを名乗り、それから熱心なトランプ支持者かつ陰謀論者になった。Qアノンのフォロワーは、「ストーム（嵐）」とはトランプが「グローバルエリートによる小児性愛の秘密結社」を暴露し、真に偉大なアメリカを取り戻す日だと信じている。「何ものも私たちを止めることはできない」とバビットは前日にツイートしていた。「連中は必死で止めようとするだろうけど、嵐はもうすぐそこだし、24時間以内にDCに来るはず……闇から光へ！」

ディスコードの極右のグループは感極まっていた。ここでバビットは、不当に殺害された殉教者として語られていた。「アシュリー・バビットのために裁きを」と多くのユーザーが書き込む。「あの建物は焼き尽くすべきだ」とサムが宣言する。アシュリー・バビットが亡くなってまもなく、トランプがこうツイートした。「長いこと不当なひどい扱いを受けてきた偉大なる愛国者たちから、神聖な選挙の地滑り的勝利が無造作に悪意を持って奪われたゆえに起きたことだ。愛を胸に穏やかに家に戻るのだ。この日を永遠に忘れてはならない！」

4ディープ・ニュースのユーザーのなかには、議事堂での暴動は間違いだったと理解する者もいた。一方で、この出来事をすぐにもっと広い陰謀論にとりこむ者もいた。彼らいわく、この暴動はFBIが仕組んだ内部犯行か、もしくはアンティファが指揮する偽旗作戦で、目的は自分たちが起訴され、世間の好奇の目に晒されるよう仕向けることだ。だがディスコードのこのチャンネルのメンバーですら、そこに矛盾があることに気がつく。誰かがこう書き込む。「『俺たちはいま議事堂に押し入った』と言ったくせに、それはトランプ支持者の格好をしたアンティファだとも言うんだね？」

＊＊＊

1月6日に起きたことを見れば、過激思想がいかに主流にまで届いているかがよくわかる。議事堂での暴動に関連して逮捕されたアメリカ人は、典型的な極右過激主義者の一団ではなかった。シカゴ大学「安全保障と脅威」プロジェクトの研究者による分析では、2021年1月6日に議事堂構内への不法侵入で告発された716人のうち約9割に、プラウドボーイズや誓い《オース》を守る人びと《キーパーズ》、スリー・パーセンターズ、アーリアン・ブラザーフッドといった極右武装集団《ミリシア》ないし右派の過激主義組織への明白な加入は認められなかった。[16]

「それは暴力のもとに結集した広い大衆のムーヴメントなのだ」この研究プロジェクトを指揮するロバート・ペイプはそう語る。暴徒の中心は事業家や医師、法律家、エンジニアやCEOといったホワイトカラーの専門職の人間だった。逮捕されたうち失業者はわずか7パーセントだった。[17] またバビットはこの議事堂包囲戦に参加した唯一の女性というわけではなかった。1月6日の事件から1年後、これに関連する犯罪で102人の女性が逮捕された。女性の暴徒は全米で28の州から来ていて、平均年齢は男性の暴徒より5歳上の44歳だった。[18]

いかにも「主流派」の暴徒のプロフィールとは裏腹に、暴力に訴えることを辞さない割合は高かった。逮捕されたうち3割は、実際の身体的暴力、あるいは暴力の脅しで告発された。[19] 彼らが何もかもを失うリスクをおかす動機はいったい何なのか。ましてまっとうな仕事に就き、愛情溢れる家族と帰る家もあるのなら。

ガイ・レフィットは暴力に訴えることを辞さない暴徒のひとりだった。ガイは公務執行妨害、銃の使用を目的とした違法な所持と運搬を含む5つの容疑で有罪になった。[20] 暴徒が撮影したライブ映像で、テキサス州在住のこの48歳の男性はヘルメットをかぶり、防弾チョッキと見られるものを着ていた。彼のただひとりの息子ジャクソン・レフィットが父親をFBIに通報した。議事堂での暴動が起きる1週間前、ジャクソンはこの治安当局に電話をかけ、父親が「何か大きなこと」をすると話しているので心配だと伝えたのだ。[21] 暴動の最中、ジャクソンは父親が議事堂に押し入った暴徒のなかにいることをFBIに確認した。

ジャクソンの父親は帰宅すると、家族にこう警告した。「もし裏切ったら、おまえたちは銃で撃たれることになるぞ」。そこで、この19歳の息子は身を隠した。「脅されていると思ったんです」とジャクソンは説明する。母親は息子を「ゲシュタポ」と呼んだ。「自分の命の心配などしたくなかったし、その必要もありません。僕にはたくさんの味方がいるとわかっていますから」とジャクソンは言う。[22] 父親が変わってしまったことがいまだに信じられなかった。「以前は理想的な父だったのに。いまの僕があるのは父のおかげです。父は僕に正直でいること、人の物を盗んだりしないこと、そうした常識を教えてくれました。こう行動するよう僕を育ててくれたのは父なんです[23]」

1月6日の暴動が起きたのは青天の霹靂ではなかった。それは極右や親トランプ派、陰謀論のネットワーク内で数週間、数カ月、あるいは数年かけて溜まりに溜まっていた反民主主義的な憤怒が頂点に達した結果だった。愛国者を自称する大勢の人間が、早くも2019年から議事堂を乗っとる過激な夢を口にしていた。「州議事堂の屋上で俺が州民主党委員長の首をちょん切る寸前に、連中は俺の顔と目を削ぎ落とすだろう」とジョニーはディスコードのグループ「神皇帝《ゴッドエンペラー》トランプ」に投稿した。まもなく彼のアカウントは削除された。「あのクソ議事堂のビルに侵入しようぜ」と2020年12月3日にサムがディスコードの友人たちに声をかけた。「DCだけじゃない、すべての州の議事堂も乗っとるほうがよさそうだ」と2020年のクリスマスイブにマーティンがコメントした。

暴動が起きて数日後も、まだ空気はぴりぴりしていた。

ティム　「連中にどうやって責任をとらせるのか？　俺たちの権利を踏みにじり、俺たちの選挙を盗み、議事堂の襲撃を仕掛けながら俺たちを嘲笑《あざわら》ってるんだぞ」
ケヴィン「いますぐ議事堂の建物をぜんぶ爆破するべきだ」
ティム「自分たちの州の議事堂に向かうべきだと皆に教えてやらなくちゃな。そこからリーダーが指揮をとるんだ」
サム「議事堂に行く計画を立てておくべきだ。俺たちみんながさ……こう話してるうちにも俺は人を集めておく」
ティム「まずはぜんぶの議事堂を乗っとろう……俺たちの州は保守のものだと宣言するんだ。ほかの奴らは全員お払い箱だ」

大勢のユーザーがこれに賛成した。なかには内乱を呼びかける者までいた。

ケヴィン「戦争！！！　戦争！！！　戦争だ！！　話はおしまい、俺たちは取り戻すんだ。今晩、俺は議事堂に向けて出発する。皆も一緒に立ち上がってくれ」
サム「戦争を始めよう！」
ティム「戦争が迫っている」
スーザン「戦いのときが来た」

トニー「内乱だ！」

アメリカは内乱の寸前にあるのかと、第一線の政治学者たちは問うてきた。ミャンマー、北アイルランド、ルワンダ、スリランカ、シリア、ユーゴスラヴィアなどの戦争を研究してきた世界屈指の内乱の専門家バーバラ・ウォルターによれば、アメリカは暴力を伴う紛争が起きるありとあらゆる兆候を示しているという。[24] シカゴ大学「安全保障と脅威」プロジェクトの研究チームは議事堂での暴動の追跡調査を行い、米国民のサンプル調査で、トランプをホワイトハウスに戻すために武力行使を容認するかどうかを尋ねた。すると9パーセントが暴徒と同じ考えを表明し、政治的暴力の行使を支持した。これは2300万人のアメリカ人に相当する。[25]

1789年のバスティーユ監獄の襲撃から1917年のサンクトペテルブルクの冬宮占拠まで、革命には政府機関に対する暴力的蜂起がつきものだった。だが独裁政権を倒すために国民が戦ったバスティーユ牢獄や冬宮の場合とは違って、1月6日に集まった人びとは民主的に選ばれた政府を排除しようとしたのだ。軍事基地でいまも働く極右の退役軍人ボブは、非公開のグループにこう書き込んだ。「次に議事堂を襲撃するときは、ひと握りの間抜けどころではない。数十万の人間が参加するだろう」

ボブの言うことはおそらく一点だけ正しい。この暴動を引き起こした過激思想は、トランプの時代が終わっても生き延びるだろう。「トランプだけの話じゃないといつ皆が気づくのか?」とセレニティという人物が発言する。「たしかにトランプが始めたことだし、彼がその顔だった。けどこのムーヴメントは消えてなくなるわけじゃない」

角のついた毛皮の被りものをした、上半身裸の、タトゥーを入れた男が暴徒に混じった写真を見れば、この暴動はおバカな荒らし集団《トロール》がちょっと調子に乗りすぎただけのことだとつい勘違いしかねない。だがよくよく見れば、「大いなる交代」やQアノンのような陰謀論に真剣に取り合うべきなのは言うまでもないことだ。調査によればこのふたつが、暴力行使を辞さないアメリカ人たちにとっての主な思想的動機だったとわかっている。[26]

暴力的な革命や内乱が起きるリスクを抱えた西側の民主国家は、アメリカだけではない。〔大いなる交代とQアノン〕どちらの発想もここ数年のうちに北米やイギリス、ヨーロッパ本土、オーストラリアで数百万人の支持者を得ている。米議会議事堂が襲撃される数カ月前に、極右過激主義者やQアノンに感化された陰謀論者、「ライヒスビュルガー」(現在のドイツ国家の正当性を否定し、第一次世界大戦以前のドイツ帝国の国境が正しいと信じるソヴリン市民)[*8]の混合集団

*8 自分たちは国の法律が適用されない「主権者(ソヴリン)」だと主張する人びと。

が、ドイツ連邦議会議事堂に押し入る計画を立てた。また米議会議事堂での暴動から1年近くたって、Qアノンと親トランプの旗を振る反ワクチン派がニュージーランドの国会議事堂に乱入を試みた。[27] ２０２２年12月には、ドイツ警察が近代史上最大のテロ撲滅作戦に乗りだし、暴力により国家転覆をはかる極右の計画を食い止めた。このテロのネットワークには、極右のポピュリスト政党「ドイツのための選択肢」（ＡｆＤ）の元連邦議会議員や72歳の貴族の末裔、元エリート兵士らが加わっていた。[28]

アメリカに話を戻すと、議事堂乱入事件の暴力的レガシーはまだ生き続けている。２０２２年10月28日、サンフランシスコの自宅にいたポール・ペロシは、これから何が起きるかまったく知らぬままベッドに入った。すると真夜中、目の前にハンマーを持った男がいきなり現れた。「ナンシーはどこだ？」と侵入者は何度も叫んだが、それは議事堂の暴徒が連呼した言葉とそっくりだった。だがポール・ペロシの妻は首都ワシントンにいて、専任の警備員が彼女に付き添っていた。襲撃の容疑者デイヴィッド・デパピは法廷で、「ワシントンに邪悪なもの」がいると語った。彼はポール・ペロシを縛りあげ、彼の妻が戻るまで待っているつもりが、この82歳の高齢男性ともみ合いになり、彼の頭をハンマーで殴って重傷を負わせた――ポールはその後、骨折した頭蓋骨と重傷を負った右の手と腕を修復する手術を受けた。

デパピはこの襲撃を、ナンシー・ペロシを誘拐し拷問することが目的の「特攻作戦」と呼んだ。彼女の膝を砕いてやろうと思ったという。そうすれば車椅子で議会に通うほかなくなるだろう。ほかにも何人かの政治家が彼の「攻撃対象《ヒット》リスト」に入っていた。[29] あとになってデパピは、選挙に不正があったとか、エリートが児童人身売買の地下ネットワークを指揮しているとか、新型コロナウイルスのワクチンは命を奪うなどと語るQアノン信者だとわかった。

過激思想はいまやかつての主流派を圧倒し、それはアメリカに限った話ではない。リベラルな民主主義の社会がなぜこんなことになったのか？　この社会がますます一触即発の事態に陥っているのはなぜなのか？　誰も彼もを急進化や二極化に向かわせる動機は何なのか？　そして民主主義社会が崩壊するのを防ぐために、わたしたちに何ができるのか？

第1章

過激主義の主流化

——ゴーイング・ダークからゴーイング・メインストリームへ

わたしはクレア・ラフェイユ。フランス系イギリス人の市民ジャーナリストで、ふたりの幼い子どもを持つ母親です。自営業になる前は、マーケティングを学び、ファッション業界で働いていました。わたしのソーシャルメディアのアカウントを見れば、言論の自由についてわたしがとくにこだわっているのがわかるでしょうし、わたしのウェブサイトではもっぱら人種や宗教、ジェンダーや気候変動など議論を呼ぶテーマをとりあげています。わたしがどんな立場かって？　ひと目でわかるようなことはあまり書いていませんが、よく見ていただけたら、ブラック・ライブズ・マターや気候変動に関する行動《アクション》、新型コロナウイルスのワクチンに反対しているのがわかるでしょう。

僕はアレックス・ウィリアムソン。フェミニズムにうんざりしている失業中の白人アメリカ人の男です。20代後半で不本意ながらシングル。ガールフレンドか、せめてセックスパートナーでもいいんだけど、探してもう10年以上たちます。兄はふたりとも結婚していて、自分がどこで何をしくじったのか知りたくてしかたありません。ロックダウンの最中に20キロ太っちゃって、ビデオゲームもまたやりはじめました。10代の頃みたいにね。そんなとき、ミソジニストのインセルのコミュニティに入ったんです。政治にはまったく興味はありません。ただ女性に対する不満の気晴らしがしたかっただけ。それと拒絶される不安を和らげてくれる何かが欲しかったんです。

わたしはマリア・ペトロバ。でもメアリーって呼んでくれてかまいません。バイエルン〔ドイツ南東部の州〕出身の哲学を専攻するロシア系の学生です。わたしも友人たちもこのウクライナ戦争ではロシアを断固支持する立場です。わたしの立場を代弁していると称するドイツのメディアも政府ももう信用していません。ウクライナをめぐる議論のせいで友人を何人か失いました。でも幸いテレグラムにドイツのQアノンや反ワクチンのグループがあるのでとくに寂しくはありません。ほとんど毎日かかさずみんなとチャットしたり、地元の抗議活動に一緒に参加したりしています。

わたしはユリア・エブナー。これが本物のわたしです。ロンドンを拠点とする戦略対話研究所《インスティテュート・フォー・ストラテジック・ダイアローグ》ならびにオックスフォード大学社会的結束研究センターに所属するオーストリア人の研究者です。研究の一環として、自分の正体を明かして参加できない各種のムーヴメントに潜入する目的で、複数の偽名を使っています。急進的なサブカルチャーがいかに影響力や権力を獲得するかにつねに強い関心を持っています。この数年間、国連やＮＡＴＯ、世界銀行、ほかにもさまざまな欧米の治安機関の相談に応じてきました。研究を行うなかで、今後10年のうちに、ある重大な脅威が生じることがわかりました。過激主義思想が主流化することです。

覆面調査を行うには、時間と労力、それから想像力が必要だ。まずあなたは自分の分身《アバター》のアイデンティティにまつわる物語をこしらえなければならない。そこには現在のあなたがどのような人物かということだけでなく、あなたが現在のあなたになった道のり、さらには将来どんな人間になりたいかも含まれる。次にしなくてはならないのは、その物語が本物らしく聞こえるよう、それを心に刻みつけ、その人物になりきることだ。そして最後。自分と正反対の考えを持つ人びとに関心を寄せてかかわろうとするには、共感《エンパシー》が求められる。

わたしは科学を信じ、レイシズムを嫌悪し、自分をフェミニストと定義する。けれど本書を執筆するために、反フェミニストや人種主義者《レイシスト》、気候変動否定論者、陰謀論者と会って話を聞くことにした。潜入用のアイデンティティを使って、白人至上主義者のネットワークに「リクルート」され、女性を嫌悪するインセルのコミュニティに加わり、世界的な陰謀論ムーヴメントであるQアノンのメンバーにインタビューを試みた。急進的な周縁の現在のようすを自分の目で見たいと思ったのは、彼らの発想が中道をじわじわと乗っとりつつあるからだ。過激主義者が主流になる戦術とはどのようなものか？　彼らの過激思想に最も染まりやすいのは誰か？　そしてそれはなぜなのか？　彼らはどんなやり方で議論をハイジャックしているのか？

この10年のうちに、当初は瑣末《さまつ》なものだった多くの無名のムーヴメントが、政治的・社会的・文化的変化をもたらす強力な主体に成長するのをわたしは目にしてきた。Qアノンがいずれ世界の数百万の人びとを惹きつけ、政治的影響力を持ち、国政選挙の結果を左右することになるなどと誰が想像しただろう。２０１７年にわたしが初めて彼らのもとに潜入したとき、メンバーはわずか数千人で、そのほとんどはアメリカにいた。同様に、ホワイト・ライブズ・マターなどの若者を中心とする白人のアイデンティティ・ムーヴメントや、ミソジニストのサブカルチャーである「マノスフィア」は、どちらもまだ揺籃期にあった。ところが今日、彼らは政治に影響力を振るい、文化的規範を変化させ、わたしたちの言葉をリフレームしている。彼らのキャンペーンによって「フェミニズム」「多様性《ダイバーシティ》」「グローバリズム」などの言葉はより議論を呼ぶものになった。また彼らは「自由」や「民主主義」「人権」などの言葉をハイジャックし、自分たちの目的に合うものに変えている。

急進化のプロセスについて、この社会は比較的よく理解している。隙のある人間がいかに暴力的な過激主義やテロリストの組織につかまるかを説明する本も多くある。それでも危機のさなか誰にでも隙が生まれ、急進的な変化を待ち望むようになったらどうなるのか。2015年にわたしがテロ対策分野で働きはじめてから、わたしたちはテロリストらがまさに求めていた政治的、社会的変化が加速するさまを目にしてきた。リベラルな民主主義がありとあらゆる斧で切り裂かれ、社会の進歩が帳消しにされ、民主主義そのものが非合法化されるのを目撃してきた。

この本を読んでいる皆さんのなかで、ブレグジットをめぐって友人を失うか、家族と不仲になった人はどれだけいるだろうか。ワクチンをめぐって議論になった人は？　フェミニズムをめぐっては？　気候変動に関しては？　トランスジェンダーの人権については？　ウクライナ戦争については？　研究によれば、ほとんどの人がこうした話題のどれかで友人や家族と激しい口論になったことがあるという。イギリス人12人のうち少なくともひとりは、ブレグジットをめぐる口論のせいで友人と口をきかなくなった。またこの件で4分の1近くが家族の誰かと感情的な議論になり、5パーセントは赤の他人から身体的暴力による脅しを受けた。[30] ブレグジットは、対立集団間のアイデンティティの衝突が避けられない二項対立の議論の一例だった。あなたはEUに留まるか、もしくは離れるかを決めただけでなく、EU残留派、もしくはEU離脱派になったのだ。そこには中立の立場など、まるで存在しないかに見えた。

この先の10年は、急進派が主流化し、二極化が過度に進むことになるだろう。2020年代に入ってすでに人種的正義、ジェンダーの平等、クィアの権利、気候アクション、ワクチンの受容といった境界線に沿って分断が急速に広がっている。ブラック・ライブズ・マターの抗議運動は、世界各地でホワイト・ライブズ・マターの活動家による人種差別的な暴力に晒されている。反フェミニストは女性に対する脅迫キャンペーンに乗りだし、クィアの権利の支持者は反LGBTQの活動家から攻撃されている。2021年に暴力的なミソジニストのコミュニティであるインセルのメンバーが、英南西部の港湾都市プリマスで5人を射殺し、2022年にはスロバキアの首都ブラチスラバにあるLGBTQのクラブでテロによる銃撃事件が発生し、ふたりが殺害された。[31] イギリスでは2021年から2022年にかけてトランスジェンダーの人びとに対するヘイトクライムが56パーセント増え、過去10年では約

800パーセントも増加した。[32] 気候変動否定派は環境保護ムーヴメントに反対する偽情報作戦を開始し、反ワクチン陰謀論者は科学機関への攻撃を企てた。ドイツではQアノンとつながりのあるコロナ否定論者が、マスクをめぐる口論のすえにガソリンスタンドのレジ係を射殺し、カリフォルニア州のQアノン信者は自分の幼いふたりの子どもがトカゲ人間になると思い込み、殺害した。[33]

過激思想はすでにインターネットの暗がりや秘密のオフ会にとどまるものではない。それは連邦議会で発せられ、街頭での抗議デモで耳にするものだ。こうした思想のすべてに共通して存在するのは、自分は無力であり権利を剝奪されているとの意識である。現状への深い失望や苛立ちが、米議会議事堂での暴動、ドイツ連邦議会議事堂やニュージーランド国会議事堂への侵入計画などの反民主主義的な活動に転化されるのをわたしたちは目にしてきた。

近年、多くの西側諸国で地元の政治家やジャーナリストに対する暴行事件の数が記録的に増えている。ポール・ペロシの命を危険に晒した攻撃は、政治家やその家族に向けられる暴力のほんの一例だ。[34] ここ数年で、難民やフェミニズムやLGBTQの権利のために立ち上がった地元の政治家が、極右思想に触発された暗殺の標的となる事件が増えている。ブレグジットに反対した労働党下院議員のジョー・コックス、ポーランドのグダニスク市長パヴェウ・アダモビッチ、ドイツの都市カッセルの元市長ワルター・リュブケがその犠牲になった。

一方、オンラインの急進的なサブカルチャーは、世界戦争の引き金を引こうと、マイノリティの人びとを標的に、ゲーミフィケーションされたテロ攻撃を煽っている。2019年にニュージーランドで2カ所のモスクを襲撃し50人以上を殺害したクライストチャーチ銃撃事件の犯人は、自身の憎悪に満ちた攻撃をビデオゲームのように披露した最初のテロリストだった。銃撃犯本人のアングルから襲撃のようすをライブ配信し、犯行声明にもゲーム用語を使っていた。この犯人の思惑どおり、彼の事件がきっかけで、もっと高い「スコア」を獲得するため、要はもっと多くの人間を殺すためのオンラインでの競争が始まった。その後、同じくゲーミフィケーション[*9]を用いた極右による一連の模倣攻撃が続いたのだ。

前著『ゴーイング・ダーク』では現場取材を何度か行うことで急進化が暴力やテロリズムに向かう道筋を追った。とはいえテロリストは、その時代の大規模な衝突における最も尖った例にすぎない。本書では、より身近に繰り広げられるアイデンティティの闘いを探り、わたしたちの日常がここにきて周縁の発想にいかに影響されているかを見ていくつもりだ。そのためには、ますます激化する文化戦争の最前線に立つ人たちに直に話を聞いてみたい。というわけで、これからわたしの分身《アバター》のクレア、アレックス、メアリーは、本物のわたしとも

*9 ゲームの要素をゲームと関係のない製品やサービス、活動に加えること。

ども、世界をまたにかけ、イギリスやアメリカからダークネットの奥底まで、さまざまな急進的な活動家に会いに行くことになる。

たとえその発想がどんなに突飛だろうが事実に反していようが、すべての活動家の人間的な側面に注意を向けなければいけないとわたしは信じている。それでも、バッキンガム宮殿の住人は若さを保つために子どもの血を飲む爬虫類だという話に静かに耳を傾けているのはけっこう大変だ。この本の調査をしているとき、自分がいま笑うべきなのか泣くべきなのか、わからなくなることもよくあった。インセルや白人至上主義者の憎悪に満ちた罵詈雑言を聞いて虫酸が走る思いもしょっちゅうした。女性をレイプして殺害することで復讐したいと語る男性もいたし、ユダヤ人が全員死ねばいいのにと言った男性もいた。けれど、わたしが遭遇した不愉快極まりない人たちも、それぞれが耳を傾けるだけの話を持っている。過激なイデオロギーの奥にあるアイデンティティ・クライシスを理解するのはとても大切なことだ。政敵同士がお互いを同じ人間としてますます扱わなくなっているときには、なおのことだ。

結局のところ、潜入調査をしていて最も懸念するのは、テロリズムやヘイトクライムが増えていることではない。それほど目立ちはしないが、もっと恐ろしく思うのは、それが長い目で見て民主主義の根幹に及ぼす影響だ。集団が急進化する例を見るたびに、未来はどうなるのかと自分に問わずにはいられない。民主主義を支える体制がさらに信頼を失うのか?

部族主義的な選挙が増えていくのか？　内集団を守るために普遍的な人権はますます切り捨てられるのか？　世界的なパンデミック、ヨーロッパで再開される戦争、加速を続けるテクノロジーの変化といった試練が続くなか、急激なアイデンティティ・シフトにわたしたちの民主主義体制は備えておく必要がある。さもないと、おそらく目下起きているアイデンティティの衝突が、暴力やテロリズム、戦争へとエスカレートしていくさまを目にすることになるだろう。

第2章
サブカルチャーの創生——インセルの潜入調査

初めに逸脱したサブカルチャーがあった。

心臓が早鐘を打つ。ラップトップを閉じて慌ててクローゼットの奥に押し込んだ。靴下の後ろに隠したから、たぶんあと数時間は見なくてすむ。ツイッター〔現X〕で匿名の誰かがたったいま送ってよこした、わたしと墓地の写った不吉な写真のことなど忘れてしまおう。とくに珍しくもないことだから。反フェミニズムの台頭について公に話をしたあとに続々と届く脅迫メッセージの、いちばん新しいやつというだけのこと。

2020年代となると、公の場に立つ職業の女性にとって、オンラインのハラスメントから逃れるすべはない。125カ国の女性ジャーナリスト901人を対象にした2021年の国連の調査によれば、回答者の4分の3近くがオンライン上で何らかの罵りを経験していた。4分の1は性的な脅しや殺害の脅迫を受けていた。ほかに頻発するものは、個人データの流出、家族に対する嫌がらせ、標的型ハッキング攻撃などだ。[35]
この10年で反フェミニズムのヘイトが主流化している。その理由を知りたいと思った。最初に当たってみるべきは、インターネット上の最も急進的なサブカルチャーのひとつ、インセルだ。「不本意な禁欲主義者《インヴォランタリー・セリベイト》」を縮めたこの「インセル」という言葉は、そもそもアラーナと呼ばれる若い女性が1990年代後半に思いついたものだ。アラーナは恋人や親しい相手を見つけることのできない孤独な人たちのための自助的フォーラムとしてこれをつくった。ところが月日がたつにつれ、インセルのコミュニティの大部分が暴力的なミソジニーへと急進化してきた。現在、彼らのオンラインのフォーラムには世界から数万人が参加し、女性の活動家やインフルエンサー、政治的指導者に対するヘイトキャンペーンでおなじみの、ミソジニストによる誹謗中傷や陰謀論の多くがここから次々に生まれている。
これから入ってみるのは、インセル最大のふたつのフォーラム「Icels.is」と「Incels.net」、それから暗号化されたメッセージアプリのテレグラムやディスコード上にあるもっと親密なグループだ。インセルのコミュニティに加わるには、最初に彼らの「べし・べからずのルール」を把握しておくことが必要だ。ほとんどのグループは、社会に溶け込めないと感じる人に居場所を与える目的でつくられたものだが、皮肉にも彼らのフォーラムは、オンライン上でもとりわけ排他的な場所になっている。

ルール1：ミソジニストの大半は女性と話をしたがらない。だから男性のアカウントでログインするのがよさそうだ。

やあ、僕はアレックス。20代半ばで、この10年間ガールフレンドを探してきた。ただ普通の女の子がいいだけで、その点で高望みなんかしていない。それでもうまくいかないんだ。何をしてもね。兄がふたりいるけれど、どちらも僕より見た目がいいし、すでに結婚して幸せに暮らしている。なのに僕ときたら２０２０年から21年のロックダウン中に20キロも太っちゃって、もう恋人もセックスパートナーもあきらめたよ。

男性のアイデンティティを選んだのは正解だった。あとからわかったのだが、女性は「例外なく瞬時に締め出される」のだ。女性のインセル、いわゆる「フェミセル」を認めようとしたことも幾度かあったが、このフォーラムのホストは女性を受け入れることにおおむね反対だ。ゲイやトランスジェンダーの人たちもここではお呼びでない。

ルール2：恋愛に関しては虚無主義者《ニヒリスト》でなければならない。だから入会申請するときに、アレックスが「ブルーピル」されているか「レッドピル」されているか、もしくは「ブラックピル」されているかを答えなくてはならない。

「ブルーピル」とは、カップルのマッチングは個人の相性によるところが大きく、たとえ遺伝的な欠陥があっても、女性に敬意を持って優しく接すれば埋め合わせができると考えることだ。男性の遺伝的欠陥というのは、たとえば背が低い、顔が左右非対称、女性的な容姿、頭髪が後退している、耳が大きすぎる、などなど。

「レッドピル」とは、人は皆あらかじめ自然に定められた法則にもっぱら従っていると考えることだ。つまりすべての女性は、最も「アルファ」な男性（積極的で、支配的で、強靭な体を持ち、影響力があり、裕福で、権力を持つ、など）を選ぶものだ。だから貧相な遺伝子を埋め合わせする唯一の方法は、すなわちアルファになることだ。

「ブラックピル」とは、社会的に獲得した地位《ステータス》は生物学的な状態《ステータス》には勝てないし、女性が真に魅力を感じるのは、優れた遺伝子を持つ男性だけだと考えることだ。

わたしが選んだのは「ブラックピル」。ここのモデレーターたちにとっては、これが唯一の正解だ。「ようこそ。ここは大切な人をなかなか見つけられない人のためのフォーラムだよ」

あなたが十分に「人気がない《アンポピュラー》」場合でないと、おそらく入れてはもらえない。たとえば、自分に興味を持ってくれるのはかなり年上の太り過ぎの女性だけだと書いたなら、その男性はただちに「偽セル《フェイク》」と呼ばれる。真のインセルはどんな相手も見つからないか、誰からも性的に興味を持ってもらえないのだとモデレーターは言う。このグループにいるインセルの大半は、すでに髪型を変えたり、しゃれた服を買ったりといった努力をしたが無駄だったと語る。

ルール3：女性とりわけフェミニストを嫌悪しなければならない。また自分のことも嫌悪する必要がある。「なぜ君たちはインセルなのか？」と訊かれたら、お決まりの答えはこうだ。「フェミニストによる重圧、それと貧相な遺伝子のせいだ」

「女性がかかわらないものは何だって好ましい」とフィンランドのスティーヴが書き込む。わたしが遭遇したインセルたちがプロフィールに載せるフレーズは、「インセル戦争の将軍」

とか「乳がん愛好家」「このゲイの地球を核攻撃《ニューク》しろ」など。わたしはこれでいくことにした。「ブラックピルの気晴らしを求める反アルファの男」。多くのインセルと同様に、わたしのこしらえた人物は、拒絶や屈辱、地位の喪失に対する根深い恐怖を抱えている。

このインセルのコミュニティはここ数年で急成長し、[36] 予想していたよりはるかに多様で、人口統計学的にも民族的にも宗教的にも実にさまざまな背景の男性が集まっている。[37] 教育レベルもいろいろだ。たとえばスティーヴは会計学で修士号を持つ。トラック運転手やスーパーマーケットの品出しをする者もいる。多くのインセルは20代後半で、失業中で、親と暮らしている。自分の雇用の先行きに不満を持つ者もいる。「大学の学位なんてほとんど役に立たないし、経済は当面、絶望的だ」。仕事が見つからないのは自分の外見のせいに違いないと考える者もいる。仕事に対する楽観論を語る少数派はトラック運転手たちだ。「僕が思うに背が低くて醜い男にとって最高の仕事はトラック運転手だよ。トラックを運転していれば、身長差別やルッキズムから思いがけなく解放されるんだ」

人口統計的には多様でも、ソーシャルスキルや自信の欠如は大半のインセルに共通する特徴だ。誰かがこう書く。「僕は人の感情や社会的な合図を理解するのが苦手だけれど、それでもちっともかまわない。ビデオゲームで遊んだり、オンラインのＩＱテストを受けたりして無駄な時間を過ごすのが楽しいんだ」。フォーラムのホストは「インセルのなかには精神疾患や障害、そのほか健康上の問題に苦しんでいる者もいる」と認める。

＊＊＊

「僕をランク付けして、アドバイスをくれないかな」とアランが書いて、自分の顔写真を投稿する。彼が受けとった返信はこうだ。

「0点」

「終わってる」

「眼瞼下垂を治してもらえよ。IQがものすごく低く見えるぞ」

「いまのところまだ何とも言えないな」

インセルの文化は「ルッキズム」、すなわち外見にもとづく偏見や差別を病的に重視するのが特徴だ。「Looksim.net」とか「Looksmax.org」といったフォーラムでは、最初の自己紹介で「僕はレイピストだ」とか「やあ僕は自閉症のサイコパスだ」と書くインセルまでいる。ここに写真を投稿すると、他のメンバーに10段階で評価してもらえる。それから自分の外見をどうすれば改善できるか詳しいアドバイスがくるのだ。

男らしい顔立ちや男の魅力的な目とはどんなものか考えたことがあるだろうか。わたしはないのだけれど。ところがインセルたちに言わせると、男性の美しさには明確な基準がある。広い頬骨、狩人《ハンター》の目、濃い眉毛、角ばった顎先、左右対称の鼻、精悍な下顎の輪郭、引き締まった肉体。高評価のハンサムボーイは「チャド」と呼ばれ、魅力的な女の子は「ステイシー」と呼ばれる。

このコミュニティに入って最初に教わることのひとつは、80対20のルールだ。つまり「最も魅力的な女性の80パーセントは、遺伝的に優れた男性のなかの20パーセントを選ぶ」という仮説だ。この発想から「ルックスマックス」という強固な文化が生まれた。これは「ソフトマックス」から「ハードマックス」まであって、要は自分の見た目の改善を追求することだ。ソフトマックスには、流行の服を着る、ヘアカットする、身だしなみを整える、スキンケア製品を使う、運動するなどが含まれる。インセルに言わせれば、大半の女性は日頃から化粧をし、見栄えのよい服を着て、髪や肌の手入れをすることで、10代のときからソフトマックスに励んでいる。インセルのなかには、「ルックスの梯子」をのぼり、低い性的スコアから高評価に転じたいと、肝を潰すほど突き進む者もいる。ハードマックスには、アナボリックステロイド〔筋肉増強剤の一種〕の摂取、顎フィラー〔ヒアルロン酸などの注入〕や顎増大術、鼻形成術、頬骨の手術、さらには陰茎増大術や頭蓋骨インプラント、鼻の穴を縮める手術や耳を小さくする手術まである。正直、インセルの世界を知るまでこうした手術があることすらわたしは知らなかった。

だが問題はルックスだけではない。当然ながらインセルたちの抱える問題はそれよりはるかに深刻だ。「心底うんざりするのは、絶えず拒絶されることだ」とユーザーのひとりが書き込む。「だから誰かに初めてメッセージを送ろうとすると、手がひどく震えて携帯を落としちゃったり、キーを片っ端から打っちゃったりするんだ。せめてルックスマックスすれば、もうちょっと自分の気持ちや精神状態をなんとかできると思うんだけど」。インセルのなかには、自分の見た目があまりに嫌で、何年も家から出ない者もいる。

ルックスマックスのフォーラムでしばらく過ごしてしまうと、不安にならずにいるのは難しい。ユーザーたちが自分にみるみる自信を失っていくのが見ていてわかる。ここでの批判は容赦ないし、たとえ基準をすべて満たしていても、低評価をつける理由をメンバーの誰かが探し出す。自分のプロフィール写真を投稿した、見た目のかなりイケてる男性は、こんなリプライをもらう。「君の見た目はまずまずだと思うし、チャドっぽさもあるし信頼感を抱かせる顔に見える。でも狩人の目ではないからなのか、君の目には苦痛が浮かんでいて、なんだか気まずそうに見える」

彼らの考えは極端かもしれないが、こうしたことを思いついたのはインセルたちではない。研究によれば、ルッキズムは現実に存在するし、おそらく人を惹きつける魅力には普遍的な法則があるようだ。現代の美の基準で風貌があまり魅力的でないと判断される人たちは、日頃から多くの場面で差別されている。[38] 調査によれば、見た目があまり美しいと思われない人たちは収入がより低く、仕事に就ける可能性がより低いことがわかっている。[39] こうした人は、見た目がよいと思われる人よりも法廷で有罪判決を受ける可能性が高い。犯罪者がより魅力的な見た目だと刑がより軽くなり、その逆もまたしかりだ。[40]

だが当然ながらインセルのなかには自分の外見をよくする努力をしても無駄だと思う者もいる。アランはルックスマックスをあきらめたユーザーのひとりだ。20代半ばで、自分の体を逃げることのできない牢獄だと感じている。「祖先が優生学を実践してくれなかったことがムカつくよ」とインセルの非公開スレッドに書き込む。「良い遺伝的特徴と良い遺伝子の家系を持つ女性は、繁殖用動物《ブリーダー》にして強制的に8人くらい子どもを産ませるべきだった。健康に問題があるか、遺伝的に好ましくない家系の女性には不妊手術をすべきだったんだ」。健康でない赤ん坊は「抹殺されるべきだった」とも彼は思っている。

インセルたちはあまりに落ち込み、孤独を感じ、絶望してしまったために、解決策として自殺を考えることも珍しくない。「自殺したほうがいいなって本気で思うよ」とアランが書き込む。「人生最大の夢のひとつは、自殺して幽霊になって家族を観察し、僕が死んでもみんなにとってはまったくどうでもよかったんだ、僕はただのお荷物でしかなかったんだとはっきりさせることだ。僕が死んだらみんなの人生がどれほどましになるかこの目で見てみたいよ」。インセルの用語で言えば、彼はLDAR（寝て腐る《レイ・ダウン・アンド・ロット》）と決めている人間だ。

アランのコメントを読んでから、わたしは椅子にすわりなおすと、彼をなんとか元気づけられないものかと考えた。けれどわたしが返信する前に、他のユーザーたちからのコメントが次々に入ってきて、見ていたら背筋がぞくりとした。「自殺の実践ガイド」「自殺を受け入れる」「首を吊る方法」「苦痛なき溺死」「二重結び《ダブルノット》と袋を使う方法」。仲間のインセルたちがアランに送ったアドバイスはどれもこんなもので、行け、自殺をやり遂げろと彼の背中を押している。

絶望はこのフォーラムに広く見られるが、ユーザーのなかには絶望とともに激しい怒りを覚える者もいる。スティーヴと呼ばれるユーザーは、「社会に復讐してからでないと死ねない」と言う。どこを見てもフェミニズムや女性に対する憎悪が蔓延している。女性はロボットに似た存在、つまり「フェモイド」（短縮形は「フォイド」）で、暴力でしか手なずけられないとみなされる。女性を「トイレ」とか「穴《ホール》」と呼ぶようなユーザーすらいる。女性をただの物とみなすことは、女性からその人間性を剝ぎとり、暴力の標的にしてかまわない存在にする。スティーヴはこう書く。「SMV（性的市場価値《セクシャル・マーケット・バリュー》）が低い男は殺人やレイプ以外に権力を行使するすべがない。それが上にいける唯一の道だ。暴力によってフォイドから力を奪うんだ。そうすれば世間もこっちを見てくれるだろうよ」

アランもスティーヴも、男性は女性がますます優位な立場につく社会で犠牲になっていると考える。アランがこう書き込む。「女は10倍も良い人生を送っている」。スティーヴも同意見だ。「次の世代の奴らは魅力のない男がどんな最悪な目に遭うかもうすぐ知るだろうよ」。自分たちが不幸なのはフェミニストや力を持つ女性たちのせいだと彼らは考える。「フェミニズムがついた嘘のせいで俺たちはインセルにされたんだ、あいつらは復讐されて当然だ！」。インセルたちはお互いを煽って、ますます過激な考えに走らせる。それでも彼らを観察すればするほどわかってくるのは、彼らのミソジニーや暴力的なファンタジーがおそらく自己嫌悪や自己憐憫から生まれていることだ。

＊＊＊

2021年8月12日、プリマス〔イングランド南西部のデヴォン州〕で、22歳のイギリス人のクレーン運転手見習い、ジェイク・デイヴィソンが、実の母親と3歳の少女ひとりを含む5

人を銃で撃ち、その後自殺した。イギリスでこの10年あまりのうち最悪の銃乱射事件だった。捜査からわかったのは、デイヴィソンがインセルのイデオロギーに感化されていて、「無駄口《ワッフル》教授」という偽名でユーチューブに投稿した動画で「インセルダム」*10や「ブラックピル」について触れていたということだ。加えてトランプの熱狂的支持者で、イギリスのリバタリアン党の支持者でもあった。

オンライン上でわたしが目にしたようなひどくミソジニストな会話の類いから、ここ数年、インセルに感化された一連のヘイトクライムやテロ攻撃が生まれている。とはいえイデオロギーだけが暴力を誘発する唯一の要因ではない。テロリズムは大体において過激な思想が個人の不満と合わさったときに発生する。デイヴィソンは母親に対する、そしてその延長で「シングルマザー」全員に対する憎しみを募らせていた。これまでの人生で性的経験も恋愛経験も逃してきたことの不安が、彼のなかで強い憤怒に変わっていた。最初は自分のせいだと思っていた。「僕はまだ童貞で、太っていて、醜くて、ああなんとでも言ってくれ」あるユーチューブの動画でそう語っている。それから今度は憎しみの矛先を女性たちに向けた。あるティーンエージャーの女性とオンラインで最後にやりとりしていたとき、こう書いた。
「女は傲慢だし、信じられないほど優遇されている」

よくあることだが、ジェイク・デイヴィソンも、バーチャルな友人という新たな家族を求めてインセルのフォーラムを訪れた、ひどく孤独な男性だった。だが当然ながらインセルは心の隙間を埋めてはくれなかった。過激主義者のフォーラムは、親密な絆があるとの幻想を抱かせ、メンバーのあいだに親近感を喚起する。とはいえ本当の友情とは違ってこうした関係が、匿名の一時的な上っ面だけのものから、もっと長続きする手応えのある関係に発展したためしはない。揺るぎない愛情や帰属意識を見出すかわりに、ユーザーは深夜や週末を他のニヒリストたちに囲まれて過ごすことになる。それによって、すでに抱えていた抑うつや不安といった精神衛生上の問題がさらに悪化することになる。インセルのチャットルームでは、この負のスパイラルが見てとれる。「このクソな人生に打ちのめされて僕はもうぼろぼろさ」とデイヴィソンが最後のほうにアップしたユーチューブ動画で語っていた。「前はやる気があったのに、もうすっかりなくなった」。自己嫌悪が他者への憎しみに変わり、見境がつかなくなった結果、彼は最後に反抗という行動を選んだ。

　プリマスの銃乱射事件は、その数年前から連続して起きていたインセルに触発された襲撃——未遂のものもあれば実行されたものもあるが——の直近のものにすぎなかった。この襲撃の前にも、スコットランドやイングランドでこれと関連して何人かが逮捕されている。[41]

＊10　インセルのコミュニティ内で「不本意な禁欲」状態にあることをさす言葉。

2018年、若いカナダ人のアレク・ミナシアンが、トロントの混雑する通りで歩行者（ほとんどが女性）に車で突っ込み、10人を殺害、16人を負傷させた。ミナシアンはインセルのフォーラムで急進化し、死者数の多さで仲間のユーザーをあっと言わせたいと考えた。ミナシアンは心理学者に、皆が自分のしたことを話題にしているのが「すごく嬉しくて興奮する」と語った。彼は世界記録を出したいと思っていた。彼いわく、100人殺せば、自分の尊敬する大量殺人犯をランク付けしたオンラインのスコアボードのトップに躍り出られるだろう。[42]

最も人気のあるインセルのヒーローはミソジニストのエリオット・ロジャーで、その後現れた多くの襲撃犯たちの模範になった。エリオット・ロジャーのイニシャルを使った「ERしろ」は、暴力的なテロ攻撃を呼びかける仲間内の暗号としていまも使われている。ロジャーは2014年にカリフォルニア州アイラビスタで一連の襲撃を実行し、6人を殺害した。彼は22歳でまだ童貞だった。女の子とキスしたこともなく、自分は拒絶されたと思い、ひどく苦悩していた。「女の子は好意やセックスや愛情をほかの男たちにはくれるのに、僕には一度もくれないんだ」と襲撃の前にユーチューブの動画で訴えた。[43]「僕が求めていたのはただ君たちを愛して、君たちに愛されることだった。（……）でも僕のものになってくれないなら君たちを葬ってやる」声を立てて笑うと、さらに続けた。「君たちは僕に幸せな人生をくれなかったから、お返しに君たちの人生をぜんぶ奪ってやろう。それでおあいこだ」。彼の犯行声明はジェイク・デイヴィソンとよく似た自叙伝を物語る。両親が離婚し、この世界をそもそも信頼しておらず、自分は失敗したという思いが頭から離れなかったのだ。

男性至上主義は、ノルウェーの反ムスリムの過激主義者アンネシュ・ブレイヴィクから、2019年にハレとハーナウでそれぞれ起きた銃乱射事件のドイツ人の犯人にいたるまで、極右のテロリストを論じる際に見過ごされることも多い[44]。ブレイヴィクは犯行声明で、フェミニストは「男子を相手に戦争」を仕掛け、女性たちを抑圧し、白人の出生率低下を引き起こしていると非難していた。またハーナウの襲撃犯は犯行声明でインセルに関連する言葉を用い、ハレの銃撃犯は襲撃当日にインセルの賛歌と称される曲を聴いていた。その歌詞には「俺が歩行者を轢き殺すあいだ尻軽女が俺のペニスを吸っている」とか、「激しく揺らせ、なかに入れながら俺は殺しをやる」といったくだりがある[45]。驚くことに、エッグ・ホワイトというペンネームでトビー・グリーンが書いたこの歌は、テロリズムを美化しているにもかかわらず、音声ファイル共有サービスのサウンドクラウドでいまも聴くことができる。

インセルのコミュニティ内でエッグ・ホワイトはインセレブリティ〔インセルのセレブ〕だ。トビーが使うこのペンネームは、学校でいじめっこが彼の頭の形をからかってつけたあだ名「エッグマン」に由来する。2015年からエッグ・ホワイトが発信する動画のうち最も人気があるのは「ブラックピルを飲め」と題した動画で、いまもユーチューブで60万回以上視聴されている。動画で彼は仲間のインセルの視聴者にこう語りかける。彼らの「人生がクソ」なのは「女たちが遺伝的に優れた男に狙いをつけるからだ」。動画についたコメントは、彼のことを「ブラックピルの最大の開拓者《パイオニア》」とか「預言者」だと賛美する。インセルのウィキペディア「Incel.wiki」によれば、多くのインセルがエッグ・ホワイトを自分たちの正式なリーダーに任命したいと思っていたが、彼がそれを断ったという。

ミソジニーと極右のレイシストのイデオロギーは、白人男性は被害者であるとのナラティブを通じてつながっている。反フェミニストの陰謀論に深刻な精神疾患が重なると、政治色の濃い悪魔崇拝という、さらに突飛な信念体系が生じることすらある。2020年に18歳のダンヤル・フセインがロンドン北部である姉妹を刺殺したが、彼はそれを地獄の政府の長であるリュシフュージェ・ロフォカルとの悪魔の取引だと信じていた。手書きの契約書でフセインは、「自分が自由の身で身体的に可能であるかぎり、6カ月ごとに最低6人の生贄《いけにえ》を神に捧げる」と誓っていた。つまり「女性の恋愛対象として自分がもっと魅力的になる」には、女性たちを「生贄として捧げる」必要があるというのだ。[46]

インセルに触発されたテロリズムは、ミソジニストのオンラインコミュニティを宣伝するのに効果があった。プリマスの襲撃事件の影響がこれを如実に示している。タイムズ紙と英非営利団体デジタルヘイト対策センター（CCDH）によるウェブトラフィック*11の分析によれば、2021年3月から11月にかけて、インセルの三大フォーラムへのイギリスからの訪問回数が5倍以上に増えたとわかった。たった9カ月のうちにこうしたサイトへのウェブトラフィックが、月11万4420回から11月には63万8505回まで跳ね上がった。[47]

テロリズムは氷山の一角で、ほかにも諸々の出来事が見受けられる。デジタルヘイト対策センターの最近の調査によれば、レイプにまつわる話がインセルのフォーラムで29分毎に投稿されているのがわかった。[48] またインセルの半数以上が小児性愛や未成年の性的対象化《セクシュアライゼーション》を支持していた。[49] 女性やフェミニズム、進歩的なジェンダーロールについてのきわめて不快なナラティブは、急進的なフォーラムだけに限ったものではない。研究者らは言語学的分析を用いて、インセルと主流のポルノサイトのユーザーが同じミソジニーの言葉を使っていることを明らかにした。[50] たとえば女性を「動物《アニマル》」や「獣《ビースト》」「生き物《クリーチャー》」または「フェモイド」と呼んで人間扱いしないことが、インセルとポルノフォーラムのどちらにも見受けられる。両コミュニティに通底する発想とは、男性には、価値をおとしめられ動物や物扱いされる女性たちから性的サービスを受ける権利があるというものだ。家父長制の決まりに従わないか、自

*11 ユーザーやデータの量。ウェブサイトへのアクセス数やセッション数なども含まれる。

分の性的自由を重んじる女性はヘイトの標的にされる。インセルと売春フォーラムのあいだにも似たような共通点が認められる。女性のセックスを買う男性は、彼らの要求を拒んだり、自分自身を守るために境界を定めたりする女性に虐待的になる傾向がある。インセルと買春客のどちらもが「ノー」という女性を罰するのだ。

パンデミックのさなかに男性至上主義者のムーヴメントはオンライン上で足場を築き、ヨーロッパに手を伸ばした。[51] その結果、女性のジャーナリストや著者、政治家、活動家に対する性的な脅迫や暴力が急増し、ここ数年でフェミサイド〔女性であることを理由にした殺害〕が世界的に増えている。[52] 今日、男性による暴力が若い女性の死亡のおもな原因になっている。フェミサイドの被害者のほとんどは、元ないし現在のパートナーによって殺害され、別離が主たる引き金になる。ロックダウン下では家庭内暴力が急増したが、イギリスでのフェミサイドの件数は下がった。ところが2021年にロックダウンが緩和されると再び劇的に増加した。女性の殺人被害者数を数えるイギリスの市民活動「カウンティング・デッド・ウィメン」によれば、2021年に141人の女性が男性容疑者に殺害された。[53]

ティックトックの2022年のトレンドには、女性の殺害を揶揄したり、初デートで女性を殺害する妄想を口にしたりする男性ユーザーが見受けられた。[54] だがティックトックで女性に対する鬨《とき》の声がバイラル〔情報が口コミで拡散すること〕になったのはこれが初めてではない。

アンドリュー・テイトは、主流化した有害な男らしさの一例だ。ルートン〔イングランド中南部の都市〕で育ったこのアメリカ系イギリス人の元キックボクサーは「ビッグ・ブラザー」の出演者でもあり、ティックトックでミソジニストも甚《はなは》だしい動画を投稿し、これは116億回も視聴された。動画のなかでこのインフルエンサーは、車や武器や葉巻など男らしさを象徴するものと一緒にポーズをとる。彼に言わせれば、女性は家にいるべきだし、車など運転してはならないし、男性の所有物であるべきなのだ。浮気をしたり男性に従わなかったりする女性に暴力を振るうのは当然のことで、彼は女性を叩いたり首を絞めたりすることを推奨する。「鉈《なた》を振りあげ、女の顔に一撃くらわせ、女の首を手で締めるんだ。黙れビッチめ」と動画のひとつで言い放つ。彼がもっぱらデートするのは18歳から19歳までの女性だという。「彼女たちへの刷り込み」がまだ可能な年齢だからだ。彼いわくレイプの被害者は自分が襲われたことの「責任を負う」べきだ。

ミソジニストのソーシャルメディアキャンペーンが、最も若い世代の考えや行動に影響を及ぼすことは疑いようもない。イギリスの教師たちは、最近になって生徒間で露骨にレイプの存在を否定したり、これを擁護したりする発言が急増していると報告する。[55] 反動思想が政治や主流の言説に舞い戻り、女性の権利活動家が過去の世紀で成し遂げたものを無効にすべく脅しをかけている。ミソジニストの思想や動機を分析する「男性至上主義研究所」の研究者らはこう語る。「ミソジニストのインセルは人間性を否定する過激な言葉を用い、暴力を賛美するが、彼らの信念体系やイデオロギーは、彼らが生きる社会や文化の文脈から生まれ、またそれらに支持されている」[56]。ミソジニーは何もないところからは生まれない[57]。

＊＊＊

わたしはミレニアル世代の女性として育った。わたしたちの世代は、女性には男性にできることはすべてできると、そして、わたしたちは同じ権利や機会を与えられた対等な存在なのだと教わった。オーストリアから初めてイギリスに来て、ジェンダー平等を信じるわたしの考えは強まるばかりだった。20代で専門職に就くと、自分には権利や力が与えられていると感じた。ジェンダーも年齢も問題にしないジャーナリストや研究者、政策決定者が、わたしの話を真剣に聞いてくれた。逆にわたしの母国は時代遅れで階層的に見えた。わたしにはイギリスが女性の権利の牙城に思えていた。

ところが、角を曲がったすぐそこにミソジニーやセクシズム（性差別）がいた。イスラム聖戦主義者《ジハーディスト》のテロリズムを研究するシンクタンクで最初の仕事に就いて2年後、イングランド防衛同盟の創立者トミー・ロビンソンがわたしを脅迫しにオフィスに突如侵入してきたのだ。彼が腹を立てたのは、本人いわくガーディアン紙に寄稿した記事でわたしが彼を「白人至上主義」と結びつけたからだという。オンラインでも彼のフォロワーから極めて性的な脅迫や、死んでくれといった言葉、ジェンダーにもとづく侮辱的な言葉が滝のように降ってきた。携帯電話を見るたびに、ソーシャルメディア上で新たなメッセージが飛び込んでくる――「この役立たずのあばずれ《スラット》に焼きを入れてやろうぜ」とか「誰かがこの女に子どもを産ませるべきだ、そしたらこの女も少しは世の役に立つだろうよ」といったもの。

この嫌がらせはたしかにひどいものだったが、わたしはまた別の権力闘争にも足を踏み入れていた。失望したのは、男性の上司からロビンソンに謝るように言われたことだ。このシンクタンクは、わたしの知らないところで、極右側に大口のファンクラブを持っていた。ロビンソンのような有名人を怒らせたことは、利益相反になったのだ。もちろん、わたしには謝るのが正しいこととは思えなかった。数日後、最高経営責任者の命令に従わなかったことでわたしは解雇された。その間も脅迫は続き、身の危険をひどく感じるようになったので、自分のフラットを出ていくほかなくなった。

性差別的な侮辱の言葉がメールの受信箱に山と溜まり、気がついたら仕事も住む場所もなくしていた。この状況から逃げだして自分の気持ちを立て直そうと、わたしは日本に渡って数週間を過ごした。けれどはるか異国の地で伝統的な旅館に泊まっているあいだも、ひっきりなしに入ってくる侮辱的で、人を人とも扱わないコメントから逃れることはできなかった。それどころか時差のせいで真夜中に脅迫メッセージを受けとるはめになった。皮肉なことに、わたしが京都に隠れていることを誰も知らないというのに、彼らの多くは日本のアニメやマンガのキャラクターを過度にセクシャライズした文脈で使っていた。ミソジニストのオルトライト〔オルタナ右翼〕は従来から日本のポップカルチャーをハイジャックし、自分たちのコミュニケーションの道具にしているのだ。自分のソーシャルメディアのチャンネルからログアウトしても、数時間後にログオンすれば、ヘイトの嵐が輪をかけて大きくなっているのを目にするだけだった。そのうえ、自分の評判や身の安全すらも危うくなっているときに、そう簡単に電源を切るわけにもいかない。

イギリスに戻ると、わたしは仕事の副作用としてミソジニーを経験したことがあるという女性たちに話を聞いてみることにした。多くの女性は似たようなことを自分に問いかけていた。議論を呼ぶトピックを研究するのはやめるべきか？　政治的意見を発信するのを控えたら気が楽になるのでは？　いや、いっそのこと男性を怒らせるのをやめたほうが利口ではないか？　彼らの顔も少しは立てておくべきでは？　こうした問いは、今日のフェミニストと反フェミニストの苛烈な闘いの核心にあるものだが、たとえ最前線で活動しているわけでなくても、驚くほど大勢の人がこうした問いにはっきり「イエス」と答えるだろう。イギリスを拠点とする組織ホープ・ノット・ヘイトは２０２０年の調査で、16歳から24歳の男性の50パーセントがフェミニズムは「行き過ぎだ」と感じていることを発見した。[58]

インセルのフォーラムは、反フェミニズムのオンライン・サブカルチャーが寄り集まった、より広いコミュニティ、つまり「マノスフィア」の一角にすぎない。このマノスフィアが主催するものにはほかにも、自分たちとセックスさせるために女性の心を操る「ピックアップ・アーティスツ」（ＰＵＡ）や、男性に不利と思える法律（子どもの親権や夫婦の財産分与など）に反対する運動「メンズ・ライツ・ムーヴメント」（ＭＲＭ）、女性とのいかなる接触も拒否する「我が道をゆく男たち《メン・ゴーイング・ゼア・オウン・ウェイ》」（ＭＧＴＯＷ）などがある。

人気の高いカナダの心理学者ジョーダン・ピーターソンは、現代の反フェミニズムに擬似アカデミックなお墨付きを与えている。「女性は有史以来抑圧されてきたなんて、とんでもない」と彼は言い、フェミニストには「容赦ない男性支配を求める無意識の願望」があるとする。彼はユーチューブで４００万人近いフォロワーを獲得し、自著『生き抜くための12のルール』は５００万部以上売れている。よく名の知られた人物で、トロント大学の教授であり、ペンギン・ランダムハウスと本の出版契約もいくつか結んでいる。だが２０１９年、この臨床心理学者の転落が始まった。ベンゾジアゼピン系薬剤の依存を発症し、重度の不安に苦しみ、自殺願望を持つようになり、統合失調症やその他の障害の診断を受けた。

ピーターソンのファンは、メンタルヘルスがおぼつかない者から幸福についてのアドバイスを受けることに、ここにきて躊躇しはじめているようだ——しかも彼の一風変わったアドバイスには、牛肉しか食べない食事療法を実践するようフォロワーに勧めるものもある。だが、彼が主流に乗れたという事実は、あいかわらずミソジニストのマノスフィアを勇気づけている。彼の成功は反フェミニズムを大いに後押しし、これを社交下手なサブカルチャーから世界的な大衆運動へと発展させたのだ。

ピーターソンに惹かれるのがとくに若い白人男性だとしても、反フェミニストを男性に限ったものだと思うのは間違いだ。2013年につくられたタンブラー（Tumblr）のページ「ウィメン・アゲインスト・フェミニズム」には、フェミニズムに反対の立場の女性から投稿が寄せられる。マノスフィアには女性のインフルエンサーもいるのだ。「トラッドワイフ」（トラディショナル・ワイフ）のコミュニティは、反フェミニストの女性数万人からなる世界的なネットワークだ。反フェミニストの女性のサブレディット〔レディット内のコミュニティ〕「/RedPillWomen」と「/RedPillWives」には7万5000人近いメンバーがいる。[59]

保守派の米トーク番組司会者ラッシュ・リンボーもまた、反フェミニズムのインフルエンサーだ。1990年代に「特定のタイプのフェミニスト」を非難する「フェミナチ」という言葉を最初に世に広めたのは彼である。[60] 昨今、この言葉はもっと広いオルトライト界で国境を越えて採用され、彼らはこれを女性の権利を擁護する活動家に対する鬨の声に使っている。
この10年のうちに、フェミニズムが世間で広く議論されることが目に見えて増えている。#MeToo運動が起きるとともに、女性が昇給を要求し、役員クラスに出世し、理工系や金融などの、従来は男性が独占してきた分野で成功をおさめている。女性たちは、ハリウッド映画や受賞歴のある小説でもますます主要な役を占めるようになっている。だがそれと並行してフェミニズムに対するバックラッシュも発生し、きわめて良からぬ結果を招いている。ここにきて男性3人のうちひとりがフェミニズムは利益より害が多いと考えていることが、2022年の世界的な研究でわかっている。[61]
今日フェミニズムは、おそらく反フェミニストが思うほど、力があるわけでも広まっているわけでもない。それはデフォルトの考えでも方針でもない。ミソジニスト的な考えや女性に対する暴力、経済的不平等、ジェンダーによる賃金格差の撤廃をまだ成し遂げてもいない。公的および民間部門の幹部における女性の不在や、男性に有利なヘルスケアやデータの深刻な偏りをなくすことにも成功していない。米世論調査機関ピュー・リサーチ・センターが2021年に発表した調査では、女性の42パーセントが職場でいまもジェンダーによる差別を経験し、女性の4人にひとりが同じ仕事をする男性よりも報酬が低いことがわかっている。[62]同様上級職に就く女性の数は増えているが、女性のリーダーに対する信頼は下がっている。[63]

に、力のある立場や対外的な立場にある女性に対する、ジェンダーにもとづくハラスメントや誹謗中傷、偽情報作戦は増加の一途をたどっている。[64]

＊＊＊

女性の国会議員やジャーナリストに対するバイラルなキャンペーンが展開されるのを目にするたびに、そこに自分の経験したヘイトの嵐にそっくりなもの、そしてネットのミソジニストの周縁《フリンジ》から生まれた言葉やミームを発見する。連携したミソジニーは公共の言説にも入り込んでいる。インセルの使う言葉や動画や画像を、ごく一般のソーシャルメディアユーザーがすでに使いはじめている。

女性を標的にしたオンライン上の脅迫キャンペーンは、2014年に起きたゲーマーゲート騒動の最中に4ちゃんの男性ユーザーたちが最初に始めたものだ。ゲーム業界にいるフェミニストのインフルエンサーたちに抵抗すべく、男性のゲーム愛好家やオンラインの荒らし《トロール》たちが連携し、ゾーイ・クインなどの女性ゲーム開発者やアニタ・サーキシアンのようなゲーム分野の女性ジャーナリストにこぞって攻撃を開始した。被害者の多くはレイプや殺害の脅迫を受けた。なかにはドキシングされ、住所や電話番号を含む個人情報をオンライン上に公開された者もいた。[65]

女性に対するヘイトはたいていミソジニストの常套句で始まるが、次に人種や宗教、性的指向、社会階層、年齢、障害などの（真実の、または捏造された）アイデンティティが一枚加わる。従来からのヘイトキャンペーンは、ある女性のものと見紛う偽造したポルノ写真やミームなどの安直な模倣品を使うことも多い。[66]オンライン上の憎悪に満ちたコンテンツの大半は、最終的に組織的なキャンペーンで兵器として使われるとしても、もとはユーザーがつくってクラウドソースされていたものだ。ハラスメントの被害者とはほとんど、もしくはまったく関係のないユーザーがミームをつくって、写真を加工し、引用を歪曲している場合もある。ポルノ画像の顔を入れ替えたり、写真に引用語句を入れたりするのに、たいした技術は必要ない。

ここ数年で対外的な職業に就く女性へのオンラインやオフラインでの虐待が、イギリス、アメリカ、ドイツを含む多くの国で手のつけられないほど急増している。[67]主流化したミソジニーが及ぼす影響を見ると背筋が凍る。ジャーナリズムや政治、アクティビズムに取り組む多くの女性が自己検閲するか、自分の仕事から身を退《ひ》くようになっている。女性のキャリアや評判に狙いを定めたジェンダー・ハラスメントはまさしく新たなガラスの天井になっている。

英国議会でも、またドイツ連邦議会や米連邦議会でも、ミソジニーやハラスメントや脅迫の事例は、広く蔓延する問題として報告されてきた。[68] 多くの国で女性議員に対するヘイトは、規模も性質も男性議員のそれと比べて深刻だ。イギリスでは自由民主党のハイディ・アレンや保守党のニッキー・モーガンのような有名な女性政治家が、「おぞましい虐待」のために2019年の総選挙への立候補を辞退した。[69] 2021年のドイツ連邦議会選挙では最有力候補のアンナレーナ・ベアボックが、首相の座を争う2名の男性ライバル候補の10倍も、偽情報の被害に遭った。[70] オーストリアの緑の党党首シグリッド・マウラーは、フェイスブックのメッセンジャーで性差別的なヘイトメッセージをいくつも受けとり、その送り主であるウィーンの酒屋の店主を訴えた。この男はのちに自分の元ガールフレンドを殺害し、現在終身刑の判決を受けている。2022年4月、この女性政治家はウィーンの中心部にあるレストランで、ロックダウン反対を訴える者に襲われた。最初、彼女は言葉で侮辱され、それからグラスを投げつけられた。[71] 幸い彼女に怪我はなかった。

英労働党の下院議員ジョー・コックスが2016年に殺害された事件は、イギリスで警鐘を鳴らすことになる。ブレグジットの国民投票までの間、女性政治家は性差別的なハラスメントキャンペーンの標的になった――ジェス・フィリップス下院議員はツイッター上でひと晩に600件のレイプの脅迫を受けた。ジョー・コックスも同様のメッセージの標的となり、警備を増やしたが、それからほどなく自分の選挙区で、銃で撃たれ刺殺される悲劇に見舞われた。そのわずか数年前には、米連邦下院議員のガブリエル・ギフォーズが、女性は権力のある立場につくべきでないと信じる男性によって危うく殺害されかけた。[72]ギフォーズもコックスも、フェミニズムや女性の政治的な力を象徴する存在だった。

女性に対する脅迫は「一匹狼」のアウトサイダーによるものだけではない。権力を持つ伝統ある機関から発せられることもある。ロンドン警視庁の現職警察官ウェイン・カズンズによるサラ・エヴァラードの誘拐、レイプおよび殺害は、警察内に攻撃的なセクシズムが存在するというさらに大きな問題を露呈した。それは暴力的なミソジニーがいかに伝統ある機関に染みついているかを教えるものだった。[73]カズンズは襲撃の前に同僚の警官たちとワッツアップで性差別的なメッセージをシェアしていた。とはいえ、その内容は「男たち特有の」よくある無害な軽口の類いだとして聞き流された。元女性警官たちは、ロンドン警視庁内に悪辣なミソジニーや「キャンティーン（食堂）文化[*12]」が咎められることなく横行していることを報告した。[74]エヴァラードの殺害は、警察内部におけるミソジニーや性差別的な不品行に対する一連の捜査のきっかけになった。2020年に起きたビバア・ヘンリーとニコール・

＊12　警察や男性社会にとくに見られる保守的・差別的態度。

スモールマン姉妹の刺殺事件は、警察によって適切な捜査がされず、「行方不明者」としての捜索願が取り消されていたとわかった。2021年、ふたりの警官がヘンリーとスモールマンの遺体の写真を撮影し、ワッツアップの非公開グループでシェアしていたことで免職になり収監された。[75]

過激な暴力とセクシズムを結ぶこれだけの証拠があるにもかかわらず、ほとんどの国は暴力的なミソジニーを過激主義の一種として起訴する法的な枠組みをつくっていない。カナダは、暴力的なミソジニーをテロリズムの脅威のリストに加えた数少ない国のひとつだ。だが元英首相ボリス・ジョンソンは、これをヘイトクライムに指定することは支持しない旨を明らかにした。[76] あいかわらず深刻な問題のひとつは、オンラインでの脅迫や虐待の調査が往々にして進展しないことで、加害者が匿名のアカウントを使っている場合はなおのことだ。NGO「ヘイトエイド」は、EU市民は自国の制度や機関がヘイトクライムから自分を守ってくれるか信用できなくなっており、またオンラインの虐待を報告するための条件は厳しすぎて「ユーザーがそれを満たすことはまずできない」と警告する。[77] 被害者がヘイトスピーチに対して民事訴訟を起こすことはめったになく、おそらく訴訟にかかる費用や負担のせいで思いとどまっていることが調査からわかっている。[78]

＊＊＊

さしあたって旧来のガラスの天井にはヒビが入ったかもしれないが、こちらも割れたとは到底言えないままだ。女性の従属的立場と仕事——家事労働と有給の職のどちらも——は密接なつながりがある。今日、イギリスに住むカップルで家事労働を均等に分担しているのは7パーセント以下だ。[79] 女性が働いている場合でも、女性は男性より家事や子どもの世話、食料雑貨の買い物などに1日平均1・5時間多く費やしている。[80] 世界全体で、女性は男性の3倍以上の無償のケア労働に従事し、無償のケア労働の総時間の76パーセントを担っている。[81] この賃金格差が経済的な不平等をもたらしている。ある研究によれば、「母親であることのペナルティ」〔出産や育児によって女性が被る不利益〕がジェンダー間の賃金格差の80パーセントを説明する。[82] そしてパンデミックは事態をさらに悪化させた。2020年のあいだに、世界では200万人を超える母親が仕事をやめたが、その多くは子育ての負担が増えたことが原因だった。[83] シモーヌ・ド・ボーヴォワールがこう言ったのは有名だ。「女を全面的に一般性と非本質性へと導く分業が、小間使いとしての女の運命を報われないものにしている」[84]＊13

女性も職業を持つことができるという考えは比較的新しい。1977年になるまで、ドイツの女性は家の外で働くのに夫の許可をもらう必要があった——この規制は今日も十数カ国で存在する。[85] 深く根付いたジェンダーロールはいまも仕事や家庭生活に大きく関与しているが、この事実を多くの反フェミニストは否定する。ジョーダン・ピーターソンは自身のユーチューブの動画「キャリアvs.母親であること」でこう語る。「19歳の女性の大半に吹き込まれた考え、つまりキャリアこそ人生でいちばんの目的になるというのは嘘っぱちだ」。だがピーターソンの言うことは的がはずれている。働く母親は安価な保育サービスを利用できるなど、十分な社会的支援を受けられるといった考えこそが、まさに嘘っぱちなのだ。

こうしたステレオタイプのせいで男性と女性に対する非現実的な期待が生まれる。保健医療制度や育児休暇制度、企業のインセンティブ構造、教育制度のどれをとっても、母親に養育者としての主たる、ひょっとしたら唯一の責任があることはまず異論なきものとされている。このことは女性に途方もないプレッシャーを与える一方、男性にも損失を与える。調査によれば、父親の80パーセントが、子どもともっと多くの時間を過ごすためなら何でもしたいと答えた。もしそれが実現すれば、ジェンダー間の賃金の平等に弾みがつく。スウェーデン政府が実施したある研究では、父親が育児休暇をひと月とるごとに、母親の将来の年俸が7パーセント近く増えることがわかった。[86]

子育てと生殖は、女性の権利という点でますます議論を呼ぶ領域だ。2022年6月24日、米連邦最高裁判所は、妊婦が中絶を選ぶ権利は憲法で保障されていると判断した1973年のロー対ウェイド判決を覆した。最高裁によるロー対ウェイド判決の破棄から30日以内に、全米で13の州が、中絶を禁止するいわゆる「トリガー法」〔状況の重大な変化により自動的に執行可能になる法〕を有効にした。[87] 女性たちは中絶を行うクリニックのスタッフに助けを求め、経口中絶薬を手に入れようと貯めたお金を差しだした。長らく認められてきた女性の権利をこんなにも簡単に剝奪できるなんて想像もしていなかった。

しかし、過去数十年でフェミニストたちが成し遂げた法的、政治的、社会的進歩がこうして粉砕されたのは、予期せぬ出来事どころか、オンラインで日増しに煽られる長引く文化戦争の成果なのだ。「プロライフ」〔生命尊重〕を自称する活動家たちは、生命が受胎とともに始まるのだと強く主張することが多い。だが調査によれば、中絶反対派は「生命を救う」ことよりも女性を管理するほうを重視していることがわかっている。2019年に女性の権利擁護団体スーパーマジョリティと世論調査機関ペリーアンデムが実施した世論調査によれば、中絶に反対する人は#MeToo運動にも敵対的な意見を持つ傾向があり、男性は女性より優れた政治的リーダーになると考える割合が高かった。[88] インセルの大半は、ロー対ウェイド判

＊13　女性に半ば強制的に課せられた家事労働は生活に有用であるが真の意味はなく（＝非本質的）、個性を欠いたもの（＝一般性）であるとボーヴォワールは指摘している。

決の破棄をフェミニストに対する抵抗だと褒め称えた。

近年、多くのリベラルな民主国家で女性の権利の後退が起きている。ポーランドでは、胎児が存命なかぎり、母体の救命のために中絶手術を行うことを医師が拒否したせいで、女性が敗血性ショックで亡くなった。[89] ハンガリーでオルバン・ヴィクトル首相の所属する超ナショナリストの青年民主連盟（略称フィデス）が昨今可決した政策は、古いジェンダー認識、たとえば女性の役割は家事や出産、子育てに限定されるべきだとの考えを反映するものだ。[90] 連邦性差別禁止法が導入された国ですら、セクシズムやジェンダーによる差別は減っていない。オーストラリアでは若い女性の60パーセントが、ジェンダーにもとづく不平等を経験していると語る。[91] NGO「プレグナント・ゼン・スクルード（妊娠により困難に陥った女性）」は、いかにイギリスの女性がいまも妊娠すると仕事をクビになり、子ども産むことで昇級を逃し、保育費が高すぎて払えず家庭にとどまらざるをえないかを訴える活動をしている。[92]

ロー対ウェイド判決は、女性の権利が「決して保障されたものではない」ことを教えていると英下院議員らは警告していた。[93] ヨーロッパ各地のポピュリスト政党は、選挙で権力の座に就けば、保護されていた女性の権利を無効にする超保守的な法律を可決することができるだろう。ドイツでは「ドイツのための選択肢」（AfD）が、中絶に対する障壁を上げ、子どもをよりたくさん生んだ家族へのインセンティブを増やし、伝統的な家族と相容れないすべての家族モデルを牽制したいと考えている。[94]

フェミニズムは行き過ぎだとの発想は、1世紀前から存在した。それは少なくとも1900年代にまでさかのぼり、当時男たちは、女性の結婚の権利や財産権はもとより参政権、職業の自由、教育を求めるフェミニストたちの要求にこぞって反対した。19世紀後半の家族主義を支持する運動や20世紀初頭の婦人参政権に反対する運動は、初期の反フェミニズム運動の顕著な例だ。女性を憎悪する今日のオンラインコミュニティは、こうした紋切り型の古い発想をとりいれ、視覚に訴えるミームやインターネット文化の引用、巧妙なキャンペーンを用いて、これを急進的で真新しく見えるものにつくりかえた。ジョーダン・ピーターソンを成功に導いたのも、同じく何世紀も女性を抑圧するのに使われてきた古い保守的な常套句を焼き直しした戦術だ。だが彼は、それを自分の話が新鮮で興味をそそるものに聞こえるやり方で行った。それによって旧来の家父長制的な構造にお墨付きを与え、フェミニストに対する批判を正当化する新たな流れを生みだしている。

＊＊＊

ポーリーヌ・アルマンジュにしてみれば、フェミニズムは明らかにまだ物足りない。ポーリーヌは筋金入りのフランスのフェミニストだ。この26歳のブロガーでライター兼活動家は、流行とは無縁の丸眼鏡をかけ、髪をカッコよくピクシーカットにし、政治信条の表現として脇を剃らない。ポーリーヌは15歳のときからソーシャルメディアで政治的に活動している。物を書いていないときは、性暴力と闘う慈善団体「レシャペ（逃亡者）」でボランティア活動をする。彼女は、男性からレイプや虐待、嫌がらせや迫害を受けた多くの若い女性の話を伝えてきたが、そうした活動をしているのは彼女だけではない。イギリスでは、大手世論調査会社ユーガブが2021年の調査で、18歳から24歳までの全女性の5分の4が性的な嫌がらせを受けた経験があることを突き止めた。[95]

「反フェミニストや男性の権利を擁護する活動家の主張とは反対に、この社会はフェミニストとは程遠いのです」とポーリーヌは説明する。だが誰もが意見を同じくするわけではない。アメリカの社会学者マイケル・キンメルが明らかにしたように、特権とはそれを有する者にはまず見えにくいものだ。[96] アメリカでは科学・技術・工学・数学（STEM）の分野で働く人のうち女性はわずか28パーセントにすぎない。[97] 同分野で大学の学位取得をめざすアメリカの学生についての2020年の調査では、白人男性はジェンダーや人種が自分たちの就業機会に及ぼす影響にまったくといっていいほど気づいていないことがわかった。[98] 高等教育統計局（HESA）によれば、イギリスの大学教授のうち女性は全体の4分の1をわずかに上回るだけだ。全国で2万2000人を超える教授のうち、黒人女性はたったの35人だ。[99] オンラインのウェブサイト「RateMyProfessors.com」に1400万人の学生が投稿した教授の評価を調べたイギリスの研究では、女性の研究者に対する性差別的な偏見が山ほども見つかった。[100]

多くの反フェミニストは、女性の被害者意識にばかり注目するのはフェアではないと思っている。男性は制度的に悪者扱いされていると感じ、むしろ男性が女性に抑圧されている証拠を探し出す。デート代を男が払って当然と思われることから、男は戦争で命を落とすこと、予防できる病気で死亡する確率が高いことまで、ありとあらゆることを引き合いに出す。たしかに彼らが間違っていると一概には言えない。高い自殺率、ホームレスになる可能性、男性の虐待被害者への支援の欠如は、集団として男性が抱える最大級の問題だ。こうしたギャップが生まれる理由は複雑で、いくつもの要因が重なっている――とはいえそれは反フェミニストが訴えるようなものではない。だが彼らは、男性の問題は女性の向上の結果だとみなし、さらに「フェミニストの信念が社会で実行されたせいで、男性を取り巻く状況が悪化している」とポリーヌいわく信じている。

男性もまた被害者であることは彼女も認めている。でもそれはフェミニズムのせいでも女性のせいでもない。「彼らは、自分の感情を表現することを教えずに、彼らをただ苦悩するままにさせる社会の被害者なのです。それもまたフェミニズムのせいではなく、家父長制のせいですが。反フェミニストは、フェミニズムの役割や目標を完全に誤解しています」とポーリーヌがわたしに言う。「男性が目下経験している苦痛は、フェミニストの要求が原因ではなく、これまで行われてきた男性の社会化に原因があるんです」。彼女が思うに、反フェミニストたちのびくついた反応にはもっと単純明快な理由がある。「自分たちの特権をつぶさに調べられることに彼らは慣れていませんから」

この「苦痛」がいかに社会的に表出されるかをポーリーヌは嫌というほどわかっている。「私の外見にまつわる侮辱を数千件も受けとりました」と教えてくれる。「私は何度もヒトラーに画像加工されているし、世界中から殺害の脅迫を受けています。とくに独創的なものは、スペイン人の男性からインスタグラムで送られてきた音声メッセージで、丁寧な口調でこう言うんですよ。ハロー、ポーリーヌ、君が死んでくれたら嬉しいな。君を見かけたら僕の言った意味がよくわかるだろうよって[101]」

ミソジニーはミサンドリー（男性嫌悪）を正当化するというのが彼女の出した結論だ。2020年に出版された彼女の本『私は男が大嫌い』はフランスで一大論争を巻き起こした。それは男性への嫌悪と不信を明快このうえなく訴えるものだった。「女性には男性を嫌いになる権利があるはずです」と彼女がフランス語でわたしに言う。この本はもともと非営利の小さな出版社モンストログラフから刊行され、初版はわずか400部だった。そのほとんどがポーリーヌの友人やフォロワーの手に渡るものと思われた。ところが数日のうちに、自分の書いた専門書がまさに痛いところを突いたのだとわかってきた。刊行当日、フランスの女男平等担当省の顧問を務めるラルフ・ズルメリーが、ジェンダーにもとづくヘイトを煽動するとの理由でこの本の出版禁止を求めたのだ。その後、同省はズルメリーと距離を置き、のちに彼は職を去ったのだが、この件はメディアで大々的に報道され世間の注目を集めた。『私は男が大嫌い』は世界的なベストセラーになり、数万部が売れた。

ポーリーヌの発想は物議をかもすもので、フェミニスト全員が共有するものというわけではないし、ミサンドリーを拒否するフェミニストも多い。ポーリーヌは自分から見てミソジニーとミサンドリーがなぜ比較可能でないかを説明してくれた。「ミソジニーは、特権的立場にいる側が抑圧される側からさらに利益を得るために使われます」。ミソジニーとは反対にミサンドリーは、ミソジニストや抑圧的な男性から自身を守るための防御策なのだと彼女は考える。

ポーリーヌは、男性たちがひけらかす強固な男子クラブ《フラタニティ》に対抗すべく、女性たちももっと強力な女性《ソロリティ》クラブをつくるよう訴える。「我が道をゆく男たち」（ＭＧＴＯＷ）の女性版があってもいいではないか。「自分たちが読む本や観る映画、それから日常の関係でも、女性を優先的に扱うよう自分たちが主になって決められるのですから」。とはいえポーリーヌも認めるフェミニズムの問題のひとつは、それがひどく排他的になる傾向があることだ。フェミニストのサークルは、すでにフェミニストであり知的エリート層に属する女性しか受け入れないことも多い。「保守派はこの隙を突いて反フェミニズムを宣伝するんです」

また社会が女性に押しつける期待も、男性抜きの人生を送りづらくしているとポーリーヌは考える。異性愛の大半の女性が思い浮かべる成功した人生とは、男性と結婚し、彼の子どもを産むことだ。「男性が支配する規範をもとにして、すでに社会化がなされているからこそ、なおさら女性解放運動を急進的なものにし、古いパターンを打ち破ることが必要です」と彼女は断言する。それは決して楽なことではない。

反フェミニストは、現代のフェミニズムは「生物学や人間の心理を真っ向から否定すること」で成り立っていると考える。そして男女間の生物的な違いとされるものを強調すべく、男性は女性よりも真面目で誠実なことを示す調査を引き合いに出す。ゆえに男性のほうが高い地位に就き、収入も多いのだという。ところが多くの学術研究からは、むしろ女性のほうが真面目さや誠実さにおいて点数が高いことがわかっている。[102]

男女間の心理学的な違いは複雑で議論を呼ぶものだ。研究者らは、ジェンダー・パーソナリティ間の差は金星と火星の違いというよりノースダコタ州とサウスダコタ州の違いに近いと主張する。[103] それに、たとえ男女間の社会的ヒエラルキーが進化論にもとづくものだとしても、だからといって、それがフェアなことでも望ましいことでもないだろう。

生物学的な決定論に反フェミニストが執着するせいで、ジェンダー化された行動が形成されるうえで社会がどのような役割を果たすかが見過ごされている。ポーリーヌは、自分に割り当てられた役割から逸脱する人間は罰せられるのだと指摘する。女らしいとされる感情や性質を見せる男性をわたしたちは軽んじたりするではないか。ポーリーヌは続ける。「現代のジェンダー規範のせいで、ちょっとした毒を持たずには男らしいとまず認めてもらえないんです」

思えばたしかに、インセルは攻撃的な大黒柱の「アルファ」という偏狭なイメージを抱き、女性の価値を性的魅力や生殖能力で決めることに執着する。この社会は家父長制の理屈で動いているのだ、というジョーダン・ピーターソンの声が聞こえてくるようだ。ジェンダーロールについての考えがもっと柔軟なものにならないかぎり、男性の権利を擁護するイデオロギーの魅力は増すばかりだろう。

＊　＊　＊

なぜフェミサイドの発生率が上昇し、女性の生殖に関する権利が脅かされるのか？　なぜレイプや殺人の脅迫を受けることが、人前に出る女性の日常になってしまったのか？　急進的なサブカルチャーは、広がる不満を利用する一方で連帯感や主体感を授け、政治に不相応な影響を与えるようソーシャルメディアをてこ入れし、社会を左右する力を獲得した。そして、それはまさしく反フェミニズムのしてきたことだ。

ミソジニーは最古の偏見や憎悪かもしれない。19世紀に女性の権利擁護運動が台頭し、20世紀にフェミニスト運動が起きても、それはいつまでたっても真に消えることはなかった。むしろミソジニーは、ここ10年のうちに目覚めたサブカルチャーのなかに潜伏していたにすぎない。

2014年のゲーマーゲート騒動、2016年のトランプの大統領選勝利、そして2022年のロー対ウェイド判決の破棄は、すべて西側の女性の尊厳を後退させる道に歩を進めるものだ。それは男性至上主義を復活させるために活動してきた過激主義者にとっての勝利だった。

マノスフィアは女性を「性的市場価値」や「繁殖機能」というものに着々と貶《おとし》めている。今日、公的な政策や主流の言説は、その遅れたジェンダー意識をオウム返しに繰り返すだけだ。アメリカで中絶の権利が憲法で認められて50年後、女性たちは再び自分の体に関することを自分で決める自由を失った。ナンシー・アスターが英国議会で最初の女性下院議員に選ばれて100年後、女性候補はミソジニストによる虐待の新たな波に見舞われ、選挙の前に身を退いている。女性の権利を求める歴史上最も画期的な出来事が逆転されるのを、どうして誰も防げなかったのか。

答えはいわゆるブライトバートの方針にある。「政治とは文化の下流だ」著名な保守ジャーナリストでブライトバート・ニュースの創設者、アンドリュー・ブライトバートがそう言ったのは有名だ。マノスフィアのムーヴメントはメンバーたちに政治思想だけでなく、彼らが没入できる文化をも提供する。その内輪の言葉やミームや引用は、ゲームやアニメ、ポルノのコミュニティといった他のオンラインのサブカルチャーと受粉し合っている。

周縁のミソジニストの触手は、セックスを奪われた孤独な男性たちのはるか先へと伸びている。その世界的な影響は、サブカルチャーが社会的に受容され、政治的地位をいよいよ獲得しかねないことを教えている。だがそれだけではない。一旦急進化された人びとは、ひとつのイデオロギーだけにとどまることはない。多くの人間にとってミソジニーは、極右過激主義の坂を降りていく始まりにすぎないのだ。

第3章 ネットワークの構築——気候変動否定論者の世界

常軌を逸したことを信じる人たちは、同好の士を見つけるのにかつては苦労したものだ。その性質からして、周縁のムーヴメントは体制から外れたところに存在する。ところが今日では、外れ者同士が互いにつながり、牽引力を持つことがこれまでになく容易になった。たとえば気候変動懐疑主義は、活動家がその急進的思想を主流の聴衆に伝えるために強力な世界的ネットワークを築いている。メンバーはビジネス界や政界、市民社会に広がり、もうひとつの科学《オルタナティブ・サイエンス》や偏ったジャーナリズムの生態系を生んでいる。彼らは自分たちの既得権益層《エスタブリッシュメント》をこしらえたのだ。

「フライデーズ・フォー・フューチャー（未来のための金曜日）」運動の表看板として最初に登場して以来、環境活動家のグレタ・トゥーンベリは繰り返しハラスメントの標的になってきた。それは波のようにやって来ては去っていく。オンライン上にはグレタのアスペルガー症候群をからかったり、彼女を馬鹿げた陰謀論に結びつけたりするミーム専用のデータベースまで存在する。右派メディアや気候変動否定論者による中傷キャンペーンの標的になった活動家には、カローラ・ラケーテもいる。彼女は30代前半で、南極大陸や生物多様性、気候問題に情熱を注いでいる。カローラは世界でもとりわけ有名な船の船長でもあり、海難救助の積極的活動で何よりも知られている。２０１９年には、15カ国を超える国の難民40人を乗せた救助船シーウォッチ3号をイタリアのランペドゥーサ島の港に停泊させたことで逮捕され、世界的なニュースになった。その数日前にイタリアの元内務相マッテオ・サルヴィーニは、その法令が議論を呼ぶなか、難民救助船に対し同国の港を閉鎖したばかりだった。当時、何十人もの移民が地中海で溺れて命を落としていた。[104]

カローラはシーウォッチ3号をどこか別の場所に向かわせることもできたが、ランペドゥーサ島が最も近い安全な港だったし、妊婦や子どもも含めて船に乗っていた人たちは体力を消耗していた。船内の状況が悪化するにつれ、移民のなかには自傷に走る者も出てきて、それが自殺につながることをカローラは恐れた。[105] 彼女の船は、桟橋への進路を阻止しようとした警察艇と衝突した。サルヴィーニはカローラの海上での誘導を戦争行為と呼び、彼女を逮捕させた。[106] 最終的に裁判所は、この若い活動家は自分の乗客の身の安全を守るために行動したのであって、法律には違反していないとの裁定を下した。[107] 彼女は自宅軟禁を解かれた。

カローラが救助船の船長を務めたのは合計6カ月だった。とはいえ彼女は何年も環境調査や環境活動に取り組んでいた。２０１１年からアルフレッド・ヴェーゲナー極地海洋研究所のための極地の研究遠征で航海士を務め、南極大陸に8回も出かけている。彼女が環境保護主義者として活動を始めたのは、地球温暖化の影響を自分の目で見たときからだ。「高校時代にほかの生徒たちはグリーンピース〔環境保護団体〕の分派を立ち上げたりしていたけれど、私はとくに興味はなかったんです」。航海士としての最初の旅は、２０１１年夏の北極だ。「どんな光景が広がっているか想像がつきましたし、そこまで行くのは大変に違いないとも思っていました。ところが思っていたよりもずっと簡単だったんです。氷がすごく少なかったから」

そこで彼女は、20年にわたり北極に出かけて氷冠が溶けているのを観察してきた探検家や科学者に話を聞いてみた。「北極海中央部の氷がどんなに少ないか気づいたとき、気候変動はもう未来の問題なんかじゃないってわかったんです。すでにもう起きていることだと」。現在、カローラは年がら年じゅう移動している。彼女のツイッターの場所《ロケーション》は「渡り中《ミグレーティング》」とある。わたしと話したときはフィンランドにいて、復興プロジェクトの活動をしていた。「フィンランドを車で走っても、手付かずの森はひとつも見当たりません。ほとんどが植林地です」と彼女が言う。北極圏より下に位置するフィンランドの森の96パーセントが、すでに自生樹木種からなる原生林ではなく林業地に変わっている。フィンランドの荒野の半分が破壊され、泥炭地帯が植林のために焼き払われたり排水されたりしている。

だが問題は気候そのものよりはるかに大きいとカローラは言う。自然保護について調べはじめた彼女は、経済成長と環境がいかに絡み合っているかに気がついた。「社会的不公正をもたらすシステムのなかでは、カエルだろうと人間だろうと救うすべはありません」と彼女は言う。「GDPと生態系の破壊を切り離すことは不可能です。だから私たちはこの経済システムのあり方を変えなくてはなりません。権力や資源、政治参加の再分配が必要です」

カローラは生態学的課題に変化が起きていることに気づいている。代替エネルギーはそのほんの一例だ。ロシアによるウクライナ侵略戦争が始まってから、ロシアの化石燃料への依存を減らすためにヨーロッパが代替エネルギーへの投資を加速させている。だが多くの代替エネルギーもそれ自体が環境に問題を突きつける。電池用のリチウムはどこかの場所で生産され処理される必要があり、ボリビアやチリなどの国や深海に生態学的なダメージをもたらしている。だからこそ「グリーン・ニューディール」のようなものが必要になるとカローラは結論する。「ただし経済成長という面とは関係なしに。石油業界とグローバル・ノース〔北の先進国〕はすでにもたらされた生態学的ダメージの責任をとり、その環境債務に対して損失補塡をすべきです」

カローラは急進的な変革が必要だと考える。カローラが生まれた１９８８年に、米上院議会で気候への警告が科学的に初めて裏打ちされたものとして発せられた。議会聴問会で元ＮＡＳＡの科学者ジェームズ・ハンセンが、自分は「99パーセントの確信を持って」気温の急上昇が人為的なものだと断言できると証言したのだ。[108]「CO_2排出にしろ、森林破壊や魚の乱獲にしろ、どの問題を見ても過去30年間にたいした進展はありません」。カローラにとって現実的な最善のシナリオは、グローバル・ノースで革新的な社会民主主義の政党や緑の党が政権の座に就き、「公正な移行[*14]」の段階に入ることだ。フライデーズ・フォー・フューチャーやエクスティンクション・リベリオンのような世界的なネットワークを持つ運動が、これを進める手助けができるだろう。主流化のプロセスは急進的な進歩的発想にとっても役に立つのだ。とはいえ気候変動に関する議論が進展するにつれ、おそらく並行して世界的な「文化戦争」の加速化も起きるだろう。「政治体制がいよいよ腰を上げたときには、残念ながら社会の二極化はいっそう進んでしまうでしょう」とカローラは言う。

＊＊＊

カローラやグレタのような人たちに対するオンラインでの罵りを、悪意ある個人が放った暴言として片付けるのは簡単だ。とはいえ彼女たちを標的とした陰湿なキャンペーンは自然発生的に生じているわけではない。国境を越えて連携し、利権団体が費用を負担しているのだ。戦略対話研究所（ISD）の調査によれば、環境保護運動の信用を落としたり、これを嘲笑したりする試みは、ハートランド研究所や「建設的な明日のための委員会」（CFACT）と関係していることがわかっている。これらの組織は気候科学への信頼を傷つけるために活動し、化石燃料業界と古くからのつながりがある。[109]

2000年代前半以降、すでに確立された気候科学のコンセンサスに対して組織的に疑問を投じる強力なネットワークが築かれている。2000年代に入って最初の10年間で、気候変動を裏付ける科学の信用を失墜させんと活動を行う、100を超える怪しげなシンクタンクや政治団体に、匿名の億万長者らがドナーズ・トラストを介して1億2000万ドルを献金していた。[110] 同時期に、シンクタンクや業界のロビー団体、活動家団体を含めた反気候科学組織の収入は、ざっと9億ドルにのぼった。[111] 影響力のある支持組織にはアメリカンエンタープライズ公共政策研究所、フリーダムワークス、「繁栄のための米国人の会」（AFP）、ヘリテージ財団、ケイトー研究所などがある。気候科学懐疑論者が用いるネットワークの構造や

＊14 気候変動などの環境問題に取り組む際に誰も取り残さない形で持続可能な社会へと移行すること。

諫止《かんし》戦術は、タバコ業界が喫煙と肺癌の関連性を調べた研究の信頼性を貶めるのに使うものとよく似ている。これと同じ昔ながらの手法を使って、伝統ある業界から資金援助された組織が、グレタ・トゥーンベリやカローラ・ラケーテに反対するキャンペーンを行っている。こうした手法は社会的関心を低下させ、政府の措置を遅延ないし阻止するだけの影響力を持っている。彼らの話にとりわけ共鳴するのは、自分たちのライフスタイルや特権が脅かされることを誰よりも恐れる聴衆、すなわち裕福な白人男性だ。

ソーシャルメディアのおかげで気候変動懐疑論者は国境を越えて徒党を組み、世論に不相応な影響を与えられるようになった。２０２２年のＩＳＤによる報告では、２０２１年に開かれた第26回気候変動枠組条約締約国会議（ＣＯＰ26）の開催中に、オンライン上で組織的な偽情報の発信やハラスメントキャンペーンを行ったネットワークの存在が明らかになった。気候変動にまつわる議論を誘導する50のツイッターアカウントからなる多様なネットワークが、気候アクションに反対するナラティブの種をまき、これを拡散したことがわかった。こうしたアカウントには、反科学や陰謀論のコミュニティのインフルエンサーや保守右派、超リバタリアン、アングロスフィア〔歴史・文化的に絆が深い英語圏諸国〕各地の企業のものがあった。ＣＯＰ26の開催中、こうしたサブコミュニティのあいだで高度な連携や日和見主義的な協力がなされ、気候アクションに反対する共通の立場が確認された。[112]

気候アクションに反対するキャンペーンは、アメリカのFOXニュースやスカイニュース・オーストラリアなどの右派系報道機関が後押しするものだが、どちらもルパート・マードックのメディア帝国の傘下にある。両チャンネルとも、ノルウェーのペール・ストランベリ、カナダの原子力支持者パトリック・ムーア、イギリスの超リバタリアンのリチャード・デリングポールなどの世界屈指の気候変動懐疑論者にプラットフォームを与えている。気候アクションへの反論に使われる共通の戦術は、否定や虚偽、先延ばしのナラティブを使うなどだ。新たなテクノロジーの登場を待つべきだとの主張や、気候アクションはかえって有害な影響をもたらすといった発想は、まさに「先延ばし」の戦術だ。「虚偽」の戦術には、人びとに気候危機や彼らが行う気候アクションについて間違った情報を与えて判断を誤らせるもの（「グリーン・ウォッシング」など）がある。[113]

　気候変動懐疑論者に人気の戦術はほかにもある。別の反科学や陰謀論のムーヴメントを日和見的にハイジャックすることだ。たとえばパンデミックが始まった際には「大いなる《グレート》リセット」の陰謀論が登場した。これはグローバルエリートたちが独裁的な世界政府を樹立する隠密の計画を企てているという説だ。[114] この発想が2020年に急速に広まったのは、世界経済フォーラムの会長クラウス・シュワブと当時の皇太子チャールズが、新型コロナウイルスのパンデミックを「この世界について振り返り《リフレクト》、再考し《リイマジン》、再構築《リセット》するための」機会にすべく新たな提案を発表したあとだ。[115] するといくらもたたないうちに、これに便乗した気候変動否定論者が、この陰謀論に自分たちのナラティブに添う要素を付け足した。つまり気候変動もまた「グローバルエリート」による捏造というわけだ。この発想に白人ナショナリストも飛びつき、この「大いなるリセット」を自分たちの「大いなる交代《グレート・リプレイスメント》」の説に首尾よく結びつけた。

タッカー・カールソンやベン・シャピーロ、グレン・ベックのような右派のメディアコメンテーターは、この「大いなるリセット」説を主流の聴衆に拡散するのを手伝った。ほかにもこの説を広めたインフルエンサーに、アメリカの政治学者ジェローム・R・コルシがいる。コルシは以前、バラク・オバマはケニヤ生まれだからアメリカの大統領になる資格がないとする「バーセリズム」や9・11にまつわる陰謀論など、他の陰謀論を拡散したことで知られている。ジョーダン・ピーターソンと同様に、コルシも体制側のプラットフォームを使って危険思想を拡散する人物だ。気候科学を否定した彼の著書『エネルギー、地球温暖化、気候変動についての本当の話』は、アメリカの一流出版社サイモン&シュスターから刊行された。

気候変動否定論者は新型コロナ関連の言葉を気候問題に持ち込むことで、パンデミックのせいで広がる不安や苛立ちを利用し、こうした感情を気候アクションに向けることに成功した。「気候ロックダウン」という言葉は、2020年4月にハートランド研究所の役員スティーヴ・ミロイが初めて使ったものだ。「もとの日常《オールドノーマル》」に戻ることに異を唱えたガーディアン紙の記事を引用し、ミロイはツイッターのフォロワーにこう警告した。「気候の寝小便たれ《ベッドウェッター》どもが、コロナウイルス・ロックダウンを気候ロックダウンに変えたがっているぞ」。まもなくこの話が、インフルエンサーやコメンテーターから成る気候変動懐疑論者のネットワーク内に拡散された。１週間のうちに、この言葉のソーシャルメディアでの言及が数十から数千に急増した。まもなくＦＯＸニュースのコメンテーターを務めるローラ・イングラムやブライトバートがこの件について書きはじめた。数カ月後、「気候ロックダウン」が迫っているとの陰謀論がＦＯＸニュースでとりあげられ、数百万人に届けられた。[116]

＊＊＊

6月の暖かなある日、ロンドンのフィッツロヴィアにあるカフェ「キャラヴァン」のテラスでサム・ナイツと落ち合った。サムは俳優でライター、そして環境活動家だ。エクスティンクション・リベリオンのロンドン支部の共同創設者でもある。この22歳の青年はイングランド中部の州ウォリックシャーで育ち、ケンブリッジ大学英文学部を卒業後、２０１７年にロンドンに移ってきた。それからコールセンターで働きながら、自分の生きる意味を模索していた。

地球温暖化について国連が発表した2018年の報告書を読むまで、サムは環境にとくに関心があるわけではなかった。「よくある話だけど、僕も目が覚めたんですよ」とわたしに語る。それからサムは気候変動やその科学的評価について夢中で調べるようになった。「それまで気候危機と聞いても、氷山の上のホッキョクグマの話くらいにしか思ってなかったんです」。専門家に話を聞き、文献を読むようになって、ようやくそれが人間に関係すること、そして平等や自由、正義に関係することなのだと理解した。「それでひどく参っちゃったんです。この問題をこんなに長いこと見過ごしていたなんて、と後ろめたい気持ちになりました」。もう言い訳などしていられない。環境にかかわる活動に加わりたいと思った。当時のエクスティンクション・リベリオンは、ブリストルとストラウドをおもな拠点とする、十数人ほどのこぢんまりとした運動だった。

今日、エクスティンクション・リベリオンは78カ国に支部を持ち、世界で数万人ものフォロワーを持つ分散型の大衆運動になっている。大量絶滅を阻止し、社会崩壊のリスクを最小限にすべく非暴力の市民不服従を手段として用いている。エクスティンクション・リベリオンの抗議者たちは政府の建物に自らを接着剤でくっつけたり、交通を妨害したりして、政策決定者に行動を起こすよう訴える。パキスタンでは首都を行進し、オーストリアでは道路を封鎖し、チリでは道の真ん中に寝転がった。イギリスでは10日間にわたりロンドン中心部の象徴的な場所を封鎖し、ロンドン証券取引所の入り口に自分たちの手を接着剤でくっつけた。[117]

２０１８年の秋、彼らがまだ世界的なムーヴメントになる前に、サムはエクスティンクション・リベリオンの創設者に電話をかけて、こう言った。「ロンドンにいらっしゃるときは、うちのリビングを会議室に使ってかまいませんよ」。1週間後、10人の人間が玄関のドアを叩いた。ロンドンで抗議活動を組織したいという。これが「反乱宣言」の抗議デモとなり、２０１８年11月に１０００人が議事堂前のパーラメント広場に結集した。地下鉄の階段を昇り切ったとき、鳥肌がたったのをサムはいまでも覚えている。「僕らは最高のタイミングで然るべき力を解き放ったんだって感じましたよ」

毎週毎週、彼らは新たな抗議を呼びかけ、人数も増え続けた。ひと月後には、６０００人でロンドン中心部の6つの橋を封鎖する抗議を仕掛けた。エクスティンクション・リベリオンの最大の成果は、イギリスが気候非常事態を宣言した最初の国になったことだ。これは彼らの努力が実を結んだ結果とみなされた。化石燃料のロビー団体やその政治的代弁者の強大なネットワークに立ち向かう運動をつくることに、彼らは成功したのだ。

サムが気候変動のアクティビズムに取り組むことには個人的な代償も伴う。活動をはじめてすぐ、国際的なメディアの注目をいきなり浴びたエクスティンクション・リベリオンの活動家たちは不意打ちをくらった。「ヘイトの規模が半端なくて、嫌でもそれに気づきました」。広報のシステムがまだ整っておらず、これほどの大きな関心に対処するための準備ができていなかった。サムはそれまでずっと、自分の個人メールのアカウントを使用していた。連日、殺害の脅しが個人メールの受信箱に直接届くようになった。たいていは気候アクションに徹底して反対する人たちからのものだ。「僕たちにメッセージを送ってきたのは、道路の封鎖で立ち往生した人たちではありません」と彼が言う。「暇な時間を持て余す気候変動否定論者たちだったんです」

2019年2月、サムは化石燃料に関する会議が開かれるホテルのドアに自らの手を接着したことで逮捕された。裁判は8カ月にわたり、悪質な不法侵入と器物損壊の罪に問われた。弁護士を雇うかわりに、サムは法廷で自らを弁護した。「弁護士を頼まないことには、ひとつ利点があるんです」と彼が言う。法的な資格を持つ者には許されない主張を、判事に伝えることが許されるからだ。化石燃料企業による人権侵害や犯罪行為について彼は長々と語ることができた。こうして自分の行為がより大きな被害を防ぐためのものだったと主張できたのだ。結局、すべての訴因について彼は無罪となった。

エクスティンクション・リベリオンの挑発的な作戦は、政治家と一般市民のどちらの意識も高め、行動の変化と政策の改革を促すことを目的とするものだ。平和的な市民不服従は市民権運動において長い伝統を持つ。サムに言わせれば、それは環境保護運動があまりに長く見過ごしてきた重要な戦術だ。「歴史を振り返れば、〔20世紀初頭の〕婦人参政権運動家たちを誰も良しとはしていませんでした。あとになってこうした行動を振り返り、当時の状況ではやむをえなかったと人は言うんです」

だが現時点でそれはかなり勇気のいることだ。その逸脱した戦術のせいで多くの人がエクスティンクション・リベリオンを非難している。同胞の環境活動家のなかには、彼らによる日常生活の妨害が支持者をかえって遠ざけてしまうのではないかと懸念する者もいた。サムもこの戦術が不和を生じさせることは重々承知している。「でも気がついたんです。危機の規模を思えば、権力者に責任をとらせるには大胆な戦術が必要だと」。サムと同様、活動家の大半は面倒ごとになるリスクも覚悟している。「逮捕される可能性が高いことを承知で行くんです」。だがひとつ予想していなかったのは、この活動のせいで友人や家族との関係、さらには自分のキャリアにも影響が出たことだ。サムはこれまでオファーされたなかでいちばん大きな配役を逃してしまった。BBC1のあるドラマの主役だったが、保険会社が彼の保険加入を拒否したことが理由だった。

活動家がどこまでリスクを甘受するかは国によっても違ってくる。「イギリスと同じ戦術をガーナでは使えません」とサムは言う。場所によっては自分の命を危険に晒すことになる。ヨーロッパでも、政府を怒らせ厳しい弾圧に遭うのを恐れる活動家たちがいた。ポーランドでは、よりリベラルな民主国家で用いる戦術をそのまま使うことはできないと、エクスティンクション・リベリオンはすぐに悟った。イギリスでは内務省とロンドン警視庁から国内の過激主義組織に分類された。ジハーディストやネオナチと並んで、国家安全保障に対する脅威のリストに加えられたのだ。2019年の労働党大会で、サムは党員であるにもかかわらず参加を禁じられた。

サム自身も、エクスティンクション・リベリオン内のとりわけ過激な主張についてはうさんくさく思っている。「この運動のなかにも独りよがりの行動に走る者がいます。メディアやソーシャルメディアでとくに注目を浴びる連中はたいてい、最も対立を生む発言をし、最もぞんざいな戦術を使う人間ですよ」。エクスティンクション・リベリオンの共同創立者ロジャー・ハラムは、ホロコーストを「人類の歴史にはよくある愚行」と軽んじたあと、この運動から距離を置かれた[118]。

活動家のなかには市民的不服従を極限まで実行したいと考える者もいる。おかげでこの運動は、自分たちがどこまで進むべきかという意見の相違によって分裂している。2019年10月、エクスティンクション・リベリオンの若い世代の活動家たちが、朝のラッシュアワー時にロンドン地下鉄のカニングタウン駅で列車の屋根によじのぼった。この過激な妨害行為は世間の怒りを買い、非難の嵐になった。彼らが標的に選んだのは、昔から貧しい労働者階級の住むイースト・ロンドンの駅だったからだ。動画には、激怒した通勤者たちが活動家たちを列車の屋根から引きずりおろしているようすが映っている。[119]このスタント行為を計画したのは、この運動のごく一部の人間で、メンバーの圧倒的多数はこれに反対していたとサムは語る。それでも実行に移されてしまったのは、分散型のムーヴメント内では活動家が個々に行動する権利が認められているからだ。

初めのうち、エクスティンクション・リベリオンによる直接行動への呼びかけは、特権的な立場から発せられていた。たとえば逮捕につながる戦術を好んで用いることから、当然ながら圧倒的に白人の中上流階級による運動になった。「運動がつねに抱える問題とは、白人のリベラルな環境保護主義が、主流から追いやられた集団を遠ざけていることです」とサムが説明する。「ブラック・ライブズ・マターの抗議が起きてから、環境保護運動は自らの人種差別的な暴力やレイシズムの歴史を考慮せざるをえなくなっています」。２０２１年６月の「反緊縮民衆会議*15」の抗議デモで見られたように、エクスティンクション・リベリオンと

*15 英国の主要な労働組合ほか環境団体も含めたさまざまな組織からなる社会運動。

ブラック・ライブズ・マターはここにきて肩を並べて行進している。警察に抵抗し抜本的な制度変革を求めることに合意点を見出しているのだ。

会話の最後にサムはいくぶん暗い見通しを語った。「冷静に考えると、僕はかなり悲観的なんです」。気候変動否定論を支持し、何も行動しなくてよいと提唱する人たちのネットワークの力があまりに強いのだ。エクスティンクション・リベリオンやフライデーズ・フォー・フューチャーのような運動が与える影響のほとんどが、気候アクションに反対し有力な右派政党や大手民間企業、裕福な保守財団からたっぷり資金を得た活動家のキャンペーンによって台無しにされてきた。「気候論争における右派の権威主義的な対応に、僕たちはだんだんと呑み込まれているんです。それに、たとえ気候対策の弱腰の目標を必死に守る国があったところで、結局、僕らには想像もつかない悲劇が待っているんですから」

＊＊＊

マット・リドレーはこの悲劇を信じていない。マットは英上院議員で、保守党に所属する。近頃は自著『繁栄——明日を切り拓くための人類10万年史』をもとに講演を行い、意見記事を発表し、「気候変動は我々にとって悪いものではない」と主張している。[120] ２０２１年に電話で彼と話したとき、エクスティンクション・リベリオンは「嘘ばかりつく」と文句を言っていた。

「私は気候に関してはどっちつかずの人間《ルークウォーマー》なんですよ」と自分について説明する。つまり、昨今の地球温暖化は現実に起きていて、おそらく人為的なものに違いない。だがそれについて心配する必要はないと考える。彼に言わせれば、その規模は誇張されていて、数千人の科学者によって引用される統計には欠陥があるという。それを彼は「気候変動アラーミズム〔大げさに騒ぎ立てること〕」と呼んでいる。

マットは科学者になりたいとは思わなかった。「オックスフォード大学で生物学の博士号をとったが、科学をやるより科学について書くほうが楽しいとわかったから」とわたしに語る。そこでエコノミスト誌の科学分野の編集者になり、科学とテクノロジーの評論家を35年間務めた。そして２０１３年、彼は上院議員になった。

「私にはコントラリアン〔逆張り屋〕の勘があるんですよ。世間の常識を見たら、つついてみたくなるんです」と自ら認める。「でも捻くれ者でいたいから、そうするんじゃありませんよ」。それから世間の人びとが二極化しているのはメディアのせいだと非難する。テレグラフ紙はさらに右寄りに、ガーディアン紙はさらに左寄りになっている。「ジャーナリズムで生き残るには過激な立場をとるしかなくなったと言っていいほどです。より多くの人に話を聞いてもらいたかったら、何か過激なことを言うに越したことはないからね」

このリバタリアンのブレクジット賛成派の政治家兼ジャーナリストは、自分は熱心なナチュラリストで野鳥観察家だと語る。インドやパキスタンで自然保護活動に参加してはいるが、種の絶滅が悪化しているとは思っていない。彼が気候科学に疑いを持ちはじめたのは１９９０年代からだ。転機となったのは、「科学史上最も議論を呼ぶ図」と呼ばれたホッケースティック曲線が発表されたときだった。[121]

ホッケースティック曲線とは、１９９９年に気候科学者マイケル・マンほかふたりの研究者が発表したグラフのことだ。それは過去２０００年にわたる地球の表面温度を、年輪や湖底の堆積物、氷床コア、サンゴなどの気候の代理データをもとに再現する試みだった。気温がここにきて劇的に、そしてかつてないほど急速に上昇していることを示すこの図は、ホッケーのスティックの形にそっくりだった。最初に、地球の温度に比較的小さな変動が続く長い期間があって（「シャフト」）、それから突如、急上昇が起きる（「ブレード」）。

この図が発表されたとたん、マンならびに彼の研究方法とデータソースのどちらもが集中砲火を浴びた。気温の低下を隠そうとしている、またデータセットが急激な上昇を見せるようフィルターをかけていると非難された。とはいえ、もっと広範かつ正確なデータセットと改良された方法を用いて、その後に発表された報告から、マンの最初の結果が改めて裏付けられた。気候科学におけるコンセンサスに変わりはなかった。地球の平均気温は前例のないスピードで上昇しているのだ。だが、このことはマットの懐疑心に何ら影響を与えなかった。

マットにとってのもうひとつの「すこぶる重要な瞬間」は、２０１０年の「クライメートゲート」論争だ。２００９年12月に国連気候変動コペンハーゲン会議が開かれるほんのひと月前、イースト・アングリア大学の気候研究ユニット（ＣＲＵ）がハッキングの被害に遭った。非常に高度な攻撃により数千件のメールや文書がハッカーたちの手に渡った。イギリスのジャーナリストで現在は極右のオンラインメディアのブライトバートで編集主幹を務めるジェームズ・デリングポールをはじめとする気候科学否定論者たちは、すぐさま「クライメートゲート」という言葉を世間に広めた。彼らは、気候科学者たちがデータを操作し、地球温暖化にまつわる世界的な陰謀論に関与しているとのあらぬ疑いをかけたのだ。

英下院科学技術委員会と米商務省ならびに米国立科学財団を含めた８つの機関が、この主張を調査したが、どの機関も科学的な不正行為の証拠は見つけられなかった。[122] このハッキング行為も、入手された電子メールの事実と異なる解釈も、コペンハーゲン会議を妨害すべく気候変動懐疑論者が実行したもので、石油・ガス業界の盟友たちに支援された世界的に連携した中傷キャンペーンと思われた。

マットはここ何年も疑いを募らせていた。温室効果やCO_2濃度の上昇についてではない。

「それは本当だ」と彼も認める。またその原因が人間にあることもしかりだ。「それは本当です――きっとそうに違いありません」。だが問題は、このモデルに組み込まれたフィードバックループが本当に正しいかどうかだ。気候変動における正のフィードバックループとは、地球温暖化を加速させ、その影響を急激に悪化させることがわかっている力学のことだ。氷冠が溶けているのはまさにその強力な例であり、それによって永久凍土層に閉じ込められた大量のメタンと炭素が放出され、それがさらに温室効果ガスの影響を悪化させる。同様に、アマゾンの気温が上昇すれば熱帯雨林がサバンナに変わる可能性があり、そうなれば炭素を吸収するどころか放出することになる。「こうしたフィードバックループがなければ……」とマットは推論する。「気候変動の影響は穏やかなゆっくりとしたもので、徐々に小さくなっていき、1世紀のうちにせいぜい1・5度か2度上がるだけになるでしょう」

電話の向こうでマットの声が怒気をはらんだのは、気候変動が21世紀の人類の健康にとって最大の脅威になると2015年に世界保健機関（WHO）が声明を出したことに触れたときだ。「それはマラリアやエイズで命を落としているすべてのアフリカ人を、もしくは喫煙で亡くなっている人たちを侮辱するのと同じことですよ」と彼が言う。

マットは再生可能エネルギーに反対の立場をとっていることでも有名だ。「我々が講じる措置が利益以上に害をもたらすこともある」と彼は言う。電気自動車に切り替えたり、省エネの電球を使ったりすることに価値があるとは思えない。風力発電所の建設にも反対するが、これは彼いわく「信頼できないし、費用も高く、膨大な土地や海面が必要になる」からだ。それでも再生可能エネルギーに彼が反対するのには裏話がある。彼はイングランド最北の州ノーサンバーランドにある一族の土地で炭鉱業から利益を得ている。この利害関係から、彼を批判する多くの人は彼を石炭業界のためのロビーストと呼んでいる。

電話越しに彼が弁解がましくなった理由はここにあるのかもしれない。「面倒なことに巻き込まれたくはないんですよ」と電話の最後に言う。また気候変動にまつわるトピックほど、自分の仲間になるよう人を説得するのに手こずるものはないそうだ。それでもこの議論がもっと危ない方向に行くおそれもあるという。「グリーンな政治家とそれほどグリーンでない有権者とのあいだに大きな衝突が生まれるでしょう。それが今後数年のうちにファラージ〔元ブレグジット党党首〕のようなポピュリストが、気候変動への過剰な不安に対抗するキャンペーンを張る好機になる。近い将来、かなり露骨な分断が生じるでしょうよ」

大半の気候変動否定論者よりもマットの見方のほうがはるかに主流のものだ。むしろ主流すぎるから、地球温暖化は想像の産物だと考える多くの気候変動否定論者が彼に腹を立てている。それでも、この手の「どっちつかず主義《ルークウォーミング》」が過激な気候科学懐疑主義への糸口になり、環境保護活動への信用を失墜させるおそれもある。気候変動否定論者とルークウォーマーたちのネットワークは深くかかわっている。しかも徹底した不信感は想像以上に世間に広がっている。２０２１年の世論調査では、保守党下院議員の15人にひとりが気候変動は「作り話」だと信じていた[123]。

英保守党やドイツのキリスト教民主・社会同盟（ＣＤＵ／ＣＳＵ）のような保守政党は気候についてアクションをとらないよう訴えることも多いが、極右のポピュリスト政党はさらに進んで、コミュニケーション戦略として否定論を利用する。ドイツのための選択肢（ＡｆＤ）の主要な政治家から元米大統領のドナルド・トランプやブラジルのジャイル・ボルソナロまで、さまざまな極右ポピュリスト政治家が自らの選挙運動のために、二極化した気候論争という切り札を使っている[124]。

２０２１年のドイツ連邦議会選挙は気候変動をめぐる論争が鍵となった。気候政策が政策課題でこれほど大きくとりあげられるなど、これまでになかったことだ。調査によれば、国民の43パーセントで、気候政策が投票判断に最も大きな役割を果たしていた[125]。ＡｆＤによる気候変動に懐疑的なソーシャルメディアの投稿は、気候アクションを支持する他の政党よりもはっきりと功を奏した。彼らの反気候アクションのツイートは、緑の党や中道の党よりも２３７パーセント多くシェアされた[126]。気候活動家を悪者扱いすることが、極右の運動家のあいだで重要な戦術になり、「エコ過激主義者」とか「気候ヒステリー」「グリーンテロリスト」などの言葉がよく使われた。ドイツで見られたこの戦術は、過去にアメリカ、イギリス、ポーランド、オーストラリアの反気候アクション・キャンペーンで見られたものとよく似ていた。

ガーディアン紙の環境担当編集者ダミアン・キャリントンは、気候科学否定論者を4つのグループに分類した。「サクラ」「詐欺師」「自己中心的人間」そして「イデオロギー的おばか」。「サクラ」は民間企業から金をもらい、気候アクションを裏付ける科学に疑いをかけ、これに反対するロビー活動を行う。「詐欺師」は右派や保守の報道機関のためにクリックベイト記事*16を書くことで生計を立てる。「自己中心的人間」はとんでもない発言をすることで自分のキャリアを復活させるか有名になりたいと考える。「イデオロギー的おばか」はリバタリアンの信念に目がくらみ、環境規制が世界を破滅に追い込むことを懸念する。[127] その動機や語る話は違っても、気候変動否定論者は化石燃料業界における利害関係、右派政党による政治的支援、オルタナティブの情報生態系を共有していることも少なくない。

*16　ウェブサイトの記事やＳＮＳの投稿で、誇大なタイトルや関心を引くサムネイルや画像をつけて、ユーザーの閲覧数を増やそうとするもの。

＊＊＊

アメリカは気候変動否定論の温床として世界第2位で、そのすぐ上にインドネシアがいる。だがインドネシアの状況は特別だ。この国はここ数十年で自然災害が急増している。[128] 国民の大半は気候変動そのものは信じているが、多くはそれが人為的なものと思っていない。それはひとつに、自然災害とは「この世の終わり」の兆候であると考えるイスラム教の教えが広まっているからだ。[129]

次に話を聞いた気候変動懐疑論者は、ソーシャルメディアの効果的な使用、政治的代弁者の存在、業界の資金提供によって気候変動否定論のムーヴメントがいかに社会に広まったかを教えてくれるまたとない見本だ。実際、彼は「気候ロックダウン」という言葉をバイラルにした最初のオンライン・インフルエンサーのひとりでもある。[130] マーク・モラノは支持者から「懐疑派の王」と呼ばれる世界的に名の知れた人物で、[131] かたや反対者からは五本の指に入る「人道ならびに地球全体に対する犯罪者」とみなされている。[132] ローリングストーン誌は彼のことを「気候否定のマット・ドラッジ」[*17] と呼んだ。

物議をかもしているマークの著書『「地球温暖化」の不都合な真実』を読んで、わたしは彼の動機をもっと知るために直接話を聞こうと決めた。50代前半の彼は、人懐っこい声と強いアメリカ訛りで話す。明るいグレーのスーツを着ていることが多く、派手なネクタイがお気に入りだ。気候変動否定論者のどのタイプにいちばん当てはまるか、すぐにわかる。

マークに言わせれば、地球温暖化などまったく問題ではない。「新しい宗教になってるんだよ」と彼は言う。気候変動の科学を「マジック」とか「おとぎ話」にたとえ、今年は最も暑い年だったとの主張に耳を貸さず、集団絶滅や海水面上昇の報道に反論し、気候危機という言葉自体を嘲笑する。それどころか気候の緊急事態を「進歩的左派がその目標を達成するための口実」だと決めつける。グリーン・ディールは？「人間の行動を管理し、白人至上主義と闘い、富を再分配する10年計画だ。自由と主権に対する脅威だよ」。さまざまな急進的発想をうまいこと結びつけ、地球温暖化が捏造であるという自らの信念を裏付ける包括的な説明をこしらえる。

世界的な海面上昇については、マークいわく海面は「過去2万年にわたって上昇を続けているし、とくに加速などしていない」。とはいえＮＡＳＡのデータから海面上昇の主な要因は気候変動だとわかっている。世界の海面水位の平均は１９９３年のマイナス０・５ミリメートルから２０２２年には１０３ミリメートルまで上昇している。[133] 研究では海水の総容量

＊17 米保守系ニュースサイト「ドラッジ・レポート」の運営者。

の変化、海盆の大きさや形状の変化をもたらす地底や海底の移動、さらに風や気圧、海流や波などの動的因子の長期的影響も考慮に入れた。データが明らかに示すのは、１９９３年から２００９年までの海面上昇率は、１９００年から２００９年までのそれと比べてほぼ倍近くになったことだ[134]。２０１９年の研究では、海面上昇や沿岸の洪水に対する世界的な脆弱性が、過去の推定値の3倍になったとわかった[135]。

マークは気候変動の分野において科学的な経験を何も積んでいない。それでも世界をまわり、気候変動のサミットに顔を出す。２０１６年にモロッコのマラケシュで開かれた国連気候変動サミットに、彼はドナルド・トランプの切り抜きパネル、国連の気候変動に関する「パリ協定」、それからシュレッダーを持参した。そしてわざと扇情的なスタントを仕掛け、国連パリ協定とトランプをその場でシュレッダーにかけ、警備員らに会場から連れ出された。

まだ駆け出しの頃、マークは米上院議員ジェームズ・インホフの広報担当を務めていた。インホフは「地球温暖化は米国民に仕掛けられた最大のでっちあげだ」との悪名高き発言で知られる人物だ[136]。その後、マークは環境保護主義に反対する自らの取り組みの一環として「ClimateDepot.com」というウェブサイトを立ち上げたが、これは保守系の米シンクタンクＣＦＡＣＴのプロジェクトだった。彼にとっては気候科学者こそが最大の標的なのだ。

気候変動否定論者のレッテルを貼られるのをマークが嫌うのは、それが「ホロコースト否定論者」という言葉を思い起こさせるからだ。それよりも気候変動懐疑論者とかコントラリアンと呼ばれるほうを好んでいる。居丈高な態度をとることもあるが（「科学者どもが落ちぶれたら蹴りを入れてやれ。連中は公の場で鞭打たれて当然だ」と自分のブログに書いたこともある）、広報の仕事をしていた経験から、状況に応じて自分の信念をもっと巧妙に表現する手腕も持っている。「環境については私も気にかけているよ」ときっぱりとした口調でわたしに言う。「自分の子どもやその子どもたちの未来を気にかけているからね」。言葉巧みなことに加えて、西側白人中流階級のライフスタイルを変えるよう求める意見をつっぱねるので、彼はアメリカの保守やリバタリアンの共和党員に人気の、かなり主流な人物になっている。ツイッターでマークには約2万5000人のフォロワーがおり、彼の略歴には、自著はベストセラーになっているとある。

話せば話すほどマークの声に熱がこもる。「私が大手石油会社から資金をもらっていると思っている人は多いが、それは違うよ」と腹立たしげに言う。彼は自分が化石燃料企業のスポークスマンであることを否定する。「何の関係もない！」と受話器の向こうで叫んでいる。それでもモラノを雇っているのが既得権益を持つ人たちであることは疑いようもない。調査によれば、元上司の上院議員インホフは石油・ガス業界から数十万ドルの寄付を受けとっているし、それは2001年から2002年の選挙期間中ほかのどの上院議員よりも多い額だった。[137]現在の雇用主であるＣＦＡＣＴも、エクソンモービル、シェブロン、さらにメロン一族の石油およびアルミニウム投資家がかかわる諸財団から資金提供を受けている。

若い頃は共和党の環境保護論者でジャーナリストだったとマークがわたしに言う。森に出かけるのが好きで、キャンプや釣りやハイキングを楽しんでいた。そもそも気候変動に懐疑的な記事を書くようになったのは、自分に埋められそうな隙間があったからだと認める。

「環境保護の報道を批判する側にほとんど誰もいなかったから、自分にぴったりの場所がそこにあるって気がついたんだ」

マークに言わせれば森林伐採はとくに問題ではない。木をもっと利用すれば、木をもっと植える必要があると市場に伝えることになるではないか。ここでざっとこの発言のファクトチェックをしてみよう。もちろん木を再び植えることはできる。しかし、木を植えたことがある人なら誰でもわかることだが、木が再び成長するには時間がかかり、その速度は急激な森林伐採に追いつくものではない。それに新たに木を植えても、森林伐採により生じる負の影響を相殺することはできない。木を切り倒して消費すれば、木に貯蓄されていた炭素が放出され、森林のさらに広範な生態系や生物多様性に影響が出る。侵食をはじめとする土壌や景色の変化も生じかねない。環境についての意識が高いことを示そうと大手企業が用いるような植樹計画は、「グリーン・ウォッシング」と大差ないことも多いのだ。

マーク・モラノは自分をコントラリアンと称している。彼の本『「地球温暖化」の不都合な真実』の最初の2章はまるで彼の履歴書を読んでいるようだ。彼はメディアが自分につけた否定的な肩書のあれこれを披露する。「君も私を中傷したところで別に気にしないよ」と彼は言う。自分の主張における事実の誤りをメディアから指摘されるたびに、決まってその批判を逆手にとって、メディアのほうこそ学界や国連と同じく偏っていて腐敗しているとの自説をいっそう展開する。

「なぜここにきて学術機関や政治指導者が信用されなくなったのか？」彼の声はいよいよ熱を帯びる。「まずはアル・ゴアに感謝だね。気候のためにロビー活動する党派心あらわな政治家がいたことで、国民の半数がまたたくまに懐疑派になったのだから。宣伝という点ではあれは大失敗だよ」。気候変動懐疑論者へのこの贈り物をもとに、マークは民主党やメディア、国連が推進する気候変動の主張に対抗するための「作戦室」をつくったという。

「2016年にトランプが大統領になってから私たちが被った最大の損失は、もはや討論というものができなくなったことだ」とマークが言う。ドナルド・トランプの大統領就任がきっかけで「キャンセルカルチャー」が台頭し、気候変動に逆らうどんな意見もメディアから締め出されるのだと彼はこぼす。彼の苛立ちは、わたしが出会った他の気候変動懐疑論者たちを代弁するかのようだ。討論の場に招かれなくなると、気候変動否定論者はこれに対抗すべく別の手段を講じている。アイデアを交換し、主流化作戦を実行するために、密室やオンライン上の非公開のチャットルームで国際的な会合を開いているのだ。

＊＊＊

丸一日列車に揺られ、ドイツの田舎の霧深い11月の景色を眺めながら、これから参加する気候変動否定会議のための準備をする。２０２１年の第14回国際気候エネルギー会議。２日にわたって開かれるこの会議は、毎年、欧州気候エネルギー研究所（ＥＩＫＥ）が主催し、世界で最も名の知れた気候科学否定論者たちが招待される。

石油および化石燃料企業から気前の良い寄付にあずかれるのはともかくとして、環境を守ることになぜ反対する人がいるのか、わたしには理解できなかった。自分たちの、そして自分の子どもたちの生きる環境を救うことは、どうみたって悪いことには思えないのだが。まずありえないことだが、仮に、気候変動が実は壮大なでっち上げだったとわかったとしてもだ。たとえ気候変動がなかったとしても、それでもわたしたちは自分たちの海がもっときれいになるよう、大地にもっと緑が増えるよう、自分たちのエネルギー消費がもっと持続可能で、権力欲にまみれた独裁者に依存しないものになるよう何十年も努力してきたのではないか。それはやはり良い投資だったはずではないか。ところが否定論者の見方は違っている。「危険に晒されているのは気候ではなく我々の自由だ」というのが彼らの座右の銘でもあるのだ。

この国境もイデオロギーも超えた気候科学否定論者のネットワークがどれほどの影響力を持つものになっているのか。それが知りたかった。ＥＩＫＥはドイツを拠点とし、２００７年にドイツ人の歴史家で極右政党「ドイツのための選択肢」（ＡｆＤ）所属の元政治家、ホルガー・トゥース博士によって設立された。科学研究所というよりもロビー活動を行うネットワークで、ヨーロッパから北米まで広く政治的支援のネットワークを築いている。[138] わたしが列車を降りたゲーラは、ネオナチの音楽シーンで有名なドイツ東部の州チューリンゲンにある小さな町だ。

入り口で3人のドアマンが、わたしの身分証とワクチンパスポートをチェックする。この会議にはクリスティアーナ・エブナー（Ebbner）という名前で登録している。本名を使うのは避けたかった。わたしが誰かわかったら、主催者側がわたしのチケットをキャンセルするに違いないから。とはいえコロナに関するチェックがあるから、会場に入るには公式の文書を見せる必要がある。だから偽名を使うにしても、わたしのワクチンパスポートを受容してもらえるくらいは本名に近いものでなくてはならない。そこでしかたなくこうしたのだ。クリスティアーナはわたしの本物のミドルネームだし、Ebbner は単なるタイプミスということにできるだろう。「ありがとうございます」とドアマンのひとりが言うと、書類をわたしに手渡し、会場に入るよう手で促した。一瞬、躊躇する。「マスクをつけたほうがいいですか」。いかにも馬鹿げた質問だというように彼がにっこり笑う。「どちらでもけっこう」

階段をのぼっていくと理由がわかった。ここでは誰もマスクをつけていない。当時ドイツでは公共の場で医療用マスクをつけることが国全体の方針になっていたのだが。うっかりしていた。パンデミックが始まって以来、ＥＩＫＥはコロナが深刻なものであることを疑う発言を拡散していたのだ。[139]

会場は広々として、ディナー用にテーブルが優雅にセットしてある。ＥＩＫＥはどう見てもお金には困っていないようだ。会議を共催するのはハートランド研究所で、これも同じく化石燃料業界が出資する保守派の米シンクタンクだ。[140] その所長が「気候ロックダウン」という言葉をつくり、この研究所は環境保護主義者に対する連携した中傷キャンペーンにかかわっている。周りを見まわしたとたん、自分がいかにも場違いな存在だと気がついた。およそ２５０人の参加者のほとんどはスーツを着た年配の白人男性だ。ただひとり若い女性とすれ違ったが、彼女は見たところ20代前半で、カメラに向かって落ち着かないようすで何か話している。

「髪につけてるリボン、とっても可愛いね」後ろで男性の声がして、わたしは思わず振り返った。「メディアのインタビューに君をちょっと借りてもいい？」

主催者側の人間みたいに堂々とした感じの男性が、気さくな笑顔を見せる。

「ええっと……」困ったな。「いまってこと？」

「そうだよ。これがまったくちゃんとした催しだってことを見せたいんだ。参加者が自分たちの経験を共有することが大事なんでね」

「でもいま着いたばかりで」とわたしが言う。「ひと晩、お時間をいただけません？」。気候科学否定論の会議でインタビューを受けるなんてごめんだと、あせって言い訳を探す。

「ちょっと目にばい菌が入っちゃって。いまカメラ写りがあまりよくないから」と、とっさに口から出まかせを言う。

「了解、だが明日はお願いするよ」

「ドイツという、この教養ある科学に長《た》けた国家が、こんなナンセンス「気候変動のこと」を来る日も来る日も信じているのです」。そう言ってＥＩＫＥの副会長でＡｆＤの政治家であるミハエル・リンブルクが会議の口火を切る。彼はライプツィヒ大学で物理学と地球科学の博士号を取得したいと思ったのだが、彼の博士論文は２０１０年に却下され、科学的に信頼できないと説明された。[141] ミハエル・リンブルクは気候変動そのものを否定しているわけではないが、人類は随所に冷房装置を設置することで気温上昇に順応できると信じている。[142]

ドリンクや軽食のほか、極右の新聞、エポック・タイムズ（大紀元時報）やユンゲ・フライハイトが揃っている。エポック・タイムズを手にとると、わたしは部屋の後方の椅子に座った。

「君はジャーナリストかな？」隣の男性がいきなり声をかけてくる。一瞬、不安がよぎった。怪しく見えたのかな。「ちがいます」。答えるのがやけに早すぎたかも。

「じゃあ何してる人？」男はどうやら興味本位で訊いているだけらしい。

「マーケティングの仕事をしながら動物学を勉強してるけど、趣味のようなもので」

彼がわたしをまじまじと見る。「専門はホッキョクグマなんです」と言い添える。これが彼の関心を引いた。気候変動否定論者のコミュニティは、ホッキョクグマの個体数は記録的に増えていると主張する。「ホッキョクグマの数はかつてないほど多いんだよ」ある参加者が会場でそう教えてくれる。

だがこれは正しくない。実際、ホッキョクグマの個体数に関するデータは十分に得られていない。理由は、その生息地が広大で追跡するのが困難だからだ。正確な数がよく知られているのはほんの2、3の地域だけだ。たとえばカナダではホッキョクグマの個体数は安定しているように見えるが、数えているクマがどこから移動してきたのかは誰にもわからない

──海氷が溶けかけている別の地域から移ってきた可能性もある。全体として、その個体数は地球温暖化の影響をきわめて受けやすい[143]。

調査から、この地球は過去40年間で野生動物の半数を失ったことがわかっている[144]。査読を受けた論文によれば、「調査した177の哺乳類種のうち、半数近くが1900年から2015年までにその総数の80パーセント以上を失っていた[145]」。世界自然保護基金（WWF）はホッキョクグマを近絶滅種には入れていないが、危急種にはリストしている。ほかにも気候変動の結果、間近に危機が迫る動物がいる。アムールヒョウ、クロサイ、ボルネオオランウータンなどだ。ほかに危機に瀕しているのはシロナガスクジラ、クロマグロ、そのほか多くの動物がいる[146]。だが見たところ個体数が安定しているホッキョクグマは、種の集団絶滅を否定する気候コントラリアンが、話のきっかけによく引き合いに出すものだ。

会議の講演者はすこぶる国際的だ。直接会場に来る者もいれば、アメリカやカナダ、オーストラリアからスカイプで参加する者もいる。気候変動否定論者のネットワークが世界に展開しているさまをわたしはいま目にしているのだ。国際的な会合に参加すべく大西洋を渡ってきた人のなかに、ハートランド研究所の所長ジェームズ・テイラーもいた。

ジェームズ・テイラーは割に合うならどんなキャンペーンだって実行する。2019年12月、ドイツの潜入ジャーナリストふたりが広報担当者になりすまし、自動車およびエネルギー業界のクライアントが大金と引き換えにキャンペーンを行ってほしいと要望しているとジェームズに伝えてみた。すぐさまジェームズは気候変動についての偽情報作戦用の道具箱を彼らとシェアし、ドナーズ・トラストと称する物議をかもす団体を介してクライアントが完全に匿名で「寄付」できることを説明した。多額の金でも大丈夫だという。これはハートランド研究所がその資金の大半を受けとる手口なのだ。[147] ジェームズは自分たちの年間予算が約600万ドルであることも明かしていた。

2016年から2020年にかけて、この研究所はトランプ政権と密に連携していた。[148] ジェームズは「民主党は次の選挙で一掃される」と確信し、自分の勝利に強気でいる。「アメリカで我々は勝利しつつあります」とスピーチの冒頭で彼は言う。「アメリカ人のおよそ半数が気候危機と称するものを信じていません」。この会議で語られたあらかたのことと同様、これもまた正しくない。2020年の調査によれば、気候は変動していないか、または人類はこの変動に責任がないと信じるアメリカ人は全体の19パーセントだとわかった。[149] とはいえ19パーセントでもまだ多い。国民の半数ではないものの、リベラル派の一般的な仮説とは裏腹に、気候変動の否定は周縁の現象にとどまるものではないということだ。

ヨーロッパでは「気候現実主義者」はそのナラティブを伝えることにまだ成功したとはいえない、とジェームズは考える。アメリカより人為的な気候変動を信じている人の割合はもっと多いのだから。ＥＩＫＥのような団体がなかったら「真実は闇に葬られてしまうでしょう」と彼は結論する。ジェームズの言う「真実」は、科学的コンセンサスからかけ離れたものだ。彼は気候危機にまつわる未来の脅威を否定するだけでなく、地球温暖化の結果としてコミュニティがすでに経験している、人命を奪い、暮らしを破壊する影響すらも否定する。２０２２年にエジプトのシャルム・エル・シェイクで開かれた第27回国連気候変動枠組条約締約国会議（ＣＯＰ27）でとくに議論されたのは、被害を受けたコミュニティのためのグローバルな「損失と損害」基金の創設についてだった。気候変動はもはやエビデンスにもとづく未来の概念ではなく、すでにわたしたちの眼前で起きている。そして今後はるかに悪化する可能性が高いのだ。

１万４０００人を超える科学者からなるグループに属する研究者たちが、２０２１年7月にこう宣言した。我々は気候危機に直面しているだけでなく、世界的な気候の緊急事態に陥っていると。彼らによれば、環境におけるいくつかの転換点《ティッピングポイント》はいまや差し迫っている。バイオサイエンス誌の学術論文で科学者たちは、地球の状態に深刻な脅威を示す生命兆候――森林伐採、氷河の厚さ、温室ガスの排出から海氷の大きさまで――について警告を発したが、31の兆候のうち18が記録的な高値ないし低値を示していることがわかった。さらに南米や東南アジア、ヨーロッパの破滅的な洪水、オーストラリアやアメリカの記録破りの熱波や山火事、アフリカや南アジアの破壊的なサイクロンといった気候関連の災害が「未曽有の急増」を見せていることも報告した。[150]

ジェームズ・テイラーが話をしていたのと時を同じくして、グラスゴーでは約120人の世界の指導者と数千人の代表者がCOP26を総括していた。[151]「あの連中は偽善者です」とテイラーはグラスゴーを評する。彼に言わせれば、COP26は二酸化炭素の史上最大のスーパースプレッダーになっている。ジョー・バイデンはエディンバラまでエアフォースワンに乗ってきたし、活動家たちは世界中から飛行機を使ってやってきた。「これこそグリーン・ウォッシングと偽善にほかなりません」

たしかにこれには一理あるが、気候科学否定論の陣営は気候活動家コミュニティを標的とした攻撃のために、この手の糾弾をしらみつぶしに用いている。ジョー・バイデンを攻撃する前にも、アル・ゴアやレオナルド・ディカプリオ、ヘンリー王子、バラク・オバマ、グレタ・トゥーンベリといった気候活動家を「カーボンシェイミング」してきた長い歴史がある。FOXニュースの保守派コメンテーター、タッカー・カールソンがつくったニュースサイト「デイリー・コーラー」は、ゴアの自宅がアメリカの平均家庭より34倍を超えるエネルギーを消費していると吹聴した。過去10年でデイリー・コーラーは、コーク・ファミリー財団やチャールズ・コーク研究所から350万ドルの資金提供を受けている。グリーンピースによれば、コーク兄弟は1997年から2018年までに、気候科学および政策を攻撃する90の組織に1億5000万ドル資金提供した。[152]

「カーボンシェイミング」は環境保護活動に反対するネットワークに共有される戦術で、組織から組織へと首尾よく受け継がれている。個人に対するカーボンシェイミングがうまくいけば、温室効果ガスを最も排出している企業から注意をそらすことができる。アメリカの非営利組織「気候責任研究所」（CAI）の分析によれば、20の化石燃料企業が炭素排出量全体の3分の1以上に関連するという。[153] それに比べれば活動家の排出量は取るに足らないものだ。

気候活動家の行動を反対材料に使えないとき、反気候科学のロビー団体はかわりに彼らの人格攻撃という手に出る。オンラインの荒らし《トロール》の大規模なネットワークは、グレタ・トゥーンベリの年齢と自閉症と診断されていることを根拠に彼女を攻撃し、信用を落とそうとしている。EIKEの副会長ミハエル・リンブルクは、グレタ・トゥーンベリを「知恵遅れ」と呼び、[154] 彼女の両親は罰せられるべきだと発言した。[155] かたや元ブラジル大統領ジャイル・ボルソナロはグレタ・トゥーンベリを「ガキ」と呼び、ドナルド・トランプは彼女を「アンガーマネジメントがなってない」と皮肉った。[156]

気候活動家たちも否定論者に反撃すべくさまざまな戦術を試みていて、そのひとつは会議場の外でデモを行うことだ。「会場の外でやってたフライデーズ・フォー・フューチャーの抗議は笑っちゃうほどショボかったよ」会議の参加者がわたしにそう言うと、環境保護活動家たちへの怒りを声高にぶちまけた。会議をどこで開くかＥＩＫＥが直前まで発表しなかった点を指摘したい気持ちをぐっとこらえる。正確な開催地はいつまでたっても公にされず、会議の参加者に電子メールで伝えられただけだった。

会場のどこを見ても白髪の人たちが目にとまるが、気候変動否定論者のネットワークも若い世代にアピールする必要があることは理解している。世界的なＮＧＯ「Avaaz」の調査によれば、世界の16歳から25歳の若者の75パーセントが未来に恐ろしさを感じているという。10人の若者のうち4人近くが気候変動への懸念から子どもを持つことを躊躇している。[157] このデータから、気候変動に対して行動を起こすことについての議論は、世代間の論争だとわかる。とはいえ気候変動否定論者のネットワークは一歩先を行っていて、若者文化を利用し、若い聴衆に手を伸ばしている。

ここ数年で気候科学を否定するロビー団体は、旧来の組織のあり方を次世代のニーズに応えるべく大変革している。圧倒的に高齢男性からなるこのコミュニティは、自分たちもソーシャルメディアの力を利用する必要性を理解し、ユーチューブの若いインフルエンサーたちをスカウトするようになった。グレタ・トゥーンベリがフライデーズ・フォー・フューチャー運動のスターなら、21歳のドイツのインフルエンサー、ナオミ・ザイプトは気候変動否定論者にとってのグレタだ。ブロンドの髪をのばし化粧に余念のないこの少女は、世界的に有名になる前は、もともとドイツの地元の活動家だった。彼女は10代前半から政治に興味を持つようになったが、それはＡｆＤの極右ポピュリスト政治家らの弁護を引き受けたこともある弁護士の母親と一緒に、何度かイベントに参加したのがきっかけだ。その2年後、ザイプトは16歳になるとＡｆＤの作文コンテストに応募し、極右のブログ「フィロソフィア・ペレンニス（永遠の哲学）」に「ときどき私は口をつむぐ」という自作のナショナリストの詩を発表した。[158] ２０１９年にＡｆＤの青年部に加わると、ユーチューブで移民やフェミニズム、気候アクションに反対する活動に乗りだした。[159]

ザイプトは現在、気候アクティビズム、コロナワクチン、中絶の権利を非難し、世界で数十万人の視聴者を獲得している。[160] 彼女の成功は保守および右派の幅広い支援ネットワークによるところが大きく、こうしたネットワークがここ数年かけて彼女のコンテンツを後押ししている。白人ナショナリスト運動のジェネレーション・アイデンティティや極右ポピュリスト政党ＡｆＤが彼女の活動を宣伝し、さらに２０２０年にザイプトが年に一度開かれる全米最大の保守会合「保守政治行動会議」（ＣＰＡＣ）に参加して以来、ハートランド研究所が彼女の活動に資金を提供している。[161] 右派のネットワーク化されたプロパガンダマシンの力はたいしたものだ。ナオミ・ザイプトは現在、最も影響力のある若い気候変動懐疑論者のひとりになっている。このドイツのティーンはグレタ・トゥーンベリと闘うよう聴衆をけしかけるため、「アンチ・グレタ」と呼ばれている。「あなたは誰の言うことのほうを信じるの？」と。

当然ながら次の疑問が生じる。なぜハートランドのようなアメリカの組織が、ドイツで気候変動否定論をてこ入れするために資金を投じるのか。その理由は、ドイツが温室効果ガスの排出削減や代替エネルギーへの転換を含む気候アクションを推進する指導的な役割を、世界のなかで担っているからだ。だからこそ、気候政策と闘ううえで戦略的に重要だとみなされる。[162] ドイツはこの論争における主戦場になっているのだ。

＊＊＊

ＥＩＫＥのディナー会場で、わたしは躊躇し、座る場所を決めかねていた。ようやく選んだのは、いちばん若そうな世代のテーブルで、ここに座っているのは20代から30代前半の男性ばかりだ。ああ、しまった。気候変動否定論者の会議で極右支持者に遭遇することも予想できたのに……。会場にはざっと２００人がいたのだが、なんとか見つけた席は、ある白人ナショナリストのお隣だった。彼をトムと呼ぶことにする。

わたしが自分の皿を彼の隣に置くと、トムがいきなりこう言った。「ドイツはホワイトのままでいるべきだと言っただけで、入っていた学生会から追い出されたんだよ」。このテーブルが移民や非白人マイノリティのコミュニティにまつわる話題で持ちきりになるあいだ、わたしは目を伏せて、料理に意識を集中しようとした。わたしにとって楽しく口を挟める話題ではないし、自分のことを気づかれたらどうしようとひどく心配になってきた。ドイツのアイデンティタリアンの世界では、わたしは知られすぎている。以前、彼らの団体をこっそり調査していたものだから。この会議は白人ナショナリズムに関するものではないはずだった。とはいえ気候変動否定論者の世界と白人ナショナリストの団体は、わたしが思っていたよりもずっと重なっているのだ。2020年にオックスフォード大学インターネット研究所が行った研究によれば、極右ポピュリスト政党への支持は、気候問題への懐疑主義や気候に配慮した政策への反対と強いつながりがあった。[163]

　ようやく会話は人種から気候活動家への批判に移った。「僕がスーツを着ているのは、緑の左派との違いをはっきりさせるためさ」若い男性が得意げに言うと声をあげて笑った。わたしは着ていた黒のブレザーに目を落とし、自分の服のチョイスにほっとし、それから皿に載った大きな肉の塊をなんとか飲み込もうとした。ビュッフェでは無意識に野菜コーナーに向かってしまったが、ちょっと考え直したのだ。緑の左派のベジタリアンに見られるのはまずいかなと。

「気候関連の仕事をしてるの？」隣の白人ナショナリストに訊いてみる。

「いいや、友人たちと一緒に来ただけさ」彼がテーブルの向こうを指さした。若者のひとりはＥＩＫＥの主催者だ。モーリッツは会議の場所にゲーラを選んだのにはちゃんとしたわけがあるとわたしたちに語る。「チューリンゲンの環境は、まあ言ってみれば特別なんだ。ここでは会議を開くのに十分なコネがある。普通なら、この規模の会議が開かれることはもうないよ。とくにこんな公共の建物ではね。けど政府に友だちがいると助かるよ」。ＡｆＤは２０２１年に開かれたチューリンゲンの地方選挙で勝利をおさめ、この地では急進左派政党「左翼党」の次に力を持つ政党になった。[164]

その晩の、その後の会話は多少なりとも予想していたものだった。たいていは気候予測モデルを痛烈に非難し、二酸化炭素排出量や海面上昇を過小評価するものだ。「天気の予測はこの先ますます難しくなるし、正確なものじゃなくなるだろう」とわたしの左の男性が言う。「２０５０年代の気温を予測できるなんて科学者はなぜ思うんだ？」。気候科学者が話しているのは気候のことで天気のことではない、と指摘したいところをぐっとがまんする。天気は毎時変化するもので、大気の短期間の変化をあらわすものだが、気候はある地域の長期（30年以上）にわたる天気のパターンを説明するものだ。[165] 当然ながら天気の変化はきわめて予測不能だが、気候のパターンは過去と現在の傾向をもとにモデル化できる。

話題は二酸化炭素（CO_2）、すなわち気候変動懐疑論者の世界で2番目に好まれるテーマに移った。学術研究からCO_2は地球温暖化の唯一の原因ではないとわかっているが、それでも圧倒的多数の気候科学者がこれを最も重要な原因と考える。[166] しかも、さまざまな変数が結びつく可能性が高いことから、CO_2の放出によって地球温暖化を累積的に強化する諸々の要因の連鎖反応が起き、[167] さらに海洋の酸性化などの関連する影響をもたらし、それが今度は生物多様性の喪失につながる。

気候科学懐疑主義者は、地球の大気中のCO_2の蓄積を示す、いわゆる「キーリング曲線」に疑いをかけるのが好きだ。そして「CO_2はこれまで言われてきたような悪者ではない」と会議で語り、石油業界のロビーストから喝采を浴びる。ＥＩＫＥの参加者のなかには、気候変動は海洋循環や火山活動、土地利用など数百もの要因によって決定され、CO_2の影響はごくわずかだと信じる者もいる。また気温の上昇はさまざまな太陽活動が原因だと考える者もいる。さらには、地球の温度が上昇していることすら信じていない一派もいる。ジェームズ・テイラーはこのグループに入る。「気温がいつになく涼しいのなら、地球温暖化の危機などありえませんよ」と会議でわたしたちに断言する。

会議の初日で考える材料がだいぶ手に入ったし、それにあと丸一日ある、と思っていた。ところが翌朝会場に着くと、これでゲーム終了だとわかった。警備員たちがバツが悪そうにわたしを見ている。怒っていいのか面白がっていいのか、どうしていいかわからないといったふうに。それからＥＩＫＥの会議の責任者に連絡した。会場の反対側から彼がこちらに向かって歩いてくるのを見て、自分の正体がバレたのだとわかった。彼の目は怒りに燃えていて、思わず走って逃げたくなった。それでも深呼吸をひとつして、両足をしっかりと踏ん張った。「どうして、もう入れてもらえないのでしょうか？」と丁寧に尋ねながら、いまにも全力で逃げたくて足の親指がむずむずする。「あなたのお名前にちょっと問題がありましてね」と彼が言う。

「訂正はできませんか？」。彼は首を横に振ると、ドアのほうを手で指した。自分が締め出されるのは政治的な理由からかと尋ねると、彼はノーと言う。とはいえ、わたしたちのどちらも本当の理由はわかっている。ＥＩＫＥはネットワークの拡大には熱心だが、同時に外部からの詮索や潜入者に対するガードは固いのだ。

わたしはただ意気消沈して家路についたわけではない。とりあえず、この最悪な会議に出席するため気候変動否定論者の団体に55ユーロ払ってしまったので、その埋め合わせに、倍の額をグリーンピースに寄付しておいた。幸い環境保護活動家のネットワークは、気候変動否定論者のものより影響力がまだある。それでもアラン・チューリング研究所の調査によれば、ここ数年、気候変動懐疑論のツイッター上のコンテンツは、気候変動支持のそれより4

倍も速く成長している。気候変動懐疑論者によるツイートは、2021年のCOP26の開催中、2014年のCOP21の開催時と比べて16倍もシェアされた。[168]懐疑派がオンラインの言説を支配する力を強め、進歩を妨げられるようになると、環境保護活動家の声を人びとに届けることが一段と難しくなる。環境保護活動家と気候科学否定論者の話を両方聞いてみてわかったのは、何らかのかたちの対話がこの先もっと重要になることだ。このトピックが日増しに政治化している状況ではなおさらだ。それでも前向きな変化を起こすには、やはり環境に配慮した政権が誕生する以外にないのだろう。

科学が気候活動家の側にあるのは否定しようもないことだ。彼らが発する差し迫る気候危機への警告は、数千もの研究によって裏打ちされている。にもかかわらず否定論者やその支持者は偽情報を地球規模で拡散することができている。一見すると彼らの主張は納得のいくものに見えるかもしれない。未来の環境への懸念を強く訴えるデータや科学研究に目を通したことがなければなおのことだ。だからこそジャーナリストや活動家は高い科学的リテラシーを身につけてこれに対抗し、気候科学否定論者の主張の誤りを暴く用意をしておくべきだ。気候変動否定派の陣営を覗けば覗くほど、はっきりわかってくることがある。彼らの戦略がもっぱら頼みにするのは、グローバルなロビー活動のネットワークを介して、半端な真実《ハーフ・トゥルース》をせっせと拡散することなのだ。

第4章 オルトメディアの興隆——ホワイト・ライブズ・マター

潜入調査の一環としてこの運動に初めて参加するまで、わたしはホワイト・ライブズ・マターのことをよく知らなかった。この運動は、ブラック・ライブズ・マター（BLM）の抗議運動に対抗して2016年にアメリカで生まれ、南部貧困法律センター（SPLC）や名誉毀損防止同盟（ADL）などの過激主義監視団体からヘイト集団と断定されている。いまや世界で数十万人のフォロワーと数多くの系列組織を持つ影響力あるネットワークに成長した。「我々は反白人の制度や我々を抑圧しようとするすべての者と戦うことを宣言する。我々は血と文化と精神で結びつき、互いを決して見捨てることはない」。テレグラムにあるホワイト・ライブズ・マターの公式チャンネルに入ると、この通知が目にとまる。

わたしのアバター「クレア」は典型的な親白人の活動家だ。愛国的なロゴに、言論の自由がスローガン、コメントはオルトライトの内輪の言葉や記号だらけだ。「OK」のハンドサイン、ＹＷＮＲＵ（お前たちに交代されてなるものか《ユー・ウィル・ノット・リプレイス・アス》）、アイデンティタリアンのシンボルになっているギリシャ文字のラムダ（Λ）。これまでの経験では、クレアはヨーロッパ系であることと、ホワイトネスを支持することを証明するよう求められるはずだ。

ホワイト・ライブズ・マターに加わってまもなく、わたしを含めた新入りは、「白人支持の活動」に日頃からオンラインとオフラインの両方で取り組むよう管理人たちに発破をかけられる。

> 我らは「白人意識」が復活されることを求めている。２０２１年に我らの仲間になるには、最低でも毎月２時間は他の白人支持者と会合を持ち、兄弟の闘いに加わることだ。身体障害を持つ場合は、オンラインでこれに参加できる。プラカードはつくれなくても、ステッカーをプリントアウトすることならできるだろう。行進に参加できなくても、家族や友人に『ヨーロッパ——最後の戦い』〔２０１７年公開のネオナチのプロパガンダ映画〕を観るよう勧めることはできる。

次に公式メンバー用のマニュアルを受けとる。彼らのオープンセキュリティの手引きには、オンラインとオフラインでコミュニケーションをとるうえでの助言もある。「我々はできるかぎりのことをして君たちの安全を保証する。この反白人化が進む世界で君たちには以下のルールを守ってほしい」

オンラインでは

● ログのない高評価のＶＰＮ（仮装プライベートネットワーク）を使うこと。
● 個人と結びつかないオルト／アノン用の電話番号を使うこと。
● アプリのアクセス許可と位置情報の設定をオフにしておくこと。
● 自分の本名、電話番号、居住地、オンラインで作業する場所を決して使用・公開してはならない。

オフラインでは

● 服装――目出し帽風のマスク、サングラス、帽子、身元を特定できない服装。
● 身体改造 ――タトゥーを隠し、特定されそうなピアスははずす。
● 自分の考えや政治的立場をいつ誰に教えるか慎重に判断する。必要のないことは何も言わないこと。鉤十字とかグローワー［変装した連邦捜査官］が身につけるようなものは着用しない。

●つねに自分や他者を守る備えをしておくこと。できれば武器を携帯するのが望ましい。だがときにはナイフや催涙スプレー、テーザー銃などで妥協せざるをえないこともあるだろう……つねに選択肢を用意しておくこと。

この入門マニュアルは戦術や安全対策を説明するだけではない。新人に「白人のジェノサイド」や「白人の交代」についてメディアの取材やキャンペーンでどう語るべきか具体的な指示も与えている。話すべき重要なこととはこうだ。「現在、白人は世界人口の8パーセントしかいない。アメリカの白人は非白人により殺されたり攻撃されたりする確率が、その逆の場合より45倍から200倍も高い」

「メディアは真実を伝えていない」このチャンネルのメンバーから何度も聞かされたことだ。極右の周縁の発想が主流化するのにトランプが貢献したことのひとつは、従来の報道機関、とりわけリベラルな左派ないし政治的中道に位置するメディアを露骨に敵視したことだ。世界じゅうで極右ポピュリストのリーダーやコメンテーターが、メディアを非難するトランプの戦術を模倣し、信頼に足るメディアを「フェイクニュース」や「嘘つきメディア」と叩く手口を習得した。その結果どうなったか？　要は世界じゅうでメディアに対する信頼が低下したのだ。[169]　2021年にアメリカ人のメディアに対する信頼度は、記録史上2番目の低さになった――2016年に記録された32パーセントの最低値をわずか4ポイント上回るだけだ。[170]新聞やテレビ、ラジオの報道を大いに信頼し信用していると答えたのはアメリカの成人のたった7パーセントだった。2022年のロイター研究所デジタルニュースリポートによれば、イギリス人のほぼ半数がここにきてニュースに触れるのを積極的に避けている。この数字はイギリスで過去5年のあいだに倍になった。理由のひとつは、ここ何年もコロナ関連のニュースや政治報道が波のように押し寄せたことによる疲労だが、メディアへの不信の高まりもひと役買っている。自国のメディアを信頼しているのは英国民のわずか34パーセントで、これはブレクジットの国民投票以来16パーセント低下した。[171]オーストラリアでは、とくに若い世代で「ニュースを避ける人」の割合が高い。[172]

既存の報道機関への不信が高まる一方で、メディアのウェブサイトやソーシャルメディアのニュースチャンネルからなるまったく新しい世界が現れている。もうひとつの《オルタナティブ》メディア、すなわち「オルトメディア」だ。これらは自分たちを言論の自由を支持する反エリートと謳《うた》っていて、今日の極右がこの情報源を集めた兵器庫を活用している。たとえばオルタナティブの英語ニュースサイトであるブライトバートやインフォウォーズ、ザ・ゲートウェイ・パンディット、ウエストモンスターから、ドイツのアイデンティタリアンのメディアであるユンゲ・フライハイト、またエポック・タイムズやオンライン雑誌のコンパクト、ロシアが後援するRTやスプートニク系列などだ。さらにニュースと草の根の視聴者を結びつけるために、ビットシュートやサブスタック、オディシー（Odysee）、ギャブ、パーラー、トゥルース・ソーシャル、ゲッター（Gettr）、テレグラム、ディスコードなどのオルタナティブのソーシャルメディアに、極右の評論家やインフルエンサーのチャンネルができている。

周縁の発想が「オルトメディア」で十分な牽引力を持つと、「主流のメディア」に入っていくのも容易になる。極右のウェブサイトやフォーラム、暗号化されたチャットから生まれた数多くの常套句がすでにFOXニュースやデイリー・メール紙などのマスメディアに持ち出され、受容され、世間に広まっている。FOXニュースで最高の視聴率を誇る番組「タッカー・カールソン・トゥナイト」の司会者タッカー・カールソンは、白人至上主義を「でっちあげ」と呼んでいる。[173] それから4ちゃんのオルトライトの掲示板「政治的に正しくない《ポリティカリーインコレクト》」（/pol/）で生まれたスローガン「白人であっても大丈夫《イッツ・オーケー・トゥ・ビー・ホワイト》」（IOTBW）を擁護し、イラク人を「ろくに読み書きもできない原始的なサル」と呼んだ。[174] こうして周縁の発想が幅広い会衆、すなわち社会的、経済的問題のどちらにも保守主義を唱える超保守主義者、資本主義や不介入主義を支持する右派リバタリアン、反民主主義と反平等主義を信条とする新反動主義者に届けられるのだ。

オルトメディアの拡大によって、許容可能な言葉や議論の範囲が変わりつつある。それにより「オヴァートンの窓」が動いて、より過激な言葉やイメージが主流メディアの報道に入っていけるようになる。

アメリカでは右派のポッドキャスターのジョー・ローガンが、1100万人が視聴する自身の番組でNワードをうっかり口にした。米公共ラジオ放送NPRの文化批評家エリック・デガンスは、ローガンが人種差別的な言葉を使ったのは、彼いわく「偏見否定症候群」によるものだと語った。つまり、自分は偏見でものを言ったり行動したりするわけがないとの誤った考えを持っているということだ。[175]世間で広く批判されると、ローガンは黒人に対する中傷言葉を繰り返し使ったことを後悔していると発言した。同様にNBAのオールスターチームに7回も選ばれたカイリー・アーヴィングは、ツイッターに反ユダヤのコンテンツを盛んに投稿し、のちに謝罪した。映画『ヘブライ人から黒人《ニグロ》へ』のリンクをシェアしたのだが、その原作は「高位の職に就くユダヤ人は悪魔や堕天使のために働いている」と吹聴する本だ。のちにアーヴィングはユダヤ人に対する自らの考えについてコメントするのを拒否した。[176]

さらに目立つ例は、現在は自分をイェと呼ぶカニエ・ウェストだ。このアメリカの黒人ラッパーで親トランプの活動家は、パリ・コレクションに「ホワイト・ライブズ・マター」のTシャツ姿で現れ、反レイシズム団体から国境を越えて激しい抗議を浴びた。保守派のコメンテーターで、同じく黒人のキャンディス・オーウェンズは、揃いのTシャツを着てイェと写真を撮った。[177] またあるときイェは奴隷制の歴史に疑問を抱き、こう発言した。「400年だって？　それって〔黒人が〕自分で選んだんじゃないのか？」[178]。長いことイェはヘイトに満ちた発言で物議をかもし、トップニュースになってきた。たとえば「ユダヤ人のメディア」とか「ユダヤ人のアジェンダ」と称するものにまつわる反ユダヤの陰謀論などを口にした。ほかにも、音楽業界はユダヤ人に支配されているとほのめかした。[179]「業界のユダヤ人たちに公正な契約をさせなくちゃならない。何が何でもだ」とインスタグラムに投稿した。ソーシャルメディアプラットフォームの規則にたびたび違反したのち、彼のツイッターとインスタグラムのアカウントは凍結され、アディダスは彼との契約を打ち切った。

イェのツイッターアカウントには、世界じゅうのユダヤ人の2倍にあたるフォロワーがいた。世界のユダヤ人の人口は推定1480万人だが、彼のフォロワーは3000万人だ。CNNによれば、イェはアドルフ・ヒトラーに執着し、このナチ指導者の名を2018年に出した自分のアルバムのタイトルにしたいと思ったほどだ。[180]「ユダヤ人にデスコン3[*18]を仕掛

*18　デフコンは米国防総省の戦闘準備態勢レベルを示す軍事用語。レベル1～5の5段階に分けられ、レベル1がもっとも非常時のレベル。

けてやる」との謎めいたツイートは、ユダヤ人に暴力を働く脅迫以外の何ものでもない。イェの発言はすでに現実世界に影響を及ぼしている。ロサンゼルスでは抗議者たちがナチの敬礼をし、イェの反ユダヤのスローガンを書いた旗を掲げているところを写真におさめられている。[181]

イーロン・マスクも、急進的な周縁から発生したイメージや発想をとりあげてコメントやツイートする有名人だ。彼がツイッターの経営権を取得したことで、このプラットフォームはトランスの人びとをはじめとするマイノリティにとってますます敵意に満ちた場になっている。このテスラの創業者は露骨な反トランスの活動家ではないものの、「代名詞は最悪だ」*19と書き込んだように、その発言や行動はトランスのコミュニティに明確なシグナルを送っている。経営権を取得して2、3カ月のうちに、このプラットフォームで反LGBTQの中傷が800パーセント増加した。マスクの「新しいツイッター」は極右やQアノン活動家の数百にのぼるアカウントを復活させ、かわりにさまざまな左派のアカウントを閉鎖した。[182] 案の定、極右はマスクを新たな英雄とみなし、彼自身も「カエルのペペ」のミームをシェアし、「意識高い《ウォークマインド》系ウイルスを倒せれば、ほかはどうでもいい」とツイートした。[183] また第二次世界大戦中のドイツ兵の写真を載せた彼の投稿は、オルトライトから忠誠の誓いと解釈された。

急進化したサブカルチャーから生まれたイメージや言葉が主流化しているさまは、もっと陰湿なかたちでも現れる。２０２２年12月、イギリスのテレビ司会者ジェレミー・クラークソンは、サセックス公爵夫人メーガン・マークルについてコメントしたなかで、ひどく暴力的でミソジニスト的な表現を用いた。イギリスでのマスコミ報道も暗に人種差別的な要素を引きずっていて、クラークソンによる攻撃を援護していた。サン紙のコラムで彼は大ヒットTVドラマ『ゲーム・オブ・スローンズ』の一場面に触れ、「イギリスじゅうの街を彼女が裸で引きずりまわされ、『恥を知れ』と叫ぶ群衆から排泄物を投げつけられる日を夢見ている」と書いた。[184]「私は彼女を細胞レベルで嫌っている」という別のくだりもある。クラークソンはあとからツイッター上で謝罪し、報道規制機関に１万２０００件の苦情が寄せられたのち、サン紙はウェブサイトから彼のコラムを削除したが、すでにダメージは与えられたあとだった。

ホワイト・ライブズ・マター（ＷＬＭ）には、世界中に無数のサブグループがある。テレグラムだけでアメリカのほぼ全州とヨーロッパ諸国に支部があり、オーストラリア、ニュージーランド、カナダにも熱心なグループがある。わたしの調査によれば、フォロワーの数は

＊19　欧米では、個人の性自認に即した人称代名詞の使用が広まり、she/herやhe/himだけでなく、ジェンダーニュートラルなthey/themも普及している。イーロン・マスクの発言は、トランスジェンダーの性自認を尊重するために使用された代名詞を揶揄したものだった。

数十万人と推定される。彼らは「クリスチャン・アーリアニズム」とか「アダムの悟り」といったテーマのサブチャンネルをつくっている。テーマ別のチャンネルはほかにも宗教や健康やホームスクーリングから、人類学や芸術、ニュースやミームまでさまざまだ。「ホワイト・ライブズ・マター・オフィシャル」は幾多ある白人アイデンティティの「草の根」チャンネルのひとつだ。テレグラムにいるその6500人の購読者は「行動力を持つ反白人勢力に対し、それを上回る行動力を持った親白人精神で闘わねばならない」と信じている。あるグループの管理人はこう誓う。「結局、勝利は我々のものだ。自由さもなくば死を！」。そしてこう続ける。

我々はこの国を守る
ごく普通の白人だ。
我々は納税者だ。
我々は熱心な信者だ。
我々は「一般人《ノーミー》」だ。
我々は「操られやすい」。
我々は有機体で

寄生虫に食われている。
我々は連中の最悪の悪夢。
白人の命は大切《ホワイト・ライブズ・マター》だ。

テレグラムのあるチャンネルに入ったとたん、パンドラの箱が開く。あなたは招待状と、ほかの誰かに送るための勧誘文を受けとる。ＥＵとイギリスに的を絞ったこのホワイト・ライブズ・マター・グループは、アメリカから送られてきたプロパガンダ動画をシェアしている。動画ではマスクとサングラスと帽子姿――この運動のオープンセキュリティ・ガイドに従って――の活動家たちが、物議をかもす宣伝ビラとＱＲコードを国じゅうのあちこちに貼り付けている。「決めるのは君だ。未来は君の手中にある」と「WLM US and United Kingdom」のホストが書く。「どこか無名のフォーラムでたまたま起きることに自分の幸せを託すような消極的な人生を送るのか？　それとも成熟した責任ある行動をとり、我が民の救済に貢献するのか？」

ホワイト・ライブズ・マターの指導者たちは、この運動のメッセージを広める際には中傷やネオナチのシンボル、暴力的手段を避けるようフォロワーに求めている。「言葉遣いや『国民受け』が大事なのだ」とあるグループのホストが皆に書いてよこす。彼らの広報活動は、昨今、極右活動家が採用する広範な戦略とそっくりだ。自分たちの過激思想を主流の言説に滑り込ませるために、運動をリブランドし、その憎悪に満ちたメッセージを風刺の裏に隠している。アメリカの反過激主義の専門家シンシア・ミラー゠イドリスが調査で明らかにしたように、極右は「風変わりで強烈なスキンヘッドのスタイルから離れ、過激主義のシンボルを暗に伝えるファッショナブルで洗練された商業ブランドをめざしている」[185]。過激主義を推進する彼らの作戦は、言論の自由や文化的遺産といった一般大衆に広まる不満の種に共振するものに仕立てられている[186]。2017年にシャーロッツヴィルで白人至上主義者らが開いた抗議集会では死者も出る騒ぎになったが、事前にその準備をしていた人たちをわたしは潜入調査していた。そのときも、大衆をいかに惹きつけるかについて彼らが長々と話し合っているのを目にしていた。

白人アイデンティティ主義の発想は、主流の政治的言説にいよいよ浸透してきている。「大いなる交代《グレート・リプレイスメント》」と称するもの——グローバルなエリートの秘密結社が世界を支配するために、白人が非白人に徐々に抹殺されているとの考え——は急進的な陰謀論として2010年に初めて現れた。この言葉は、フランスの小説家でのちに活動家になったルノー・カミュがつくった「グランド・リプレイスメント」のことをさす。今日、白人のジェノサイド計画という神話があまりに主流になったため、有力候補たちも選挙運動にこの発想を利用している。

フランスの大統領選挙に立候補したエリック・ゼムールは、2022年の選挙に先立ち、テレビやソーシャルメディアでこの人種差別的な陰謀論を喧伝《けんでん》していた。同年の調査では、共和党有権者の半数近くが、この地で生まれたアメリカ人が移民に徐々に交代させられているとの発想に少なくともいくらかは同意しているとわかった。[187]

白人のアクティビズムが復興したのはなぜなのか？　ひとつの理由は、2020年のジョージ・フロイドの殺害後にBLM運動が勢いを得てから、黒人に対する大規模なバックラッシュが起きたことだ。2021年の前半までに、BLMに感化された抗議が世界70カ国以上で発生した。[188]　2020年の夏に起きた7700件を超える抗議デモを分析してわかったのは、BLMのすべてのデモのうち93パーセントは平和的なものだったことだ。[189]　ところが白人至上主義者にとって、こうしたデモは恐怖《フィアモンガー》を利用するチャンスになった。「我々の国をハイチにさせてなるものか……野蛮な獣たちを締め出すときがきた。ブラック・ライブズ・マターを止めるんだ」とネオナチ組織「国家社会主義運動」女性支部のリーダーで、アメリカのホワイト・ライブズ・マターを立ち上げたひとり、レベッカ・バーネットが発言した。

2020年夏のBLMの抗議デモは、イギリス、アメリカ、ドイツをはじめとする多くの国で生物学的人種主義《レイシズム》の回帰に火をつけた。[190]　生物学的人種主義とは、レイシズムは遺伝的に正当化されるとする疑似科学だ。たとえば黒人は進化の過程で遺伝的に白人に劣っているとか、知能がより低く、より攻撃的だといった発想で、そのすべてが現代の遺伝研究とは合致しないものだ。右派のニュースサイトやテレビ番組はＢＬＭの活動家をこぞって悪者呼ばわりし、人間扱いせず、視聴者の憎悪や怒りを黒人コミュニティに向けさせた。

有力な政治家もその真似をして、ＢＬＭを暴力的で危険で白人コミュニティを脅かすものだと説明する。英保守党下院議員サジド・ジャヴィドは、ＢＬＭとは「善を促す力《フォース・フォー・グッド》」ではないと発言した。[191] トランプはこの運動を「ヘイトの象徴《シンボル》」と呼び、活動家たちを「悪党ども《サグズ》」と表現した。政治家がＢＬＭを非難したことで、反レイシストのアクティビズムをめぐり社会の緊張がいよいよ高まっている。国際的な非営利団体モア・イン・コモンに依頼されてユーガブが実施した調査では、イギリス人の46パーセントがＢＬＭを明らかにポジティブな運動だとみなす一方、35パーセントはネガティブなものとみなしていた。[192]

ＢＬＭは人種的な緊張を高めたのか？　イギリス人の55パーセントがそうだと考えている。だがＢＬＭの主催者側は、既存の亀裂をただ露呈させただけだと主張する。[193] 白人至上主義者がこの機に乗じてバックラッシュを企て、それによって新世代のシンパを彼ら御用達のオルタナティブ・メディアのチャンネルに集めている。すべては「ホワイト・ライブズ・マター」もしくは「オール・ライブズ・マター」の旗印のもとに。

＊＊＊

ホワイト・ライブズ・マターのチャンネルを通じて、わたしはイギリスで最も目立つプロパガンディストに直に接触することができた。マーク・コレット。イギリス最大の白人ナショナリスト運動、パトリオティック・オルタナティブの創立者だ。２０１９年に誕生すると、この組織は国じゅうに地域的な分派をつくり、数百人の活動家と数万人のフォロワーを獲得している。イギリスから非白人をすべて排除するというのが公然たる目標だ。

父親で、愛国者を自称する41歳のマークは、イングランド中部の州レスターシャーで育った。かつては極右政党であるイギリス国民党（ＢＮＰ）の広報部長、それから党青年団の団長も務めていた。２００２年には、エイズを「黒人や薬物使用者やゲイがかかるから好都合な病気」と言って早くも悪評を轟かせた。２０２０年には「世界の先住民の国際デー」に合わせてホワイト・ライブズ・マターの世界的キャンペーンを主催した。[194]

「世間は僕のことを明らかに誤解している」マークは開口一番にそう言う。穏やかな口調。わたしにこれから話すことを思えば、やけに落ち着いた声だ。マークが会話しているわたしは、クレア・ラフィーユ。白人ナショナリスト運動に共感するフランス系イギリス人で言論の自由の闘士、そして物議をかもすテーマのポッドキャスト番組をこれから立ち上げようとする市民ジャーナリストだ。マークが言うことすべてにクレアは同意しているかって？　それはノーだ。でも一対一で話すかぎり、彼女にとくに他意はなく信用できそうに思えるはずだ。

「最初に連想ゲームをしてみませんか？」と言いながら、内心びくびくする。声が震えていないだろうか。それから続ける。

「ブラック・ライブズ・マターとは？」

瞬時にマークが答える。「西側諸国を破壊し、白人を嫌われる二級市民に貶めるためのコミュニストの暴動だ」

「フェミニストは？」とわたしが続ける。マークのような人たちは、白人の出生率低下をフェミニズムのせいにすることも少なくない。

「伝統的な家族への攻撃」一瞬の間《ま》があくも即座に答える。「女性を間違ったものに変えるか、もしくは幸せにしないことが目的だ」

ごくりと唾を飲み込むと、わたしは次の言葉を必死に探す。

「ジョー・バイデン」少し遅れて言う。

愉快そうな声ですぐに答えが返ってくる。「自分が何をしているかわかってない操り人形の大統領さ。たぶん認知症になってるから、アメリカ史上最大の反白人的で反伝統的な政策を進めちゃうだろうよ」

ならこれはどうだろう……「コロナは？」

自信たっぷりの声でマークが断言する。「恐怖を広め、世界じゅうの人の権利を奪う残忍な新法を制定するのに利用される、偽のパンデミックだ」

「あとひとつだけ」とわたし。「気候変動は？」

またもマークの答えに躊躇はない。「税金を引き上げて、白人に罪悪感を植えつけ、子どもを生ませないために捏造された問題だ。環境に対する真の脅威は気候変動ではなくて人口増大だからね」

フェミニズムであれ、コロナであれ、気候変動であれ、何もかもをマークが「白人のジェノサイド」と称するものに結びつけるのには目を瞠《みは》る。彼は、急進的発想がいかに互いに結びつき、互いを煽るかを教えてくれる格好の見本だ。白人ナショナリズムのような過激主義の世界観をひとつでも受け入れたら、人は自らが信じる陰謀論にさらに幾重もの意味を足し、反フェミニストや気候変動否定論、反ワクチンなどのイデオロギーをもとりこみかねない。

マークから急進思想の個別指導を受けながら、そもそも彼は何を怖がっているのだろうかとふと思った。彼は言う。「いま僕らが目撃している大規模な人口統計的変化によれば、欧州諸国の大半で先住の人間がマイノリティになってしまうんだ」。イギリスでは２０６６年頃にそうなるに違いないと彼は信じている。パトリオティック・オルタナティブのサイトでは、イギリスで非白人が多数派になるであろうときまでをカウントダウンしてさえいる。暗い声でマークが続ける。「しかもずっと前から攻撃されているんだ。白人や伝統主義や健全な倫理観、西側文明を支える土台への攻撃だ」

マークのような人と議論するのは厄介だ。人口統計の変化と人種や文化の差異に、ヨーロッパのありとあらゆる問題の責任があると信じ切っているのだから。ナイフでの殺傷事件も児童虐待も住宅価格の高騰も森林破壊も、何もかもが彼のリストに入っている。こうした問題が別の理由で起きている可能性が頭をよぎることもない。２０２０年のある大規模な調査では、イギリスで起こった若者の暴力と民族性には関連がないとわかっている。むしろ子ども時代のネガティブな体験や精神衛生上の問題、差別や社会経済的問題が、ギャング犯罪やナイフによる殺傷事件など街頭での暴力にとって最大の予測因子であると結論された。[195] ２０２０年の内務省の報告も、児童を狙ったグルーミング・ギャングは圧倒的に黒人とアジア人が占めているとの説が間違いであることを指摘した。「犯罪者は多様な背景を持つ」ことがわかったが、ただし組織は同じ民族の男性で構成される傾向があった。

わたしが仕掛けた連想ゲームでマークがこんなに素早く雄弁に答えたことに、正直言って驚いた。まるでしょっちゅう練習しているみたいだ。ひょっとしたらそうかもしれない。20

代から極右や白人ナショナリストの大義のために積極的に活動してきたわけだから。学齢期から民族の違いを意識してきた、とマークがわたしに教えてくれる。育った村には白人しかいなかったが、最寄りの大都市は、イギリスで最初に白人がマイノリティになったレスターだった。それで心配になったという。「気がついたら自分も何かしたいと思ってた。イギリスに住む誰も彼もに、それから僕の未来の子どもにも影響が出るわけだから」。彼が密かに抱く不満は、ヨーロッパ系の人間が自分のコミュニティを失う一方で、「ユダヤ人やムスリムやアフリカ系カリブ人が彼らのコミュニティやアイデンティティ意識を、僕らの政府の恩恵のもとで育んでいる」ことだ。マークのような人たちは、「反白人のレイシズム」がメディアで喧伝され、教育制度で教えられ、「既得権益層《エスタブリッシュメント》」に後押しされていると考える。

　一児の父親でもあるマークは、パトリオティック・オルタナティブに若者を勧誘することに懸命に取り組んでいる。彼がわたしにこう言う。「僕らはコミュニティづくりやチラシ配りをかなりやっている。でも活動ってのは、家族や友だちに話をするといった、ちょっとしたことでもいいんだよ」。このウェブサイトの掛け声は「さあ君の役目を果たそう」[196]で、「イングランド南部で新人を募集中」と宣言する。週末ごとにパトリオティック・オルタナティブの分派が地域でアウトリーチ活動を開催する。キャンプやハイキング、フィットネスクラブや野鳥観察、ペイントボール大会〔塗料入りの弾を撃ち合う競技〕などの活動を主催するのだが、その目的は白人のイギリス人のティーンエージャーが「コミュニティをつくれるようにする」ためだ。ソーシャルメディアの投稿が彼らの活動を宣伝する。「砂浜で走ってからウエイトトレーニングするっていうハードな朝を過ごしてから、仲間と街に出かけてご褒美の朝食をとったのさ」と書いた投稿には、スコットランド北部のビーチでのトレーニングとフライ料理の写真が載っている。

マークはビデオゲーム「コール オブ デューティ」のトーナメントを定期的に主催し、政治的教化が混ざった娯楽を提供する。プレーヤーにはときどき未成年もいて、もうすぐ「寝る時間」だと書き込んだり、明日学校に行かなくちゃと話したりするユーザーもいる。参加者の大半は、急進化されることもただのゲームみたいに感じているようだ。

「ハロー、フレンズ」アドルフ・ヒトラーと名乗るユーザーがプレーヤーたちに挨拶する。「ハイル・マーク」誰かが書き込む。「イングランドがもうホワイトじゃないのは悲しいね」

バークリー・ウォルシュはパトリオティック・オルタナティブでもとびきり若い新人だ。13歳からマークをフォローしていて、今ではオンラインで自分の番組「ズーマー（Z世代）トーク」を持っている。番組はユーチューブのパトリオティック・オルタナティブのチャンネルを介してライブ配信されている。「ファッキンなミームのまとめ《コンピレーション》を見てたんだ」と冗談混じりに言ってから、何が自分をこの運動に導いたかを語りはじめる。「あのファッキンなやつのせいで、僕はこの国で最大級に悪名高きネオナチと一緒にキャンプすることになったのさ」[197]。このZ世代の新人は、自らの人種のために若者は立ち上がるべきだと信じている。「僕ら白人を広告で見かけなくなったでしょ」と警告する。「みんな混血のカップルだ。しまいに白人はみんな抹殺されるんだ」。チャンネル4の番組「ディスパッチ」による潜入調査では、彼が反ムスリムの中傷語を使い、あるユダヤ人の教師にまつわる反ユダヤのコメントをしているようすが記録された[198]。彼には明確な使命があった。若者を自分たち「ズーマーのナショナリスト」に仲間入りさせること。「パトリオティック・オルタナティブがついに僕たちの未来になるんだ」ともバークリーは語っていた。

他の多くの極右過激主義ムーヴメントと同様に、パトリオティック・オルタナティブもパンデミックの最中に大幅に支持を増やした。フェイスブックやインスタグラムの主要なアカウントは、2021年前半にフォロワーが1万6000人に達したが、まもなくプラットフォームから締め出された。だがこのグループはツイッターやテレグラム、ギャブで活動を続けている[199]。このムーヴメントは分裂していたイギリスの極右を再びまとめることに成功し、イングランド防衛同盟の創立者トミー・ロビンソンのもっと穏健なフォロワーから、テロ組織ナショナル・アクションの元メンバーまでを吸収している。

2022年10月30日、白人ナショナリストに触発されたテロリストによる襲撃事件がイギリスでトップニュースになった。66歳のアンドリュー・リークがドーバー港の移民手続きセンターに火炎瓶を投げ込み、その後自殺した。襲撃を行う1時間前にリークはこうツイートしていた。「奴らを抹殺してやる、ムスリムの子どもらが俺たちの標的だ。それからあのムカつく女たちも標的だ。母親や姉妹が生きたまま焼かれるのだ」。オンラインの履歴からわかったのは、彼の敵はひとつではなく、マークと同様、さまざまなヘイトのイデオロギーを結びつけていたことだ。リークの投稿はユダヤ人、ムスリム、移民、同性愛者やトランスの人びとに反対するよう扇動するものだった。新世界秩序やコロナ関連の陰謀論についての投稿もあった。[200]

パンデミックは急進化を煽って暴力に向かわせた。それだけでなく過激な思想を主流化させ、白人ナショナリストのオンラインのグループが新たな聴衆を開拓することも可能にした。ロックダウンは「ナショナリストにとって天の恵みだ」とパトリオティック・オルタナティブのウェブサイトは宣言した。広まる現状《ステータスクオ》への不満が既得権益層や悪魔化された外集団に向けられた。パトリオティック・オルタナティブのようなムーヴメントが多くの新人を呼び込むには、個人の不満を白人ナショナリストのナラティブと結びつけるだけでよかった。パンデミック下で動員をかけようと、ホワイト・ライブズ・マターの活動家らは白人児童のためのオルタナティブ・ホームスクーリングのカリキュラムまでつくりはじめた。

＊＊＊

「ホームスクール教育省へようこそ」次に入ったテレグラムのグループではこう挨拶をされた。ここは「独立したホームスクーリングを構築・促進する、キリスト教徒のアーリア人のチャンネル」と称している。ここのホストたちから、プロジェクトに加わって「将来世代の白人の子どもたち」を助けるよう誘われる。

もともとこのグループは「国家社会主義者の読書会」だったが、パンデミック下で目的を変え、白人の親たちに向けたホームスクーリングのチャットグループになった。「簡潔で完璧なホームスクーリングの手引きや教科書、マニュアル」をつくることが目的で、テーマは地図作成から生物学、経済学まで多岐にわたる。それから銃の技能もだ。

彼らが推奨するホームスクーリングの資料をざっと見ると、思わず背筋が寒くなった。推薦図書一覧は、最初はまあまあ穏やかな『アーリア人の古典教育――西洋哲学の基盤としてのギリシャ哲学を理解する』で始まる。ホームスクーリング教育省は古代ギリシャの文献を「アーリア人の子どもたち」に最初に読ませるべき書物と考えているようだ。次に彼らの図書一覧は古代ローマの雄弁家たち――オウィディウスやカエサルからアウグストゥスまで

——に移る。だがこうした穏やかな古典が紹介されたあとに、『ニグロ——アメリカ文明への脅威』とか『反ユダヤ主義の伝説』といった本で核心に入っていく。この人種差別も甚だしい本は、どちらも高校レベルの生徒のための「必読書」とされている。

このチャンネルのホストは、生物学的人種主義《レイシズム》と反ユダヤの陰謀論にまつわる文章をまとめ、親たちがホームスクーリングをするための「ワークブック一式」をこしらえている。「この本だけで知っておくべきすべてのことをお子さんに教えることができます。ほかに教材が手に入らない場合でも」。標準教育の代わり、もしくはそれを補うものとして使えるのだとホームスクール教育省はメンバーたちに請け合う。その目的は、「無視されるか完全に省略される多様な教育分野をカバーする」もしくは「腐敗した教育制度のプロパガンダを正し、これを乗り越える」ためだという。

パトリオティック・オルタナティブは、親が子どもを学校から遠ざけるために使える手紙の見本まで提供する。ホームスクーリングの資料は5歳から16歳までの子どもを対象とし、テーマは数学からアングロサクソンの歴史、チャールズ・ディケンズや自然など。カリキュラムには子ども向けのレイシストの歌まで入っている。「イングランドの人びと」と称する授業では、イングランド人は全員肌が白いと教える。[201]「ではイングランド人とは誰でしょう」と白人の少女たちの画像が載るページで質問される。

「私たちには国の伝統、そして宗教の伝統もあります。私たちは皆白い肌をしていますが、なかには赤い髪の人もいれば、茶色の髪、黒い髪、また金髪の人もいますし、青い目の人もいれば、緑や茶色の目の人もいます――イングランド人のなかにも、こんなに多様性があるのです！」

「自国民に誇りを持とう」と銘打った授業で尋ねられるのは、「地球上で最も高い場所に最初に到達したのは誰でしょうか？　北極や南極には？　海底には？」。すべての答えは「白人」[202]だ。

* * *

ジェームズが、目の前の通りを渡る黒人女性にクラクションを鳴らす。女性はサングラスをかけ、ブラック・ライブズ・マターのプラカードを両手で掲げている。その横を通り過ぎながら、ジェームズが何かぶつぶつ言っている。言葉は聞きとれないが、わたしたちを隔てる透明のビニールシート越しに、彼が怒っているのがわかる。

コホンとわたしが咳払いをする。「今日は車が進むのが遅くないですか？」

この黒タクシーの運転手は大きくフーッと息を吐く。それからピカデリーに徐々に集まる群衆をじっと見つめる。「あの連中が抗議するのをいつまで許しておくんですかね」

「ブラック・ライブズ・マターのことですか?」とわたしが尋ねる。

彼がうなずく。それからわたしの心を読んだみたいに、こう付け足す。「私はレイシストじゃないんですよ。本当に。近所には感じが良くて礼儀正しい黒人の人たちだっています。うちの子たちが小さかった頃は面倒を見てくれたりもしましたよ。でもこのブラック・ライブズ・マターの連中は問題を起こすだけです。暴動に交通渋滞、警察との喧嘩。公共の秩序を軽んじるにもほどがありますよ」

またクラクションを鳴らす。今度はメッセージの返信に忙しくて青信号に変わったのに気づかないドライバーがいたからだ。

「けど連中を批判すれば、すぐにレイシスト呼ばわりされるんですから」

ジェームズはそう言いながらミラー越しにわたしを見る。目に不安がかすかに浮かぶが、表情は変わらない。わたしに批判されたり、あるいはチップを減らされたりしないか心配しているのかもしれない。

「ブレグジットでも同じでしたよ」いらついた声で続ける。「離脱に投票すれば、すぐにレイシストって言われてね。うちの子たちはひと月も私と妻に口をきいてくれなかった。ひどく怒ってね。選挙のあと4週間たっても一度も電話をくれないし。あの子たちが失望したのはわかってます。けどどうすればよかったんですか。揉め事を避けるためだけに残留に投票しろと？　それか子どもたちに嘘をついて、離脱に投票などしなかったと言えと？　そんなことするには私は正直すぎる人間ですよ」

彼の声が小さくなり、気まずい沈黙が流れる。彼の家庭のいかにも困った状況にわたしが同情していることをもうちょっと伝えなくちゃと思い、「お気の毒ですね」と声をかける。コロナ対策のビニールシートがつくるふたりの距離も、もうそんなに気にはならない。「ブレグジットがどんなに深い傷を残しても、きっと時間が癒してくれますよ。わたしもブレグジットに投票した友人と喧嘩しちゃって、最初はひどく腹が立ったけど、いまは怒るよりも受け止めようって気持ちになりましたから」

ジェームズは、なるほどというように相槌を打つ。それからしばらくふたりとも窓の外を眺め、赤信号が青に変わるのを待った。

「話し方がここの人じゃありませんね。出身はどこですか？」と彼が尋ねる。

「オーストリアです」と答える。「でもロンドンは落ち着くし、永住権をとったから、ここにいるんです。ごめんなさいね」と言ってウインクすると、彼はにっこり笑ったが、それは心からの笑みに見えた。

「正直、あなたがどこの出身かは気にしませんよ。税金を払ってくれて、善良な市民でいようとしてくれるかぎりは。自分たちの文化と犯罪をこの国に持ち込む連中のことが心配なんです。去年、スーダン人の男がロンドン南部の通りでうちの娘に声をかけてきて、家までつけてきたんです。娘はまだ16歳ですよ。怖いから警察を呼んだんですけど、何もしてはくれなかった。警察の捜査じゃちっとも埒《らち》が明かなくてね」

彼がギアチェンジする。「ここが自分の国なのか、ときどきわからなくなるんですよ。私はピーク地方で育ったんですがね、初めて外国人に会ったのはロンドンに来てからです。ここにこんなにたくさんのコミュニティがあるのは素晴らしいことだと思いますよ。けど自分たちのアイデンティティを失うのは嫌なんです。サッカーで何が起きてるか見たでしょう」

ＢＬＭによって片膝をつく抗議のジェスチャーが広まったが、これをサッカー選手がすることについての論争は、リベラルな進歩主義者と右派の保守主義者の文化戦争における目玉になっている。英保守党の下院議員リー・アンダーソンは、ユーロ２０２０（２０２０年欧州選手権）の決勝戦にいたるまでイングランドの全試合を見るのをボイコットし、片膝をつくことは「すこぶる邪悪な動機」を持つ組織を支持するのに等しいと訴えた。

だがサッカーにおけるレイシズムは紛れもなく現実のものだ。ユーロ２０２０の開催中、黒人の選手であるブカヨ・サカ、マーカス・ラッシュフォード、ジェイドン・サンチョの３人に対するヘイトの投稿をわたしは追跡してみた。するとペナルティ・キックで彼らがチャンスを逃すと、人種差別的な嫌がらせが急増した。彼らは自分たちのチームのファンから攻撃された。ブカヨ・サカのインスタグラムのフィードは「ナイジェリアに帰れ」とか「俺の国から出て行け」といったコメントで溢れた。彼をＮワードで呼び、サルに描いたミームをシェアするユーザーまでいた。

イングランドのサッカーチームの選手を標的とするヘイトキャンペーンはあまりに深刻だったため、ロンドン警視庁が捜査に乗りだした。イングランドサッカー協会は黒人選手に対する人種差別的な暴言を厳しく非難した。「こうした許しがたい行動をとる者は、このチームのファンとして容認できないことをここではっきりと申し上げる。私たちは被害に遭った選手をサポートするためにできるかぎりのことをし、責任のある者に最も厳しい処罰を下すよう強く訴える[203]」

イングランドはＵＥＦＡ欧州選手権で一度も優勝したことがないし、ＦＩＦＡワールドカップで最後に優勝したのは１９６６年のことだ。デイヴィッド・ベッカムの個人的な魅力は別として、ここ数十年のイングランドのサッカーは、かなり控えめな成績がつきものだった。だからユーロ２０２０でのイングランドの見事なパフォーマンスを見た国民が歓喜した瞬間にさえ、レイシズムや外国人嫌悪がいかに影を落としているかを知るのは、わたしにとってなおさら驚きだった。

愛国的ムーヴメントを自称する者が、決勝戦でイングランドが破れたことに乗じて、民族的マイノリティに対するヘイトを拡散していた。期待に添えなかったすべてのパフォーマンスを非白人選手のせいにする、憎悪に満ちたソーシャルメディアのコンテンツを拡散する者もいれば、彼らをサルなどの動物に描いたミームをつくり、陰謀論に結びつける者もいた。「アフリカが決勝トーナメントにいた」とテレグラムのレイシストのグループ「ホワイト・ウェルビーング（白人の幸福）」がコメントした。ヨーロッパのアイデンティタリアンのグループ「ディフェンド・ヨーロッパ（ヨーロッパを守れ）」の投稿にはこうある。「イングランドの最大の弱点は多様性だ」。決勝トーナメントがまだ始まらないうちから、白人ナショナリストは人種差別的な、人を人としないミームを拡散するのに忙しかった。

　サッカーのレイシズムは世間の言説に有害な影響を与えるだけではない。選手のパフォーマンスにも悪い影響を与える。エコノミスト誌の分析によれば、スタジアムがコロナのロックダウンで空っぽだったときのほうが、非白人の選手が良いプレーをしたことがわかった。専門家は、試合中に人種差別的な暴言がなかったことがこの結果に関係していると判断した。[204]

　ジェームズはさらに続ける。「イギリス王室がレイシストだっていうあのひどい嘘っぱちは何なんでしょうね？」休む間《ま》もなく話は続く。「つまらないことで言い合って。この国にはもっと深刻な問題がありませんかね？　ちょっとばかりジョークを言うのも許されないなら、言論の自由はいったいどこにいったんですかね？」。彼に言わせれば、「主流のメディアがブラック・ライブズ・マターを賛美する」のが気にくわない。それもあって自分はオルタナティブの情報源に頼っているのだという。

ジェームズはトラファルガー広場で車をとめた。ここにもまた、ブラック・ライブズ・マターのロゴが見える。この抗議デモにこれからわたしも加わるのだと知ったらどう思うかな。彼が見つめるプラカードにはこう書かれている。「法案を廃案《キル・ザ・ビル》にしろ。警察権力の拡大に反対」。遠くで「ブラック・ライブズ・マター」と拡声器で叫ぶ声がする。

ジェームズはまったく呆れたといったふうに首を振る。「誰の命も大切《オール・ライブズ・マター》だって思いませんか？」

わたしは返事をしなかった。代金を払おうとしたときに見せた彼のひきつった笑みは、たぶんわたしの沈黙を意見の不一致と解釈したしるしだろう。わたしたちの政治的意見の違いは深いけれど、それでも彼には公正なチップをわたそうと思った。しょっちゅうクラクションを鳴らしたことはさておいて、ジェームズは優秀なドライバーだったし、とにかく目的地まで迅速かつ安全にわたしを運んでくれたのだから。

＊＊＊

ジェームズは民主主義に反対する危険な過激主義者ではなかった。優しい父親で法を遵守する市民のように見えた。とはいえ彼が口にした言葉は警鐘を鳴らすものだ。オール・ライブズ・マター（ＡＬＭ）と呼ばれるムーヴメントは、ホワイト・ライブズ・マターを主流化したかたちのもので、政治家がこのＡＬＭを支持することで、白人のアイデンティティの葛藤に公共のプラットフォームを与えている。ドナルド・トランプはこのスローガンを２０１６年に集会のひとつで使い、ＢＬＭを「レイシスト」だと非難した。その後もＢＬＭの活動家を「悪党《サグズ》ども」と呼び、「略奪が始まれば銃撃が始まる」とツイートしたが、これは１９６０年代の市民権運動の最中に、南部のある警官が発した言葉を引いたものだ。[205]

多くの人にとってＡＬＭは、文脈を無視して解釈するならば、無害でポジティブともいえる表現に聞こえるかもしれない。これがなぜ有害であるかを、ＢＬＭの活動家ドクター・Ｊに説明してもらった。

「オール・ライブズ・マターは私たちの言うことに耳を傾けようとしないのです」と彼女が答える。

「私たちが訴えているのは、人の命の基本的な価値にあまりに長いこと差があった事実です」。ＢＬＭがめざすのも、すべての人の命が大切に扱われることなのは間違いない、と彼女が続ける。たとえば白人が過去100年のあいだ「すべての命が大切だ」と言ってきたなら話は違うだろう。だがBLMに反応して「すべての命は大切」と言うなら信頼できない。「すべての命は大切という本来のメッセージとは逆に、彼らは実際にこう言っているのです。世界じゅうで皆が黒人の置かれた立場をどう思おうと、自分たちにとってはどうでもいいことだと。彼らは自分たちの命の価値を改めて主張するだけで、私たちの話を聞くつもりなどありません。彼らにとっては気に障ることですから」

ジャミーラ・リスコット、通称ドクター・Jは、朗読の達人でハリー・ポッターの大ファン、そしてレイシズムを専門とする教育者だ。マサチューセッツ大学アマースト校で社会正義教育の助教授を務め、BLM運動の主たる代弁者だ。「ときどき授業で知的な話の流れを止めてこう質問するんです。よぉ！　なんだって教科書にはあたしたちのことが書いてないのよ?って」。彼女はよく視聴・拡散されるTEDの演説でラップを歌い、動画は500万回以上視聴された。

白人至上主義者によるホームスクーリングの教材まではいかなくても、生徒が日頃から教わることにも問題点はある。標準的な教育制度や教育理論は、わたしたちの大半が思うより植民地主義に同調しているとドクター・Jがわたしに言う。自著『ブラック・アペタイト、ホワイト・フード』で彼女はこう書いている。「私たちは日頃からホワイトネスを無理やり食べさせられている。私たちの違いがこの世界を大きく変える力があるというのに」[206]。今日、彼女は教室を、誰もが自分の先入観や偏見について考える場にしようと努力する。「自分たちだけが安心できる場からみんなを連れ出す必要があるんです」

ドクター・Jはニューヨークのブルックリンで誇り高きカリブ人の一家に生まれた。そして白人が日頃から特権を享受していることに次第に気づくようになる。「私が育った家のエネルギー源——音楽や部屋の装飾や料理——はいかにも黒人やアフリカ系のものだったから、学校の授業で感じた認知的不協和はよけいに大きかったんです」と彼女が語る。自分の文化が大好きで、それを授業でも扱ってほしかったのに、まるでお呼びでないと感じたのだ。「自分がなくなってしまったみたいで、ちゃんと語られていない気がしたんです。それでわかってきました。そもそも必要なのは、自分が誰かということを周囲の世界と切り離して考えてみることだ、と」。学校では本当の自分でいられないと感じ、時間を見つけてはポエトリー・スラム〔詩の朗読の競技会〕や朗読コンクールに参加するようになった。そこで彼女が目にしたのは、自分の言葉の力で数千人の参加者を破り、ブロードウェイにも躍り出る勝者が、高校で英語の授業を落第していることだった。そのためにまたも認知的不協和を感じ、どうしてそんなことが起きるのかと自問した。

カリフォルニア大学バークレー校の最近の研究によれば、2019年の時点でアメリカは

1990年代よりも人種的に分離されているとわかった。[207] 2014年にアメリカの白人の75パーセントは非白人の友人をひとりも持っておらず、アメリカの黒人の65パーセントも白人の友人をひとりも持っていなかった。[208] ドクター・Jが言うに、「黒か白かの二元論」はいまだ政治やポップカルチャー、教育に深く根をおろし、しばしば後者が前者よりも肯定的に描かれ、ホワイトネスの「純粋性」と、ブラックネスの「堕落性」が対比される。

多くの人はレイシストになるつもりでなったわけではない。レイシズムという発想は、どのくらい影響を与えるかよりも、意図があるかを重視している、とドクター・Jは指摘する。だが知らずに誰かの足を踏んでしまったとしても、痛みを与えたことに変わりはない。実際、イギリスの有色人の84パーセントが、この国はいまもすこぶる、あるいはいくらか人種差別的であり、ここ30年で民族的マイノリティの状況はほとんど改善されていないと考える。[209] 数字を見ればよくわかる。イギリスの黒人の乳幼児死亡率は白人の乳幼児の倍である。[210] 黒人の母親は白人の母親よりも出産時に死亡する確率が5倍も高い。[211] 黒人は失業する確率が2倍で、[212] 警官による職務質問を受ける確率は10倍、逮捕される確率は4倍だ。[213] 黒人は全人口の3パーセントだが、拘留中に死亡した人数の8パーセントを占めている。[214]

統計的にいえば、多くの国で黒人の命は白人の命ほど大切にされていない。だからこそ「すべての命は大切」といった言葉は、多くの黒人にとって侮辱のように聞こえるのだ。その言葉は、黒人や他の民族的マイノリティに対する組織的な不正を認めようとはしない。もっと公正な社会を求める彼らの思いを真剣にとらえていない。その言葉の使われ方は、反黒人のレイシズムや差別、暴力の規模を否定ないし過小評価する。そしてホワイト・ライブズ・マターはさらに一歩進んで、被害に遭っているのは白人なのだと主張する。

＊＊＊

ジョージ・フロイドが亡くなった翌年の記念日、わたしは象牙海岸《コートジボワール》〔旧仏植民地〕にルーツを持つ24歳のオーストリア人、マリエルに会った。自らのアイデンティティを探求すべく、彼女はウィーン大学でアフリカ史を研究し、その後、ウィーンで地元のＢＬＭ運動に加わることにした。

２０２０年の春にＢＬＭの抗議が世界を席巻する以前、マリエルはとくに政治的な活動はしていなかった。「オーストリアで育って、自分のアイデンティティについてあまり深く考えたことはありませんでした。白人だけの環境で育ったので」。ところがＢＬＭで考えが変わった。「これまで感じていなかったことを突然感じたんです」ウィーン訛りで彼女が語る。それから深呼吸をひとつする。「自分が周囲と違うことを受け入れるのも、違っていることを前向きに考えるのも簡単じゃありませんでした」。10代の頃は周囲に溶け込みたいと思っていた。髪をストレートにしようとし、友人とできるだけ似て見えるような服を着た。「思えば、仲間外れになるのが怖くなったのはずいぶんと前からです。子どもの頃、父とフランス語で話すのが嫌でした。皆と違って見られたくなかったから」。彼女はいま、髪を堂々とアフロにしている。それは彼女にとってヘアスタイル以上のことを意味する。それは政治声明なのだ。

圧倒的な白人社会のなかで黒人でいるのはどういうことかが次第にわかってくると、彼女は政治に無関心でいるのをやめて、活動家になった。「回り道をして自分のアイデンティティを理解するようになりました。だから私の考えは急進的なものになったのかもしれません。制度や組織、個人のレイシズムが人びとをどんな目に遭わせるかに気がついたから」

マリエルはまず先祖の苦悩を知ることから活動を始めた。アメリカで起きた黒人に対する警察の犯罪や偏った司法制度の研究に乗りだした。だがすぐにわかったのは、黒人や他のマイノリティに警察が働く暴力の問題は、アメリカだけのものではないということだった。

1999年から2000年にかけて、オーストリアでは警察が第二次世界大戦以降、最大の作戦を実行した。オペレーション・スプリングは黒人コミュニティに対する組織的な取り締まりだった。アフリカ系の127人が麻薬取引や不法滞在をはじめとする犯罪で――彼らの多くはなんの証拠もないままに——勾留された。逮捕されたおよそ3人にひとりがその後まもなく釈放された[215]。この作戦で標的にされた人の大半はウィーンの黒人活動家コミュニティに属していて、ナイジェリア系移民のマーカス・オモフマが3人の警官に殺されるという事件以降、警官による犯罪に抗議していた。

マリエルは政治に無関心な友人たちに読んでもらおうと、ソーシャルメディアに自身のレイシズムの経験を投稿しはじめた。「政治に無関係でいられない人間もいるのだと伝えたかったんです。来る日も来る日も私たちは政治がもたらす結果を身をもって経験しているのですから」

反応は驚くものだった。

友人のなかには、自分が使っていた人種差別的な言葉や過去に口にしたジョークを彼女に詫びる者もいた。とはいえ新たに活動を始めたことで、多くのヘイトを浴びることにもなった。彼女は侮辱され、逆人種差別だと非難され、何人かの友人を失った。

実際、幼い頃からレイシズムを経験してきたことで、マリエルは自分のアイデンティティを意識はしてきた。「ふと気がつくと、電車やバスで自分の隣に誰も座ろうとしないことがあるんです。それに見知らぬ人によく髪の毛を触られたりも。一瞬ぎょっとして文句さえ言えないこともよくあります」

田舎はとくにひどいという。オーストリア南部の州ケルンテンにいる祖母の家で休暇を過ごすときは、ひとりで買い物や散歩に出かける気にならない。どうせ人からじろじろ見られて、ときにこんなささやきが耳に入ってくるからだ。「あの黒人たち、ここでいったい何してるのかね？」と。

黒人女性は決まって黒人男性よりも疎外を経験する。「アフリカの文化、つまり離散民《ディアスポラ》のコミュニティでは家父長制が日常だからです」とマリエルが説明する。たとえばブラックパンサー運動はかなり性差別的だったし、ミソジニストのものだった。[216] 黒人のコミュニストで急進的なフェミニストのクラウディア・ジョーンズは、この現象を「超搾取」と呼んだ。黒人女性は、肌の色、ジェンダー、そして階級による3つの差別を経験するのだ。[217]

オーストリアはおそらくヨーロッパでも人種差別がひどい国だとマリエルは考える。とはいえ差別の問題に国境はない。

＊＊＊

アメリカで人種的正義を求める運動は、銃による暴力への反対運動とも深く結びついている。アラヤ・イーストモンドは若くして黒人コミュニティにおけるその影響を理解することになった。

このＢＬＭの活動家は、もとはニューヨークのブルックリン出身だった。８歳のとき、アラヤは母親とフロリダ州のパークランドに引っ越し、裕福で、圧倒的多数が白人のマージョリー・ストーンマン・ダグラス高校に入学、ごく少ない黒人生徒のひとりになった。一学年のときは内気な生徒で、空いた時間はたいていバイオリンを弾いて過ごしていた。「引っ込み思案で、自分から発言するのは、何か訊かれたときだけでした」とアラヤがわたしに語る。「それもめったにないことでした」と続ける。「多くの教師が黒人の生徒をあまり指名しなかったので」。教師からたまに人種差別的なことを言われても、ただ黙っていた。

ところが２０１８年の2月14日にすべてが変わった。アラヤが16歳のとき、銃を持った男が彼女の高校に侵入し発砲したのだ。この銃乱射事件で17人が殺害された。アラヤは、すでに息絶えていたクラスメートの背後に隠れて生き延びた。

アラヤは母親から、あなたが話すことで数百万の人の人生を変えることができるのよ、と言われた。そしてこのショッキングな経験を積極的な活動に転じようと決意し、以来、銃による暴力を止めることと人種の平等を訴え、アメリカではとりわけ重要な発言者になった。銃撃事件からまもない２０１８年、アラヤは米国銃暴力抗議デモの陣頭に立った。ジョージ・フロイドが殺害されると、今度は「ＤＣの憂慮する市民」を共同で創立し、警察の暴力に反対するBLMの抗議デモのいくつかを指揮した。彼女は連邦議会に複数回呼ばれて証言している。

現在、アラヤはトリニティ・ワシントン大学で刑事司法を学んでいる。「銃乱射事件は銃による暴力全体のたった2パーセントにすぎません」と彼女は言う。「ですが銃による暴力は、黒人コミュニティに不釣り合いに影響を及ぼすという点で、はるかに大きな問題なのです」。これについてもアラヤは自ら経験している。彼女がまだ2歳のとき、18歳のおじがブルックリンで射殺されたのだ。

アメリカの黒人、とくに若い黒人男性は銃器による殺人の被害を不釣り合いに受けている。黒人はこの国の人口の12パーセントにすぎないが、[218] 銃による暴力で命を落とすアメリカ人の58・5パーセントを占める。銃器による殺人は15歳から34歳までの黒人の男性および少年の主たる死因で、彼らは同年齢集団の白人の男性や少年よりも銃による暴力で死亡する確率が10倍も高い。アメリカで銃器により殺害された子どもの大半は、民族的マイノリティのコミュニティに属している。[219]

「立法者が耳を貸そうとせず、〔武器保有権を認める〕憲法修正第2条に賛成の運動家が目も耳も塞いでいることが歯がゆくてしかたありません」。銃による暴力のサバイバーや、息子を発砲事件で失くした母親たちとのつながりが、アラヤの背中を押している。けれど彼女の払う犠牲や被るリスクは深刻だ。「去年ＤＣで抗議活動を指揮したら、家族全員がツイッターでドキシングされたんです」と彼女が言う。多くの反レイシズムの活動家と同じく、彼女もホワイト・ライブズ・マターによるヘイトの標的になっている。「白人至上主義者全員にオンラインで私の住所がリークされました。ある日、フロリダにいる母を訪ねたとき、よく考えずに家に戻ったとインスタグラムに投稿したんです。そしたらその晩、誰かが家に侵入しようとしました」。結局、母親は引っ越すしかなくなった。

人種の問題で二極化が進んだ結果、オンラインでのヘイトクライムと現実世界のテロリズムの両方で、マイノリティに対する暴力やハラスメントの波が新たに起きている。２０２１年から２０２２年にかけてイギリスでは人種を動機とするヘイトクライムが10万件以上報告され、これは前年と比べて19パーセントの増加だった。[220]

＊　＊　＊

「市長を殺してやりたいよ」９０００人近いフォロワーのいる白人至上主義者のグループ「ワールドエリート」のジェイクが書き込む。彼が言うのはロンドン市長サディク・カーンのことだ。カーンは肌の色と宗教が理由で、イギリスでは白人至上主義者の第一の標的になっている。「俺はすでに殺人で服役してる。だから俺にとっちゃたいしたことないぜ！」

BLMに対するオンラインでのバックラッシュは、現実世界で暴力を引き起こす。ホワイト・ライブズ・マターは、人種戦争を長いこと待ち望む、勢力を拡大する極右過激主義組織に共感を呼んでいる。彼らはメッセージアプリのテレグラムで、BLMの活動家に対する暴力的な報復を堂々と計画する。[221] 2020年6月、クー・クラックス・クランのリーダーを名乗るハリー・ロジャーズが、ヴァージニア州でBLMの抗議デモの集団に車で突っ込んだ。[222] これは、デモに暴力的に反対する者たちが始めた、自動車を使った一連の攻撃のひとつにすぎない。[223]

「大いなる交代」の陰謀論はここ数年、人命を奪う複数のテロ攻撃を引き起こしている。クライストチャーチ（ニュージーランド）のモスクでの銃乱射事件や、ハレ（ドイツ）とパウウェイ（アメリカ）でのシナゴーグの襲撃事件から、エルパソ（アメリカ）とバッファロー（アメリカ）のスーパーマーケットでのラテン系および黒人を狙った襲撃事件まで、数多くの犯人が自分を感化した思想としてこの陰謀論をあげている。

このイデオロギーが危険な点は、ひとつにその終末論的な展望にある。ここでちょっとパトリオティック・オルタナティブのマーク・コレットに話を戻してみよう。マークとの会話を反芻《はんすう》すると、考えられる未来はふたつしかないと信じているかのようだった。ひとつはイギリスやヨーロッパの先住の民が自分たちやその子どもたちを守り、伝統的な価値を受け入れ、道徳律に立ち戻るというもの。もうひとつは「あとからやってきた連中に嫌われる、落ちぶれたマイノリティに自分たちがなってしまう」というもの。マークの結論はこうだ。「残された白人たちは、その存在ゆえに不当に扱われるのだ」。そこに第三の道はない。

また今日の反黒人のレイシズムは、反ユダヤの陰謀論と密接につながっていることも少なくない。

「僕たちに取って代わろうとする連中は、グローバルなエリートたちだ」マークはさりげない口調で続ける。まるで朝食に何を食べたか話しているみたいに。

「グローバルなエリートって誰のこと?」と訊いてみる。本当に知らないといったふうに。

「連中は富をあらかた所有し、メディアを牛耳り、権力のある立場にいる。自分たちの権力を何より脅かす者はヨーロッパ系の人間だとわかってるんだ。だから僕らが団結しないよう排除しなくちゃならない。僕らの革命家精神を恐れてるのさ」。彼の信じるところによれば、人口統計的変化をもたらす者たちは、揺るぎない立場、永遠に権力を握れる立場を固守したがっている。「何もかも国境を越えて連携してるんだ」と彼は結論する。

＊＊＊

2021年のある穏やかな秋の日曜の夜、わたしは過激主義者の円卓会議「アワ・サブヴァーティッド・ヒストリー（我らの覆された歴史）」に参加してみた。できれば日曜のバーベキューパーティのほうが良かったけれど、この超ナショナリストの国際会合は急を要する気がしたのだ。わたしはテレグラムの非公開グループ「グレート・ブリティッシュ・ディベート」を介して世界じゅうからログインする60人の参加者のひとりになった。これは白人至上主義者のチャンネルで、「最新のニュース、コロナのパンデミック、歴史、動物の権利、そして環境と信仰」がテーマだと謳っている。

この円卓会議はホワイト・ライブズ・マターの各国のメンバーを一堂に集めることが目的で、イギリス、アメリカ、南アフリカからの講演者も参加する。イギリスの白人ナショナリストが、アメリカを拠点とする「自然療法医」の公認栄養士や南アフリカの作家と会話するのを聞くなんて初めてだ。

会議はソーシャルメディアの非公開チャットで宣伝され、このイベントのじらし広告《ティザー》はこう約束する。講演者が「自国の歴史的ナラティブにまつわる決定的な誤解、さらに世界が知っておくべき『真の歴史』」を教えます、と。従来のメディアは「ユダヤ人たち」のプロパガンダマシンだと非難される。問題は、どうすれば白人のアイデンティティのナラティブをもっと広い聴衆に届けることができるのか、だ。

「ヨーロッパで目下起きているのは、おそらく歴史上いかなる民にも行われたことのない最大の社会的実験だ」会議の冒頭でパトリオティック・オルタナティブの地域リーダーを務めるチャーリーが、きついアイルランド訛りで宣言する。「俺たちは自分たちの集団主義や自民族中心主義、内集団選好を奪われてしまった。誰でもイギリス人やドイツ人、フランス人になれると吹き込まれてしまったから」

白人ナショナリストは「連中」や「エリートたち」がグローバリズムを推進していると語る。チャーリーはメディアだけでなく民主主義のシステムを信じることもやめたときっぱり言う。「連中は離脱を支持する投票もさせてくれない」。だからかわりに「イギリス人、スコットランド人、アイルランド人、ウェールズ人としてともに立ち上がり集団化する必要がある。同じことがドイツ人やフランス人、スペイン人にも言える」。白人が自分たちの利益を推し進め、互いに協力しあうことを彼は勧める。「そうして初めて俺たちは敵に奪われたものを取り返せるだろう」。続けてこう言う。「そうしなければ、残念ながら俺たちも南アフリカが目下たどっている道を進むことになる。自分たちの祖先が生涯暮らした国で、忌み嫌われるマイノリティになってしまうのだ[224]」

アメリカの「自然療法医」で公認栄養士のドレスデン・バーンズが言葉を継ぐ。「エリートたちはヨーロッパ人の犯罪を騒ぎ立て、非ヨーロッパ人の犯罪には触れようとしない。それは我らに罪悪感を抱かせ、非白人に被害妄想を植えつけるためだ。こうしてマルクス主義の弾圧者や、抑圧されたナラティブが生まれるのだ[225]」。「文化的マルクス主義」は、マルクス主義理論が文化に適用されることを説明するものとして、多くの極右過激主義者のあいだで流行語になっている。これは政治的左派――ユダヤ人に支配されるとされる――が西側文化を蝕《むしば》むべく学問的・知的企てを図っているとの反ユダヤ陰謀論と直接結びつくものだ。

「ネイム・ザ・ジュー・オア・ダイ（ユダヤ人を名指ししろ）」とのフレーズを掲げる参加者「ハンサム・トゥルース」が声をあげる。「僕はアメリカにいるが、ここの法律はちょっと違う」そう言って自己紹介する。何か不快なことを言いそうだなと察しがつく。「１９０カ国から１０３０回以上も追放された一集団を国内に抱えていると……」彼が深く息を吐く。「何が問題かがわかるよ。国から国へと僕らについてまわり、僕らを利用し僕らにつけ込む寄生虫が問題ってことさ」。先を続ける。「連中は僕らのメディアをすべて牛耳り、小児性愛や同性愛を僕らの子どもたちに教え込むんだ」

こうした反ユダヤのデマには何世紀もの歴史がある。ユダヤ人は世界人口のざっと０・２パーセントだ。それでも「ユダヤ人」がメディアや金融界、政治制度を支配し、さらには地下で闇の人身売買組織まで取り仕切っているとの説が長いこと出回っている。14世紀のペストから1929年の大恐慌、9・11、2008年の金融危機まで――人類史上数多くの重大危機がユダヤ人のせいにされてきた。[226]

20世紀初頭に出版された『シオンの長老の議定書』は、ユダヤ人が世界支配を企んでいるとの捏造された説を唱え、ヒトラーやナチ党の主たる発想源になるとともに、いまだに影響力を持っている。[227] とはいえ今日の反ユダヤの主張は、ミームや改竄された情報画像《インフォグラフィック》というかたちをとることが多い。一例は、CNNやニューヨーク・タイムズ紙、BBCのチームの組織図を描いたものだ。[228] ジャーナリスト全員に、ユダヤ人の印としてダビデの星を添えている。バッファローの襲撃犯の犯行声明には、まさにそんな画像が含まれていた。「連中はあらゆるメディアを通じて嘘を広めている」とこのテロリストは書いていた。

ハンサム・トゥルースは、これまでかなり長いこと「こうしたユダヤ人を晒し上げ」てきた活動家兼ジャーナリストを自称する。ユダヤ人に嫌がらせをするためにユダヤ人の集まる施設に出かけ、彼らを小児性愛者と呼び、アメリカから出ていけと命じたこともあると認めている。「レンタカーを借りることも、エアビーアンドビー〔自宅などを宿泊施設として提供するサービス〕に泊まることもできなくなったよ。銀行口座も解約された。仕事用の口座もだよ。ペイパルも使えない。アンティファの連中が家まで来るんだ。あれはユダヤ人の民兵《ミリシア》だ」。話は続く。「つまるところ僕たちは勇気を出して連中に決闘を挑むべきだし、雑魚にはあまりかかわらないほうがいい。連中はユダヤ人の手先だ。それはフェミニストや同性愛者、国境に押し寄せてくるメキシコ人かもしれない。だとしても、ユダヤ人を僕たちの国から追い出すことだけに集中すべきだ[229]」

討論されたほかのテーマは、暴力を行使する最善のタイミングについてだ。この戦いでは、あまり早くから法を破ったり暴力に訴えたりしないほうがいいとチャーリーが警告する。「俺たちと同じことを考えて、俺たちに仕掛けられたゲームをわかっている仲間がそれは大勢いるからね。仲間の誰ひとり不必要に危険に晒すわけにはいかない。君たちには牢屋の外にいてほしいいし、健康でいてほしいいし、地元や全国で同好の士とネットワークを築いてほしいんだ。いいいいい、いまのところ、それだけは君たちにお願いしたい」

この討論で初めて女性の声を聞いたのは、アポテーケと呼ばれる女性が発言したときだ。「私たちは第二次世界大戦よりもっと邪悪で、もっと危険で、もっと秘密裏の戦争をしている。第二次世界大戦で私たちは倒す敵を間違ったのだろうか？」と彼女が問う。アポテーケは熱のこもった声で「戦争を仕掛けた者も奴隷の所有者も結局は変わらなかった」と断言する。「私たちは学歴だけはやけに高いのに仕事に就けない世代なんだ。学校教育こそ奴隷制に繋がる格好の道だよ」と彼女が言う。チャーリーも同意見だ。「奴隷制はいまも生きてるし有効なんだ。俺たちこそ奴隷だよ。目下の政策をちょっと見ればわかることだ。俺たちの金は再利用され、俺たちの労働はエリートのために使われ、エリートたちが何千人もの移民を受け入れている」[230]。わたしは耳を疑った。全員白人の集団が自分たちは奴隷制の犠牲者だなんてまったくよく言えたものだ。

＊＊＊

この憎悪に満ちた背筋の凍る会話のあとで、何か明るい話が聞きたくなった。白人至上主義のムーヴメントにも、もっと穏健で融和的な面はないのだろうか。「あなたたちが思い描く未来はかなり憂鬱なものだね」とマーク・コレットに言ってみる。「リベラルと右派との亀裂は修復できないものなの？」。この白人ナショナリストはいつだって躊躇しない。「無理《ノー》」。彼の予想では、このふたつのグループはその相容れない違いのせいで、さらに二極化するだけだ。「妥協点なんて見つからないだろうな」

レイシズムに反対する多くの活動家もまた、妥協点があるとは思っていない。ドナルド・トランプが大統領選に勝利した２０１６年以降、実に多くのことが起き、国境を越えてオルトライトを勢いづかせた。英領ヴァージニア植民地の港ポイント・コンフォートに最初の奴隷が到着した１６１９年以降、この国で起きたことはあまりにも少ない。ドクター・Ｊもマリエルも二極化に反対しているとまでは言っていない。「黒人の命は大切だとただ訴えること――要は黒人が大胆な行動をとること――がこの国を揺るがしているのです」とドクター・Jがわたしに言う。「怒りの程度は常軌を逸しています。だから私が自分のことが大切だと言って、それが二極化につながるのならそれもやむをえません」。彼女は続ける。『なんてことしてくれるんだ、この国を二極化させるなんて』などと言われるのはおかしなことです」。彼女はこれを虐待関係になぞらえる。虐待の被害者が声をあげても、家庭内がぎくしゃくしているからだと言い訳して、加害者が自分の犯罪から目をそらそうとするようなものだ。

ＢＬＭ運動は、人種的アイデンティティや権力や特権といったトピックを今日の政治論争の最前線に押しだした。それは長らく社会的・制度的差別を受けてきた世界中のコミュニティに希望を与えている。ジョージ・フロイドが警官の膝に押さえつけられて窒息死するのを見たほとんどの人が、この運動の大義に緊急性があることに気づき、多くの人がこの運動を、欧米で暮らす数千万の人をいまも脅かす構造的レイシズムと闘う好機と考えている。

とはいえ人種にもとづく動員により、リベラルと反リベラルの亀裂を広げる危険も頭をもたげる。近年、予想される人口統計的変化が原因で、相対的に権力と特権を握っていた自らの立場が危うくなると、多くの白人が恐れている。すでに自らをグローバリゼーションの負け組だと感じる人たちは、過激なプロパガンダへの抵抗力がとくに弱くなっている。白人至上主義者のムーヴメントがつくったオルタナティブ・メディアの生態系がこれにつけこみ、白人のアイデンティティの未来に対する懸念を周到に煽っている。

オルタナティブのコミュニケーション構造は、新右翼《ニューライト》の「メタ政治」戦略の一環だ。ブライトバートの方針にならって、彼らは最初に文化や社会に影響を与えて政治を変えたいと考える。オルタナティブ・メディアの生態系を築くことで、過激主義者は閉鎖されたオンライン空間でメンバーのために新たな現実をつくることができる。社会に浸透した考えを脱構築し、最低必要人数《クリティカル・マス》の世界観を再形成できたとき、彼らはその究極の野望を果たすことができるだろう。その野望とは、政治体制の転換だ。

第5章　バックラッシュの誘発——トランスフォビアの究明

世論がとくに操作されやすくなるのは、市民社会の大半が文化や社会の変化の速さに追いつけなくなるときだ。そして広く影響を及ぼす社会的バックラッシュが、過激主義の主流化を次の段階へと進めることになる。このことはフェミニズム、気候アクティビズム、ブラック・ライブズ・マターに対するバックラッシュにおいてリアルタイムで観察できる。とはいえその最たる例は、ＬＧＢＴＱのコミュニティを標的にした苛烈なバックラッシュだ。

10人のうち約ひとりはホモセクシュアルもしくはバイセクシュアルではないかと推定されるが、そう認める人の割合は調査ではそれより低くなる傾向がある。[231] アメリカの成人のざっと0・6パーセントが自分をトランスであると認めていることが、カリフォルニア大学ロサンゼルス校ウィリアムズ研究所の調査でわかっている。[232] しかし、これは控えめに見積もった割合で、まだカムアウトしていない人を考慮に入れていない。世界でもこの人口比だと仮定すれば、全世界でトランスジェンダーの人は4700万人以上いると推定され、これはスペインの人口とほぼ同じだ。また世界で少なくとも5億人がゲイ、レズビアンもしくはバイセクシュアルだと推定される。[233]

ほんの数年前と比べても、今日クィアのコミュニティははるかに可視化されている。独立プレス基準機構（IPSO）の報告によれば、2014年から2019年にかけて、トランスに関する記事が400パーセント増えた。[234] トランスの女優ラヴァーン・コックスがプライムタイム・エミー賞の演技部門にノミネートされたことや、オリンピックの金メダリスト、ケイトリン・ジェンナーがトランスジェンダーを公表したことは世界的なニュースになった。テレビのシリーズドラマや映画の制作で、主役にホモセクシュアルの俳優やジェンダー多様性のある俳優が抜擢されることも増え、もっぱらシスジェンダーが占める業界でもトランスのジャーナリストは発言権を増している。

だがLGBTQのコミュニティが今日広く可視化され認識されているとはいえ、それが社会のジェンダー規範に合わない人びとの生活の改善に直接結びつかないことも少なくない。むしろ、それがクィアコミュニティへの深刻なバックラッシュを引き起こす例はいくらでもあり、ときにそれは従来の偏見に、新たに過激主義者による表現が組み合わさったかたちをとる。2022年、フロリダ州で新たに可決された通称「ドント・セイ・ゲイ（ゲイと言うな）」法は、アメリカ国内で大きな議論を呼んだ。最初にアメリカの保守活動家クリストファー・ルフォが、新作アニメシリーズ『全力！プラウドファミリー』を公開したディズニーを罰する大々的なキャンペーンを開始した。このシリーズにはホモセクシュアルの父親のカップルが登場し、ＬＧＢＴＱの俳優が声を担当し、クィアのキャラクターであるマイケル・コリンズがたびたび登場する。この番組が子どもたちに急進的な性的プロパガンダを吹き込み、「ゲイのアジェンダ」を促すとルフォが主張すると、反ＬＧＢＴＱのキャンペーンが一気に沸き起こった。それは反ＬＧＢＴＱの古くからある常套句が、新しく現れたＱアノンの発想と結びついたものだった。[235]

ホモフォビアは依然として深刻な問題だが、今日、最も二極化している文化戦争の場は、ホモセクシュアリティよりもジェンダー表現のほうへやや移行してきている。リベラルな西側諸国の多くで、トランスフォビアの現状は信じがたいものになっている。２０２１年は、アメリカにおけるトランスジェンダーとノンバイナリー[*20]の人たちにとって記録にあるかぎり最も悲惨な年だった。[236]２０１５年以降、イギリスでトランスフォビアの犯罪は４倍に増えている。[237]イギリスではトランスの４人にひとりが、トラスフォビアによる暴行を過去〔12ヵ月〕

＊20　性自認が男女という単純な二元論的枠組みに収まらない人。

に受けたことがある。[238]

新たな政策による影響について懸念した人が皆等しく過激主義者というわけではない、ということは明確にしておく。移民にまつわる議論のように、国境管理についての妥当な懸念と、マイノリティ集団に対する憎悪に満ちた偏見とをきっぱり線引きするのはときに難しい場合がある。けれど、この対話においてマイノリティ集団を故意に悪魔化し、非人道的に扱うナラティブが用いられる場合、まっとうな議論はできなくなり、憎悪に満ちた「他者化《アザリング》」が始まる。女性を「フェモイド」や「トイレ」「ビッチ」などと形容することと、黒人を「サル」や「強姦魔」あるいはNワードで呼ぶこと、さらにクィアや多様なジェンダーの人びとを「グルーマー」や「ファゴット」「トラニー」[*21]と揶揄することにほぼ違いはない。嫌悪や軽蔑を言葉にし、陰謀論を広め、ある集団の存在を非難することは、すべてヘイトの表現だ。

現在、トランスの人びとはとくに極右過激主義者の標的になっていて[239]、そのフォーラムには、トランスフォビアの言葉やイメージが溢れている。「極左やキャンセルカルチャーや『トランス』活動家にまたしても迎合している」とサッカーのフーリガンコミュニティとつながりのある英極右グループ「パイ・アンド・マッシュ・スクワッド」のジムが書き込む。そしてジェンダー関連の言葉遣いについて大学構内で目下行われている論争を報じたデイリー・メール紙の記事をシェアする。[240] ジムはトランスの人びとが大学で注目されることに憤慨し、トランスたちを「堕落した、変人の、目立ちたがりの、精神病の、ゲイの男であり、ときどき女にもなる者たち、そんな取るに足らないちっぽけなマイノリティ連中」と呼んだ。極右政党ブリテン・ファーストはテレグラムにこう書いた。「全能のトランスムーヴメントには楯突くな。連中はとんでもなく力があって、社会に対して不釣り合いな影響を振るってるんだ！」

オンラインでのトランスフォビアのヘイトは、4ちゃんやレディットなどの暗がりにとどまっているわけではない。デイリー・メール紙のコメント欄や、ユーチューブの人気チャンネル、イギリスの子育て支援サイト「マムズネット」のディスカッションフォーラムでも目にとまる。情報やアドバイス、支援を求めてマムズネットに来る大勢の親たちは、気がつくとトランスフォビアの温床に入っている。ある日、マムズネットのユーザーのマイクは、このプラットフォームでトランスフォビアが目についてきたことに懸念の声をあげた。彼はこう書き込んだ。「ここに長らく投稿している僕の良き友人が、一日の大半を泣きながら過ご

＊21　グルーマーは、グルーミング（親しくなって子どもに性的虐待を行おうとすること）から派生した言葉で、LGBTQコミュニティとアライに対して侮辱的に使われる。ファゴットはゲイに対する、トラニーはトランス女性に対する差別用語。

している。自分を受け入れてくれると思っていたコミュニティにトランスフォビアの波が押し寄せ、とうとう心が折れてしまったのだ」。数時間のうちに、マイクは敵意に満ちたリプライを次々に受けとった。たとえば「マイクはオール・インクルーシブの、自らも認めるレディペニスだ」とか「女性はペニスを持たない。歴代のフェミニストたちはあんたに唾を吐くでしょう。あんたはミソジニーの卑劣な胸くそ悪い男だ」。シスマイアス（CisMyArse）と称するユーザーの投稿はこうだ。「『ペニスがついてたら女は受け入れてくれない』ってお友だちが涙しているのなら、こう言ってやりなさい。男らしくしろ、犠牲者きどりはやめろって」[241]

トランスフォビアはオンラインのコメント投稿者だけに限ったものではないし、政治的立場を跨《また》いで見受けられる。著名な政治家も反トランスの考えにお墨付きを与えている。英労働党の下院議員ロージー・ダフィールド[242]は、トランス女性を「男性の体をもつ生物学的男性」と呼び、トランスの人びとを「異性のコスプレをした、ヘテロセクシュアルの人間が大半」と揶揄したツイートに「いいね」をつけた。ジェンダーアイデンティティについての考えを尋ねられたロシア大統領ウラジーミル・プーチンは、伝統的な家族観の重要性を訴えることで返答した。「母親は母親、父親は父親だ」。元アラスカ州知事のサラ・ペイリンは、水泳の女性新記録を出した、ペンシルヴェニア大学のトランスの水泳選手リア・トーマスを

「野郎《デュード》」と呼んだ。[243]

超保守主義者、キリスト教原理主義者、急進的なフェミニストの活動家は、一見するとおよそ同志にはなれそうにない。ところがトランスの権利に公然と反対すべく彼らは徒党を組んでいる。ジェンダークリティカルなフェミニスト、いわゆるトランス排除的ラディカルフェミニスト（ＴＥＲＦ）と旧保守主義者《パレオ》は、トランスジェンダーのアイデンティティは無効であり、女性は生物学的にのみ定義されるとの共通理解のもとに団結した。そもそも両者には、女性の中絶の権利から「生殖に関する主権」に至るまで深刻な意見の不一致がある。ところが「女性解放戦線」（ＷｏＬＦ）のような急進的なフェミニスト団体が、保守右派と戦略的に同盟を結び、「タッカー・カールソン・トゥナイト」のゲストとして頻繁に登場し、右派のイベントで講演して称賛を浴びている。２０１９年、保守派のシンクタンクであるヘリテージ財団は、「平等法の不平等――左派からの懸念」と題した公開討論会を主催し、トランスのアクティビズムの危険について話し合うべく、ＷｏＬＦからフェミニストの活動家数人を招待した。[244]

ＴＥＲＦのおもな懸念とは、トランスの権利の進展は女性の権利を犠牲にしてなされ、女性だけの安全な空間を必ずや脅かすというものだ。オーストラリアの急進的なフェミニストで元メルボルン大学教授のシーラ・ジェフリーズは、トランスジェンダリズムを「フェミニズムへの攻撃」と表現した。英下院の聴衆を前に、彼女はトランスの人びとを「被抑圧者の体を占領する」との理由で寄生虫になぞらえた。[245]

トランスの権利を擁護する活動家と急進的なフェミニストの衝突は、1970年代にまでさかのぼる。1960年代から70年代にかけての第二波フェミニズムでは、レイプや家庭内暴力、職場の安全といったトピックが、フェミニストのアクティビズムに動員を募る場になっていた。注目されたのは生物学的な違いと、その結果として生じる不当な行為だった。それから急進的なフェミニストはふたつの集団に分かれることになる。かたやトランス女性を支持し、平等を求めるもっと広い闘いの一翼を担うものとして受容する者たち、かたやトランス女性の葛藤を非難し、女性の権利についての議論を乗っとったと責める者たちだ。

昨今、LGBTQコミュニティのいくつかのサブグループでさえもが、クィアのコミュニティを攻撃している。2018年、ロンドンのプライド・パレードの主催者は、反トランスの抗議者たちがパレードの先頭に強引に出てきたことを謝罪した。[246]「ゲット・ザ・エル・アウト（Lを外せ）」は、レズビアンがGBTQ運動から離れて自分たちの独立したコミュニティをつくることを提唱する、レズビアンフェミニスト活動家の草の根グループだ。クィアの政治活動やトランスジェンダリズムは、男性の利害を優先するミソジニストの政策や制度を推進すると彼女たちは信じている。「トランスアクティビズムがいかにレズビアンを抹殺し、勇気を出して声をあげるレズビアンを黙らせ悪魔化しているかを、我々はこの目で見ている」とこのグループはウェブサイトで宣言する。「我々は黙ってなどいるものか！」[247]

トランスの人びとを扱った「主流」のニュースを見ると、トランスを悪魔化する侮辱的な言葉のあまりの多さに愕然とする。大手全国紙の多くの記事が、トランスの人びとを性的捕食者とか精神障害のある者として描き、トランス・コミュニティにまつわる偽情報を喧伝している。見出しでトランスたちは「過激主義者」[248]とか「頭のおかしな《ディメンティド》」[249]とか「危険な」[250]と表現される。デイリー・メール紙はトランス・コミュニティに対するヘイトを率先して煽っている。トラスフォビアのグループ内で目にしたほぼすべての記事は、この新聞のものだ。次のような見出しの下に、トランスフォビアのコメントがどんどん溜まっていく。たとえば「25歳のトランスのレイピスト　出所して数日後に『この手があちこち動いてもいいかな?』とメッセージを送り13歳の少女をグルーミング。100カ月の禁固刑に処される」[251]とか「独占記事――『女性用ロッカールームにいても不安を感じる』ペンシルヴェニア大学のリア・トーマスのチームメートによれば、そのトランスの水泳選手は着替える際に自分の男性器を隠さないときがあるが、彼女たちの懸念をコーチは無視するという」などだ。[252]

トランスに関連するニュースはとくに議論を呼ぶ性質のものであるため、このコミュニティは不当なほど大々的にメディアで報道される。トランスを悪魔化するメディア記事を極右のチャンネルがとりあげることも多く、メンバーたちはすぐさまそれを引用し、国境を越えてシェアしている。こうして元のメディア記事へのクリックがさらに増えることになる。さらに反トランスの活動家は憎悪に満ちた自分たちのミームを付け足し、このフィアモンガリングを一段と進めたバイラルなキャンペーンを生みだすこともある。「このまちがいなく女性の人は彼女の極めて女性的なペニスを実際の人間の女性に露出するが、学校当局はそれでかまわないとする。なぜならトランス《女性》は《女性》であるか、それともペニス付きの王さまか何かだからだ」とテレグラムのオルトライトのグループ「我々はぺぺ」のサイモンがコメントし、ジェンダーニュートラルのロッカールームに関するメディアの記事をシェアした。

今日の反LGBTQキャンペーンの多くに見られるのは、被害者と加害者の典型的な逆転だ。研究から、トランスジェンダーの人びとはシスジェンダーの人びとよりも性的暴行を受ける可能性が顕著に高いことがわかっている。黒人のトランスジェンダーは最も脆弱な集団で、性的虐待の被害を最も高い割合で受けていた。[253] 性的嫌がらせ、ミソジニストの虐待、家庭内暴力のほとんどは、マイノリティのコミュニティによるものではなく、シスジェンダーでヘテロセクシュアルの白人男性によるものだ。[254] だが暴力や猥褻行為が自らの内集団によるものだと認めるのは容易ではない。だからマイノリティの外集団のせいにしてしまえば――

それがトランスジェンダーの人びとであれ、ムスリムであれ、有色人種であれ――楽に言い逃れができるのだ。

＊＊＊

メッセージがわたしのアイフォンに入ってくる。「デブが嫌いだからってデブ恐怖症《フォビック》になるわけではないように、トラニーを嫌ったからってトランスフォビックにはならない」とサイモンが「グレート・ブリティッシュ・ディベート」に書き込む。さらに続けて「フォビックは恐怖を意味するんだろう。俺はどっちの集団も嫌いだけど、どっちも怖くなどない。ただ連中に我慢ならないだけだ」。テレグラムを閉じて、わたしは目を上げる。

いま立っているのは、パリのはずれにある大きな公園、ブローニュの森のなかだ。ロンドンから早朝の列車に乗って、ここでこれから始まる抗議集会を自分の目で見にきたのだ。それは10月のある寒い日のこと、真っ青な空にぽつぽつかかる雲の隙間から陽射しが届く。地下鉄を一緒に降りたパリジャン数人がすぐにサングラスをかけ、別々の方向にずんずんと散っていく。いつも毎日決まってそうしているといったふうに。この場所がヨーロッパじゅうのどこよりもトランスフォビックによるヘイト殺人の現場になっているなど想像もつかない。だが2018年以降、フランスでは暴力的なトランスフォビアが急増し、数人のトランス女性がこの森で襲われ殺害されている。

フランス人の基準からすると、到着するのが早すぎた。トランスの権利擁護運動「アクセプテスT」のソーシャルメディアによれば、抗議集会は数分前には始まっているはずなのだが。そこで人がちらほら集まっているほうに歩いていく。どうやら顔見知りの集団のようだ。何人かは明らかに時間をかけて、きらきら光る衣装に凝ったメークを施し、ドラァグクイーンの格好をしてきている。そうかと思えばジーンズとTシャツという普段着の人もいる。「ジェンダーテロリスト」と書かれた挑発的なTシャツを着た抗議者もひとりいた。

揃いの光るアイシャドウに透き通るような白肌のメーク、黒のリップ、レインボーカラーの髪にベールのついた派手な帽子をかぶった3人の女性が、わたしに手を振っている。たぶんわたしがひとりで来ていて、賑やかな集団のなかでちょっと居心地悪そうにしているのが見えたのだろう。「あたしたちはシスターズ・オブ・パーペチュアル・インダルジェンス（いつまでも気ままな姉妹たち）よ」ひとりの女性がフランス語でそう言うと、つけまつげをパタパタさせてわたしを見る。シスターズ・オブ・パーペチュアル・インダルジェンスは1979年にアメリカのアイオワシティーで生まれたチャリティとストリートパフォーマンスの運動だ。メンバーは――最初はゲイの男性からなるこぢんまりした集団だったが――サンフランシスコの有名なカストロ地区で社会問題への意識を高めるために修道女の格好をしていた。何年もかけてこの運動は、アメリカ両大陸、ヨーロッパ、オーストラリアに拡大した。今日、この国際的な団体は性感染症や薬物乱用、ヘイトクライムについて警告するキャンペーンを展開している。

シスターたちと和気あいあいと話していると、群衆があっというまに膨らんできた。ものの5分で10人が100人になり、さらに5分たつと500人の人たちに囲まれていた。パリのクィアコミュニティは自分たちの立場を表明したいと思っているのだ。

遠くで中年の親たちの小さな集団が大きなプラカードを掲げているのが見える。そこには「私たちの子どもはトランスジェンダーです――この子たちをリスペクトして」と書いてある。集団のほうに近づいていき、わたしはひとりの女性に微笑みかけた。すると「私たちがここに来たのは正義を求めるため、そして差別と闘うためです」と彼女が言う。トランスの犠牲者の家族を除けば、集会にはシスジェンダーの抗議者はほとんど来ていないようだ。

キャロルはマチルドという19歳の娘の母親だった。このフランスでトランスの人びとへの理解や支援がないために、マチルドはコロナ禍のなかで命を絶った。キャロルは娘が日常生活で――学校や病院、スポーツの場で――受けていた差別や不当な非難について語ってくれた。「トランスフォビアは医療や教育、さらには司法の制度にまで根を張っているんです」。

「トランスの権利は人間としての権利」と書いたプラカードを彼女が掲げると、マチルドの父親が彼女の肩をそっとなでた。

マチルドはつねに不当な扱いや差別と闘っていた、とキャロルがあとから教えてくれる。

「でも結局、あの子には未来が見えなかったんです。彼女の終わりのない闘いには答えがなかった。自分はこの先20年も30年も闘わなければならないと思っていたんです」。そう言うとキャロルは込みあげる思いに胸を詰まらせた。それでも、目の端に浮かぶ涙もそのままに彼女は続けた。「あの子にはもう耐えられなかったんです。疲れ切っていました。まだ19歳だというのに、すっかり疲れてしまったんです」。キャロルと夫は、学校をやめさせようと決めた。だがそれも遅すぎた。

マチルドは自分のアイデンティティを変えられないまま自ら命を絶ったという。亡くなる前に、新たなジェンダーアイデンティティをまだ正式には獲得していなかったことを理由に、記念碑に彼女が望む代名詞を刻むのを市長から拒否された。「若い人たちにとって辛いことですよ。性別変更には長い時間がかかるし、彼女たちの基本的人権に対するリスペクトがないのです」とキャロルが言う。「子どもたちをリスペクトしてほしい。あの子たちのあり方に社会が疑いを持つのをやめてほしい。誰もがなりたい自分になれる権利を持てるはずでしょう」。自分の幼い息子のことがふと頭に浮かんだ。彼が自分のジェンダーアイデンティティを見つけるまでに、より良い状況が訪れることをわたしも願った。「トランスジェンダーの平等のための国立センター」が2015年に実施した調査では、トランスジェンダーの人の4割が自殺を試みたことがあるとわかったが、これは一般の人びとと比べて9倍も高かった。[255]

背の高い女性がひとり、こちらに向かって歩いてくる。「あなたは誰？《ヴ・ゼトゥ・キ》」と訊かれたが、どうやらわたしを警戒しているようだ。自分はこの抗議集会に参加するためにロンドンからパリまで来たのだと説明する。トランス・コミュニティに対する敵意が強まっている状況を調査しているのだと。

「ああ、そうだったの。私たちの抗議集会に来る顔はたいてい知っているのでね。メディアは私たちの集会を報道しないから、コミュニティの外の人たちに慣れていなくて」。それからにっこりと微笑んだ。「私はジョバンナ、この団体アクセプテスTの責任者よ」。長いブロンドの巻き毛に、太くて力強い声、かすかなスペイン語訛りがジョバンナ・リンコンに存在感を与えている。

ジョバンナは咳払いをするると、スピーチをするために聴衆の前に出ていく。「私たちはフランスで一大転機を迎えています」とマイクに向かって彼女が言う。「2018年以来、暴力的なトランスフォビアのせいで多くの無辜《むこ》の命が失われました」。群集が黙って耳を傾ける。「2018年にヴァネサ・カンポスがこの森で殺害されました。それから2020年にはジェシカ・サルミエントがここで殺されました。昨年は前代未聞の数のトランスの人びとが自ら命を絶ちました。15日前、イバンナ・マセド・シルバが彼女のアパートメントで惨殺されました。彼女はコミュニティ、そして家族から深く愛されていました」。ジョバンナは聴衆に数歩近づく。「私たちの解放に交渉の余地などありません。わかりきったことです。いまこそ政治家に圧力をかけなければなりません」

このトランスの活動家は、マイクをイバンナの妹のマリリンに手渡した。「皆さん、こんにちは」マリリンが母語のスペイン語でスピーチを始める。彼女は一家の出身国であるペルーから、抗議のためにはるばるここまで来ていた。「私の姉はここで死ぬべきではありませんでした。彼女は暴力的なトランスフォビアによって殺されたのです」。マリリンは少し黙って息を整え、こみあげる嗚咽《おえつ》をこらえた。「今日ここに来ている皆さん全員に感謝します。このコミュニティのご支援に。私はもうひとりではありません」。母親はペルーにいると彼女が言う。「母の具合はよくありません」マイクを持つ手が震える。「ひどい状態なんです」。彼女の声が次第に細くなり、気づいたらわたしの頬に涙が伝っていた。泣くのを我慢できなかった。「姉が死んだことがまだ信じられないんです」マリリンはそう言って、マイクを返した。

「サーシャ[22]に正義を！　イバンナに正義を！」群衆が繰り返し叫びながら、ブローニュの森の周辺を行進する。「トランスの殺人者《トランズアッサシネ》、国は共犯《エタコンプリース》！」。トランスの死亡例の急増は、政府がこのコミュニティの安全を確保しないせいだと抗議者たちは非難する。あるEUの研究によれば、回答したトランスの5人のうち4人が、自分の住む国にトランスの人権を保護する対策がほとんどないと感じていた。[256] トランスの人びとに対する制度的差別や世間の敵意に満ちた態度のせいで、北米やヨーロッパで彼女たちに対するヘイトクライムが急激に増えている。

＊　＊　＊

パリのアクセプテスTの抗議集会から戻って数日後、わたしはコヴェントガーデン駅からロンドン地下鉄に乗車した。向かいに座るスーツ姿の中年男性とスマートカジュアルな服装の女性が、数メートル先に立っているタイトなドレスにピンクのアイメイクをしたトランスの若者をじっと見ている。ふたりが何かささやいて彼女を指さすと、彼女が居心地悪そうにしているのが見てとれた。「ピカデリーサーカス！」アナウンスが流れ、彼女は地下鉄を降

*22　2021年にロンドン市内で銃撃され重傷を負ったBLMの活動家サーシャ・ジョンソンのこと。

りた。
「トランスジェンダーの囚人が、ふたりの女性をレイプしたって記事を読んだ？」とその男が他の乗客に聞こえるほど大きな声で話す。女性用の刑務所で同じ収容者を性的に暴行したカレン・ホワイトの話は2018年に世界的なニュースになり、反トランスの活動家たちはこの話に飛びついた。性犯罪者のスティーヴン・ウッドはカレン・ホワイトという名のトランス女性として刑務所に入ったが、法的にはまだ男性で、実際にはトランスジェンダーではなかった。[257]

地下鉄に乗っていたこの男は自信たっぷりに続ける。「女性になりすました男が女性限定の刑務所やトイレに入るのを許すなんて信じられないよ。連中は女性の安全を脅かしている。許しがたいことだ」。友人の女性が頷く。男は続ける。「職場で連中はどんな代名詞を使うかを問題にしてるんだ。メールの署名欄に自分の代名詞も入れて、クライアントにもどんな代名詞で呼んでほしいか訊けっていうんだぜ。ばかばかしいったらないよ。どうやら僕みたいなおっさんでも女性になれるらしいね。君には僕が女性に見える？」。彼女が声を立てて笑う。わたしの横に座るカップルが目配せしているのが目の端に見えた。

今日トランスのアクティビズムほど政治的・感情的に議論を呼ぶものはまずないだろう。『ハリー・ポッター』シリーズのファンですら、J・K・ローリングが出生時に女性とされたトランスの人びとの呼び方を大っぴらに揶揄して以来、真っぷたつに分かれてしまった。ローリングが最初に物議をかもすツイートをしたのは2020年で、「月経がある人」を女性と明言しなかった記事をからかった。[258]「そうした人をさす言葉は前からあったと思うけど。誰か教えて。ウンベンだっけ？　ウインパンド？　ウーマッド？」。すぐさま「J・K・ローリングはTERF」というメッセージがツイッターでトレンドになった。多くの読者が激怒し、なかには『ハリー・ポッター』の本を燃やすようすをティックトックにあげる者もいた。

J・K・ローリングはかつてLGBTQコミュニティに味方する立場をとっていた。彼女の本に出てくる魔法学校ホグワーツにはさまざまな性的指向の生徒がいるし、校長のアルバス・ダンブルドアはホモセクシュアルだとされていた。一方でローリングは、トランスのコミュニティからひどく侮辱的だとみなされるツイートにしょっちゅう「いいね」をしたり、シェアしたりしていた。たとえば、2018年にトランスの女性たちを「ドレスを来た男たち」と呼んだツイートに「いいね」をした。イギリスの著述家でトランス女性のショーン・フェイは、これに反応してこうツイートした。「自分たちの世代に愛される作家が、『おまえたちは男だ』と繰り返すトロールアカウントのトランスフォビックなツイートに『いいね』するのを、トランスの文化は目にしている」[259]。J・K・ローリングがロバート・ガルブレイスのペンネームで発表した小説『カイコの紡ぐ嘘』には、トランスの人びとに対する彼女の考えを知るヒントがある。ある場面でトランス女性ピッパが主人公のコーモラン・ストライクをナイフで刺そうとする。彼女がトランスであることがのちに明かされ、彼女の目立つ喉仏が描写される。この本は、トランスの人びとをけなし、攻撃的で不安定な人間として描くおなじみの比喩を用いている。

「娘はハリー・ポッター作品のファンですが、J・K・ローリングが自分の親のことを嫌っているのは知っています」とケイトリン・バーンズがわたしに言う。眼鏡越しにこちらを見る目は、わたしが信頼できる人間かどうか見定めているかに見える。ケイトリンはトランスであることをオープンにした最初の議会特派員で、トランスフォビックの考えが主流になっていくさまを長年目撃してきた。自分のジェンダーアイデンティティを何十年も押し殺して生きてきたのち、2016年にトランス女性であることをカムアウトした。本当の自分をこれ以上隠せないとわかったからだ。「私が性別移行した動機のひとつは、スーツ姿で埋葬されたくなかったから」と教えてくれる。

振り返ってみれば、7歳か8歳の頃には「何かが目覚めていた」ことに気づいていたという。「子どものときはそれをあらわす言葉を知らなかったのですが」。当時見つけることができたのは、トランスセクシュアリティを侮蔑的に説明し、性的フェティッシュと同じものだとする百科事典だけだった。「これは自分のことじゃない！」と思った彼女は、仲の良い友人たちやカトリックの家族からも自分のアイデンティティを隠さなければならないと判断した。運動が得意な子どもだったので、自分のアイデンティティと向き合うのを避けようとすぐにスポーツに没頭した。

18歳のとき、未来の妻に出会った。ケイトリンは生涯の恋人と出会うまではセックスはしないと決めていた。「かなり早いうちから彼女には、自分はたまに女性の服を着たくてたまらなくなると打ち明けたんです。そしたら二度とそんな話は聞きたくないと言われてね」。この女性こそ運命の人だと思っていたので、彼女を失うわけにはいかなかった。それで女性としての自分は封印することにした。ふたりは結婚し、子どもたちにも恵まれ、家も買った。外から見れば、彼女はごく普通の人生を送っていた。それでも違和感を覚え、人生で最高の時期にも「どんよりした気分」で「どこか他人事のように」感じていた。

「15年間なんとか気持ちを押し殺していました」とケイトリンは言う。それからついに自分のアイデンティティを見つけるべく、人生を変える旅に乗りだした。とうとう妻に正直に話し、自分の性別違和や抑圧された性自認、自殺未遂を何度かしたことも打ち明けた。ふたりは別れることになった。

現在、ケイトリンは40歳。メイン州でふたりの子どもと1匹のネコと暮らしている。人気のツイッターアカウント @transscribe を運営し、さまざまなニュースメディアに寄稿している。MSNBC、ワシントン・ポスト紙、ヴォックス、ヴァイス、エル、ゼム、それからプレイボーイにも。トランスフォビアについての記事を書くのは容易ではない。自分がトランス本人の場合はなおのことだ。「私のような人間について多くの人に理解してもらえないことがあるんです。たとえば私がひどく身につまされるものを書いているってこともそう。トランスの人たちの痛ましい話の一つひとつが私の心も痛めつけるんです。トランスの人について誰かが言った悪口の一つひとつが私への侮辱のように感じます」。息抜きがしたくて、彼女はトランスの問題だけを専門に書くことをやめた。いまはトランスの記事をひとつ書いたら、次はまったく別のことを書くようにしている。空いた時間にはビデオゲームを楽しんだり、歴史の本を読んだりする。

自分の話を本にしてみないかと何度も声をかけられたが、そんなことをすれば嫌がらせをさんざん受けるに違いないと判断した。過去にドキシングされたこともある。「トランスジャーナリストという職業にはつきものですよ」。いつも笑いとばしてはいるが、本当は怖いのだと打ち明ける。ここ数年で嫌がらせの程度や性質がさらにひどくなっているのだ。「私の外見についてのコメントが最近かなり増えています」。だからソーシャルメディアにセルフィーや写真を投稿するのはやめた。バックラッシュが怖いからだ。

玄関のベルが鳴って、ケイトリンがネコの宅配フードを取りに行く。こちらの深刻な会話をよそに、ネコはさっきからお腹をすかせて喉をゴロゴロ鳴らしている。戻ってきた彼女がこう言う。「皆わかってないんですよ。トランスの人の法的な現実は2015年からちっとも変わってないことを。世間の考えは変わってきても、LGBTQの権利は変わらないままです」。とはいえ世間の考えのほうもどれほど変わったかは疑わしい――ユーガブの調査によれば「トランスジェンダーの女性は女性である」ことに強く同意するイギリス人の数は減っている[260]。

自分の経験したことは、一般的なトランス・コミュニティの置かれた立場をそっくりあらわすものだとケイトリンは考える。「この10年、最初のうちは表向き幸せな夫として、自分のジェンダーアイデンティティを押し殺し、人生とキャリアを築こうと努力してきた」と彼女はヴォックスの記事に書いている。「それから5年のあいだ、自己を探し続けて本当の自分を見つけることができた。そしていま、この10年を死ぬほど怯えながら終えようとしている[261]」

2015年はトランスフォビアを押し進める転機となった。ドナルド・トランプが勝利した2016年の大統領選挙を控えた時期に、リベラルと保守の「文化戦争」に弾みがついた。随所でバトルが起きた――地方自治体、トーク番組、ソーシャルメディア、大学のキャンパスで。2015年6月に連邦最高裁判所は、同性婚はアメリカのすべての州ならびに準州において合法であるとの裁決を下した。保守と宗教右派はLGBTQの権利をめぐる全国最大規模の闘いに敗れたのだ。そこで彼らは自分たちの資金調達や選挙運動のネットワークを維持するために、何か別のものに方向転換する必要が生じたのだとケイトリンは言う。「右派の活動家は荷物をまとめて田舎に帰るかわりに、また別の、もっと脆弱な集団に目を向けることにしたのです。それがトランスの人びとでした」

それから数カ月後、テキサス州ヒューストンでこの市の平等権利条令をめぐって市民投票が行われた。ヒューストン平等権利条令（HERO）の目的は、人種や民族、ジェンダー、性的指向、年齢、その他の要因にもとづく差別を禁止することにあった。当初この法案は通過したが、その後、大規模なバックラッシュが起きたのだとケイトリンが説明する。「右派はトランスの問題に食ってかかったのですが、それはこの条例のごく一部にすぎません」。結局、彼らのキャンペーンは成功し、条例は撤回された。このとき初めて「女子トイレに男子は入るべからず」のスローガンが現れた。このメッセージそのものが全米の反トランスキャンペーンにとっての試運転《テストラン》になった。

翌年、ノースカロライナ州が悪名高き「トイレ法案」を可決したが、これはトランスジェンダーの人が性別で分離された施設に入ることを制限するものだ。また州内のすべての郡や市ほか地方自治体が反差別法を導入することを禁止するものだった。だがこの法案は見事に裏目に出た。ノースカロライナ州は少なくとも37億6000万ドルならびに3000の職を失うことになった。企業やアーティスト、テレビ制作会社やスポーツクラブがこの州を次々にボイコットしたからだ。[262]アディダス、ペイパル、ドイツ銀行がノースカロライナ州への進出計画を中止した。リンゴ・スター、ニック・ジョナス、ブルース・スプリングスティーン、デミ・ロヴァートが同地でのコンサートをキャンセルした。NBAは2017年のオールスターゲームをシャーロット〔ノースカロライナ州南部の市〕からニューオーリンズに変更し、全米大学体育協会（NCAA）は「マーチマッドネス」と呼ばれるバスケットボールチャンピオンシップの開催場所を変更した。このかなり深刻な経済的損失にもかかわらず、ノースカロライナ州はトイレ法案について検討した唯一の州ではなかった。全米で少なくとも16の州が、その年に似たような法律を可決しようとしたが、すべて無効に終わった。

一方、イギリス政府はテリーザ・メイ元首相のもとで逆の道に進んだ。2017年、ジェンダー承認法を改正し、自分の希望するジェンダーの自己申告を可能にする案が発表された。この改革によってトランスの人びとは、無数の医療記録、性別違和の診断、そのほかの証拠を提出しなくても自らのジェンダーを自己申告できるようになる。「友人のなかには好みのポルノのリストを提出しろと言われた人までいたんですよ」とケイトリンが教えてくれる。

自己申告という考えは広く誤解されている。トランスの人びとが自身のジェンダーを公的に変更するためには、自分は現在とは別の性別やジェンダーで生涯を終えるつもりであると、声明書で誓いを立てる必要がある。ところが反トランスの活動家はこのナラティブをとうに曲解していた。「男《ジョー》が女性をトイレまでつけまわしたくなったら、火曜日に自分は女性だと言えばいいんだってさ」そう警告したのだ。この性自認の論争はモラルパニックを引き起こし、トランスに反対する攻撃的なソーシャルメディアでのキャンペーンに火をつけた。とうとうジェンダー承認法の改正案は却下されてしまった[263]。

フランスでは何度か反トランスのヘイトクライムの発生率が最悪を記録し、アメリカでは最も差別的な法律がいくつか可決され、イギリスは世界の反トランス運動にとって情報の発信源になっている。保守やリベラルの大規模なネットワークが、トランスのコミュニティにまつわる偽情報や陰謀論を宣伝すべく動員されている。政治的立場の右ならびに左に位置するトランス排除のネットワークが共同で次々につくったメッセージが、すぐさまアメリカのキャンペーンを勢いづけた。「イギリスで起きた論争に、アメリカの郊外の母親が膝を打って納得したのです。そこで保守派がイギリスのキャンペーンを模倣しはじめたってわけです」とケイトリンは語る。「イギリスで使われているのと同じコミュニケーション戦略や言葉が、アメリカの急進保守のネットワークで見られるようになりました」

最もデタラメな反トランスの陰謀論のいくつかはイギリスで生まれたに違いない、とケイトリンは考える。たとえば、思春期前の児童に性的いたずらをする目的で、トランスの人たちがトランスジェンダーの子どもを勧誘しているというものだ。また近年広まっている別の陰謀論は、トランスのアクティビズムをロボット的なトランスヒューマニズムへの入り口とみなし、大手製薬会社や大手テクノロジー企業の金儲けの戦略だと非難する。この考えはとりわけばかばかしいものだ。というのも現代のテクノロジーはもっぱら性別二元論の異性愛を規範とする考えをもとに設計され、かえってトランスの人びとに対する差別を煽りかねないと多くの専門家が指摘しているからだ[264]。反トランスの陰謀論を信じる人のなかには、トランスの権利擁護運動に献金するユダヤ人慈善家を例にあげ、反ユダヤ主義をさらに一枚加える者もいる。

ジェニファー・ビレクは、ＬＧＢＴＱの権利とは「テックと医療業界の複合体にとっての最前線」だとの発想を広める活動家だ。「『トランスジェンダー』とは企業による作り話で、現実には存在しないと考えています」とジェニファーがわたしに語る。彼女はニューヨークに住み、ツイッターに１万人のフォロワーがいて、自分は調査ジャーナリストでアーティスト、そして憂慮する市民だと説明する。彼女によれば、トランスの権利運動は製薬会社やテック企業による秘密工作なのだという。その目的は、これも彼女いわく、ホルモン剤の売り上げを伸ばし、トランスヒューマニズムを促進すること。彼女はジェンダー・イデオロギーを「脱身体化のイデオロギー」と呼ぶ[265]。それは「そもそも人間であること、すなわち生物学的かつ性的に二形性の種であること」の脱構築を求めるものだという。ジェンダーとは国家やトランスのロビー団体によるごまかしにすぎないとジェニファーは主張する[266]。「『身体の多様性』をエンパワメントとして宣伝することで、製薬およびテック企業は身体否定の市場というものを開拓できるんです[267]」。トランスジェンダーの人びとはロボット工学による人体補塡への道を先頭切って進んでいるのだと彼女は信じている。「チップを埋め込むことや、AIと人のインターフェースによる連結、企業による個人の読心などと、たいした違いはありません。『トランスジェンダー』はこうした変化を人間に加えることへの抵抗を少なくしているのです[268]」

＊＊＊

トリスタン・リーズの人生は、まったく異なるふたつのパートに分けられる。2017年に「妊娠した男性」として世界的に知られるようになる前と後の人生だ。ニュースになって以来、普通の生活が戻ることはなかった。トリスタンはカナダ出身のトランス男性で、現在はオレゴン州ポートランドに住んでいる。彼と夫のビフ・チャプロウは、自分たちを「たまたまゲイである両親」と説明する。付き合いはじめてわずか1年で、ふたりはビフの3歳になる甥と1歳の姪が児童保護局に連れていかれないよう、子どもたちの保護者になった。それから数年たって、トリスタンはレオを出産した。

その20年近く前、19歳のときにトリスタンはカムアウトした。当時、トランスのアイデンティティについてはほとんど理解されていなかった。多くの人が彼の話にとまどった。「僕は自分が男の子だと言い張る女の子で、それでも女の子のような見た目や声だったし、惹かれるのも男子のほうだった」とトリスタンは回想録『僕たちが家族になった理由《わけ》』に書いている。トリスタンは自分がゲイの男性だとわかっていた。だがよくある反応はこうだった。「なら、結局あなたはストレートの女性ってこと?」と。今日、トランスの権利にまつわる社会の意識や理解はもっと進んでいる。とはいえ一歩ずつ前に進むたびに、新たな敵意の逆風が待っていた。

「もろ刃の剣なんですよ」トリスタンがわたしに説明する。「世間の人が僕たちのことを知れば知るほど、決まってバックラッシュが起きるんです」。彼は自分のクィアな家族の話を本にして出版することで、世間を教育することにひと役買いたいと思った。「ですが人前に出ることで攻撃されたり抵抗に遭ったりします」。すでに長い時間をかけて見知らぬホモフォビックの人たちにＬＧＢＴＱの権利について教えてきたが、妊娠した腹部を出した自分の写真が拡散されてから経験したことは別次元のものだった。「以前はたまに知らない人から不快なメッセージが届くだけだったのが、急にネガティブなものが滝のように降ってきたのだ」と回想録に書いている。「携帯の着信音が鳴るたびに一段と悪質なものが届くようになった」。なかには彼を侮辱し、「この地球の忌々しい癌」とか「みっともないサーカスの化け物」などと呼ぶ者もいた。彼の赤ん坊には奇形があるだろうと断言する者もいた。なかには子どもたちをとりあげるよう児童保護局に電話をかけると脅してくる者までいた。[269]

　自分の話を聞いてくれる人は誰かがトリスタンにはわかってきた。自分の話が役に立つのは、トランスのアイデンティティについて納得はせずとも理解したいと思っている人たち、訊きたいことがある人たちだ。ちょっと興味があるか、あるいは困惑している人たちもそうかもしれない。トランスジェンダーの子どもを持つ親やＬＧＢＴＱコミュニティの良き理解者《アライ》になりたいと願う人に、自分の本を読んでもらいたいと思っている。「僕がやっていることはすべてその人たちのためです」。トランスフォビックな考えを隠さない人や超保守的な人の心を変えるのはあきらめている。「どのみち僕みたいな人間は彼らに影響を与えることなどできません。かえって彼らを急進化のウサギの穴《ラビットホール》に深く落としてしまうかもしれないし」

インターネットの到来はトランスの人にとって良くもあり悪くもあった。ソーシャルメディアはトランスジェンダーの人がコミュニティやリアルタイムの支援を見つけ、その命を救う安全な場を提供する。だが一方で、トランスのコミュニティをオンラインでの嫌がらせや虐待、偽情報作戦の標的にしやすくする。ＬＧＢＴＱ権利擁護団体ＧＬＡＡＤによる２０２１年の調査で得られたソーシャルメディア安全性指数（ＳＭＳＩ）から、ソーシャルメディアプラットフォームの大半はＬＧＢＴＱのユーザーにとって「安全とはいえない」ことがわかった。[270]「アルゴリズムが怒りを促し、これに報酬を与えるよう設計されているのは明らかです」とトリスタンは言う。「僕たちは結局、ソーシャルメディアのギアにさす油になっているんです。僕たちがこのマシンを動かし続けているんですよ。そんなふうに利用されるなんてたまらないけどね。当分、これが良い方向に向かう気配もなさそうです」

２００８年にトリスタンは、カリフォルニア州で同性婚を支持する大規模な政治運動に取り組んだ。数百万票の差で敗れはしたが、データから60歳以上の全員が選挙に行かなければ、この運動は勝利していたことがわかった。当時、彼は上司にこう言った。「みんなで引退してハワイに行って、保守派が死に絶えるのを待つってのはどうでしょうね?」。だが上司は彼にこう釘をさした。リベラルの若者もそのうち年寄りの保守になるんだよ、と。

だが若い世代も右翼やオルトライトの考えを次第に受け入れている。Ｚ世代（Gen Zやズーマーとも呼ばれる）は１９９０年代半ばから２０００年代前半までに生まれた人をさすが、彼らはメディアからしばしば「ウルトラウォーク」と表現され、より保守的とされる高齢世代と相対するものとみなされている。だが研究からわかったのは、このＺ世代のほうがベビーブーマー世代やＸ世代、ミレニアル世代よりも争点によっては保守的かもしれないということだ。たとえばイギリスの調査から、Ｚ世代の回答者の60パーセント近くが同性の結婚やトランスジェンダーの権利についての自分の考えを「保守的」や「中道」と答えたことがわかった。[271] またＺ世代はどの世代よりも政府の機関を信じていないし、さらに他者をも信じていない。２０１８年のピュー・リサーチ・センターによる調査では、30歳未満のアメリカ人の約４分の３が「信頼能力が低い」とわかった。[272]

「ズーマーや若いミレニアルの多くは、とりわけユーチューブでトランスフォビックなコンテンツを見ているんです」とケイトリンも言う。プラガーユー（プラガー大学）と称する組織は、学校や大学のキャンパスでの「政治的正しさ《ポリティカルコレクトネス》」や「ウォークネス」*23 にうんざりしているティーンエージャーや学生が集まる拠点として成長している。[273] 創設者であるトーク番組司会者や億万長者の投資家は、聴衆にぴったり合わせたコンテンツを提供するオンラインの帝国を築いたのだ。彼らにとってユーチューブは、若者にオルタナティブの教育を施し、従来のメディアを出し抜くための手段だ。動画には数十億回も視聴されたものがあり、「化石燃料

——最もグリーンなエネルギー」とか「穏健なムスリムはどこにいる？」とか「ある文化が他より優れていることはあるか?」などのタイトルがついている。プラガーユーの大口献金者には、アメリカのキリスト教右派に属する石油業界の億万長者、ダン&ファリス・ウィルクス兄弟がいる。

プラガーユーには全米で約6500人の高校生や大学生の大使がいて、彼らは自分たちをプラガーフォースと呼んでいる。そしてキャンパス内で集会を開き、バイラルな動画づくりの手伝いをする。ウィル・ウィットはロサンゼルスに住む叩き上げのプロデューサーのひとりだ。コロラド大学ボルダー校を、これ以上洗脳されたくないとの理由で自主退学したと自ら語る。いまではプラガーユーから報酬をもらって、進歩的リベラルらしき若者をトロールしている──たいていは政治的な缶バッジやオーバーサイズの服、風変わりなヘアスタイルをもとに彼らを特定する。あるとき動画を撮るために、フロリダ・ガルフ・コースト大学の学生に近寄り、「女性とは何か?」と質問した。驚いて困惑する学生たちが出した答えを材料に、彼はリベラルを揶揄し、その主張にかみついた。プラガーユーの活動家やファンの多くは、もともとリベラルな家庭に育ち、保守主義になるのが反抗のチャンスだと考えている。[274]

＊23　社会的不公正などに高い意識を持ち、解決のために取り組むこと。

リベラルやLGBTQの活動家もまた、若者の共感が得られるキャンペーンを続けるべきだと強く感じている。そうしないと次世代が、右派の発信する極めて悪質なメッセージの餌食になってしまうだろう。「物事は魔法みたいに偶然起きるのではありません。人びとが変化を求めて行動するから起きるんです」とトリスタンは言う。「僕たちは受け入れられるため、文化を変えていくため、進歩主義を守るための原動力にならなくてはなりません。のんきになどしていられませんよ。そうしたら負けちゃいますから」

軍隊が良い例だ。「トランスジェンダーの人は長い間、静かに米軍の任務に就いていました」とトリスタンは言う。「トランスジェンダーの人が兵役に就くことは許されないと発言する大統領が誕生するまで、それが物議をかもす問題になることなどなかったんです」。2017年に前大統領のドナルド・トランプが、トランスジェンダーの兵士の入隊を禁止すると宣言した。「彼には現状がまったくわかっていなかったんです。軍隊はトランスジェンダーの人間にとって、この国最大の雇用主なんですよ」。裁判所はこの禁止令が有効になるのを阻止し、バイデン大統領は就任後すぐにこれを撤回した。

スポーツへのトランスの参加をめぐる問題は、より物議をかもす感情的な論争の口火を切った。2021年に開催されたオリンピックのあと、トランスのアスリートは反LGBTQのハラスメントやヘイトの標的になっている。ツイッターやフェイスブック、インスタグラムは、自社のプラットフォームで、ＬＧＢＴＱコミュニティをヘイトスピーチから守るべき保護対象グループに分類しているが、２０２１年開催のオリンピック期間中、トランスのアスリートやスポーツ解説者はソーシャルメディアを介して苛烈なバックラッシュに見舞われた。[275]

＊＊＊

今日のトランス・コミュニティに対するバックラッシュは、現代のジェンダー論争に対して、過去には男女の特徴は生得的に定められたものだったと決まって反論するものだ。だがジェンダーはスペクトラム上に存在するもので、それがいかに表現されるかは文化によって多くの違いがあることは、以前からわりと理解されている。性別は誕生時に割り当てられるが、染色体や解剖学、ホルモンなどの特徴に不一致があることも少なくない。「女性」と「男性」の特徴が生物学的に混ざっているのはよくあることだ。多くの人にホルモンの不均衡（多嚢胞性卵巣症候群のような）があったり、男性の乳房肥大症（男性の体がエストロゲンなどのホルモンをつくりはじめる）が生じたりする。人口のおよそ１・７パーセントは、身体的な曖昧さ、もしくは「インターセックス」の特徴を持って生まれてくる。[276]

女性らしい、あるいは男性らしい特徴は流動的で一生のうちに変化する。タナー段階は、乳房の大きさや外性器、陰毛の発達などの第一次および第二次性徴の発達を医学的に分類するために使用される。それによれば、多くのシス女性の体は妊娠と乳分泌という儀礼をへないかぎり、タナーの段階Vにすら達しない。シスジェンダーの女性と同様、トランスジェンダーの女性も移行する際にはタナー段階を進んでいく。

歴史上、何百もの社会や文化は、言語や文化的規範において性別二元制を超越していた。多くの先住民の部族には、第3、第4、ときには第5のジェンダーまで用いる長い伝統がある。たとえば北米のナバホ族、ズニ族、ラコタ族、ペルーのインカ族、オマーンのハンニースやシベリアのチュクチ族では、3つ以上のジェンダーカテゴリーがある。

だがこうした微妙な違いは西洋の主流の文化ではおおむね認められてこなかったし、西洋文化では歴史上、ジェンダーは厳密に二元制のものと理解されてきた。こうした背景を考えれば、ジェンダーマイノリティが日々受ける虐待が、すべてトランスに対する露骨な、もしくは故意に生じる嫌悪から起きるわけではないとわかるだろう。レイシズムと同様、攻撃的な言葉もまた、わたしたちの生育環境や社会の通念に深く根ざした考えから生まれることも多いのだ。わたしたちの多くはクィアのコミュニティにいくらか恐怖や軽蔑、ときに嫌悪すら抱く環境で育てられた。この偏見を認めないことが過激思想の拡散を許してきた。また社会の進歩を阻止することに利のある者たちが、これを武器として利用してきた。

トランスの権利は、急進的な活動家はもとよりメディアからも、まるで互いを排除するかのごとくフェミニズムと競わされてきた。この「分割統治」の手口が、左派という敵を戦略的に引き裂くための右派の作戦に用いられている。これは人種にまつわる論争と似ていて、右翼保守派にとってマイノリティを仲間割れさせることが主要な戦略だったわけだ。たとえば東アジアの人を「模範的なマイノリティ」と呼ぶ一方、黒人やアラブ人を犯罪と結びつけることでマイノリティのコミュニティ間に内輪揉めを生じさせ、彼らが団結してレイシズムや差別に反対するのを防いできた[277]。

トランスの権利と、「生物学的女性」にとっての性別にもとづく権利がぶつかることはない。ジェンダークリティカルなフェミニストがこだわる生物学的違いだけに注目するのは時代遅れだし、過去のフェミニズムのしていたことだ。1940年代にすでにシモーヌ・ド・ボーヴォワールはこう書いている。「人は女に生まれるのではない、女になるのだ」。わたしたちの動機や行動、性格的特徴、性的パートナー、感情的欲求、服のチョイス、職業上の夢は、生まれたときに自分に割り当てられた性によって左右されるべきではない。現代のフェミニズムがここにきて重視するのは、生物学的本質ではなく多様性や自己表現だ。フェミニストのひとりとして、わたしも自分の性器や生殖器だけをもとに勝手に判断されるのはごめんだ。またシスジェンダーの女性のひとりとして、フェミニストとLGBTQコミュニティのあいだに分断の種をまこうとする声に屈するのもごめんだ。フェミニストはトランス女性を敵ではなく良き理解者《アライ》としてみるべきだ。結局のところ、共通の目的は、ジェンダーにまつわるさまざまな抑圧を終わらせることなのだから。

トランスの権利を損なう政策は、女性の権利を脅かす法律と手を携えている場合が多い。ポーランドやロシア、ハンガリーでも、女性とLGBTQコミュニティに対する抑圧は密接につながっている。どちらも同じく旧来のヒエラルキーや特権、家族中心の価値観を維持するための策だからだ。テキサス州もその点で良い例だ。2021年、テキサス州心臓鼓動法《ハートビート》により、胎児の鼓動が確認されて以降の中絶が非合法となった。2022年の初頭にテキサス州知事グレッグ・アボットは、トランスジェンダーの未成年者が性別適合医療を受ける場合、その親を「児童虐待」で当局に通報するよう市民に求めた。そして通報しなかった場合は、刑事罰の対象になりうると宣言した[278]。

またトイレ法案をめぐるパニックのせいで、女性は従来どんな外見であるべきかという凝り固まった考えに同化しない女性たちまで被害を受けた。ウォルマートのトイレを使用していたシス女性が、あるとき別の女性にトランス女性と間違えられて侮辱的な言葉を浴びせられたのだが、この一件がソーシャルメディアで拡散された。短い髪と野球帽のせいでこうなじられたのだ。「ああいやらしい！　ここはあんたの来るところじゃないよ！」と。[279]

重要なのはトランスの権利がどうあるべきか忌憚《きたん》なく語り合うことだ。医療やスポーツにおける公平性、女性にとっての安全な空間に関しては、問われて然るべきこともある。とはいえ、マイノリティのコミュニティをますます中傷する、主流化したヘイトに立ち向かうには、直接被害を受ける人たちをもっと保護する仕組みをつくることが必要だ。わたしたちは社会全体で自らの二元論的思考にもとづく固定観念から抜け出さなければならない。男らしさや女らしさをわたしたちはどう考えているのか？　こうした言葉について改めて考えてみてほしいと言われると、なぜこれほど多くの人が怒りや嫌悪、恐怖を感じるのか？　そして従来から抑圧されてきた集団間にヘイトや分裂の種をまくことで、いったい誰が得をしているのか？

第６章

大衆の説得――反ワクチンネットワークの世界

政治的に影響を持つほどの割合で、人が常軌を逸したサブカルチャーから生まれた発想を信じるようになると、主流化のプロセスは完了する。

「ではファイザー社のワクチンに納得してるのですね？」と看護師が尋ねる。

わたしはきょとんとした顔をしていたに違いない。ウィーンの大規模なコロナワクチン接種会場でこんな質問をされるとは思ってもみなかったから。それは実家に帰省していたときで、ロンドンで予約を待つよりも、いまここでワクチンを打ってしまおうと考えたのだ。まだ授乳中の息子に少しでも免疫を与えられたらいいなと思って。

「そうじゃなかったらここには来ないかと……」

「たしかにね」淡々とした口調で彼女が言う。「自主的にここに来る人がほとんどだけど、パートナーや友人に引っ張られて来る人もいるんですよ」

適当な答えが見つからず、わたしはただ頷く。コロナワクチンの接種をためらうことは欧米では珍しくないことで、接種率が横ばいだったことから多くの国でロックダウンが延長された。フィナンシャル・タイムズ紙の調査では、西欧のなかでもドイツ語圏の国でワクチンを打たない人の割合が最も高かった。スイスとドイツを数パーセント上回るオーストリアは、反ワクチン派の先頭を切っている。２０２２年の初頭、この国の人口の3分の1以上が、いまだコロナウイルスに対して無防備のままだった。[280]

座ったとたん看護師がわたしの腕に針をさす。それは正確で一瞬のためらいもなく、痛みもなかった。ようやく1回目の接種を終えて安心できたので、ちょっとばかり痛くてもかまわなかったけれど。だがそれからしばらく待合室で壁の時計を眺めつつ、言われた15分が過ぎるのを待っているあいだも、さっきの看護師の言葉が頭から離れなかった。

数日前に友人と電話で話をしたとき、彼女はワクチンを打たないつもりだと言っていた。

「不妊になるリスクを避けたいの。ワクチンのせいで生理の周期が変わるって聞かなかった？」

さえぎることなく聞いていると、息もつかずに彼女は話しつづけた。「体にどんな長期的な副作用があるか何もわかってないのよ。ワクチンのせいで癌になったらどうする？　数年後にみんな死んじゃったら？　それに効き目がほんとにあるかもわからないし」

彼女を責める資格はない。わたしだって以前は自分の健康についてひどく心配していた。北京で1年間過ごしたときはあれこれ頭を悩ませた。未規制の物質に曝露されることや危険なレベルの大気汚染、度重なる食中毒の報告のせいで最初の頃は精神的に参ってしまった。けれど時がたつうちに不安のくびきは和らいだ。それからわたしの毎日は、ご想像のとおり嘘みたいに明るくなった。

わたしの心配性は理屈抜きのものだった。統計や確率などどうでもよかった。それどころか、思いつくかぎりの恐ろしい筋書きを頭のなかでこしらえて、繰り返しなぞっていたのだ。2018年にはミンスクで開かれるNATO主催の会議で話をするため、かの地に出かけた。イギリスからベラルーシに行く旅行者向けの案内を読むと、村の汚染された井戸水や、チェルノブイリ原発事故による一部地域での長期的影響について警告していたから、輸入されたペットボトルの水しか買わなかったし、2日間の会議のあいだ何も口にしなかった。わたしたちが泊まっていたのはミンスクの最高級ホテルで、上等のキャビアやありとあらゆる卵料理、挽きたてのコーヒーが朝食のバイキングに揃っていたのだけれど。それで自分のスピーチの番になったとき、ステージで危うくぶっ倒れそうになった。血糖値が下がりすぎたのだ。あとから思えば、何も口にしないなんてまったく馬鹿げたことだった。でも理屈抜きの不安をなだめるのは簡単ではないし、どうしたって克服できないときもある。

だから友人がワクチンの長期的副作用を心配するのも理解できる。それでも、その理屈でいえば、新しく出た鼻用スプレーも使えないし、新発売のチョコバーだって食べられない——こうした新製品が癌や不妊の原因になるとしたら？　それにスーパーマーケットや薬局で日頃から買う製品が安全だと100パーセント確信を持って言えるのか。結局は、既存の試験結果や品質評価をもって信頼するほかないのだ。

大半の病気には複数の原因があるし、その人にそれが起きるかどうか予測するのは困難だ。ヘビースモーカーの誰もが一生のうちに必ず肺癌になるとは限らないし、ワクチンを接種していない誰もがコロナに感染して重症になるとは限らない。大半の病気と同じく、コロナもすこぶる不公平で差別的で、命を落とす人もいれば、まったく無症状のままの人もいる。それでも肺癌と同様、重症化や死亡のリスクを減らすことは可能だ。

「どのみち重症になるとは思わない。コロナはインフルエンザの新しい株みたいなやつだから」と友人は言う。賭けに出るのは彼女の自由だ。でも社会全体のことを考えたら、ワクチンは個人の選択だけの問題ではない。ワクチンを打たない人は自分たちだけでなく他者のリスクも高くしている。そしてこんなふうに広がるのは病気だけではない。科学への不信もまた伝染性を持つ。アメリカの調査によれば、パンデミックは科学者や医学者への信頼の失墜につながった。医学者は一般市民の利益を最優先に行動するはずだと大いに信じている人は、

2021年にはアメリカ人のわずか29パーセントだったが、その前年は40パーセントだった。[281] 2003年のSARSの流行時と2020年のコロナのパンデミック下での行動調査で、心理的ストレスと科学への不信には密接な関係があることがわかっている。[282] ストレス要因——健康上の懸念や、社会的または財政的な不安など——に強く影響される人は治療指針や予防措置に従う率が低い傾向にあった。[283] 科学への不信は危険なラビットホールだ。最高の科学者を信頼できないのなら誰を信頼できるというのか。

＊＊＊

「僕はハンガーストライキの真っ最中なんだ」とマリウスが言う。「何も食べないで水だけ飲んでる。もう12日になるよ」

まばたきひとつせずにわたしを見る。疲れた目をしているが、眼差しは鋭い。ほっそりとした顔に黒縁メガネがずり落ちかけたマリウスは、弱々しく疲れ切って見える。これからあと12日間ももつのだろうか。

マリウスはルーマニアの出身だが、長いことロンドンで暮らしている。パンデミックが始まる前はウーバーのドライバーをしていたと教えてくれた。そしていまは、ホワイトホール

〔ロンドンの官庁街〕に自分で囲ってつくった8平方メートルほどの空間で過ごしている。彼の縄張りにはキャンプ用の椅子が2脚と折りたたみ式のテーブルがひとつあるだけで、あとは「コロナは詐欺」「5Gは大量破壊兵器《WMD》」「NASAへの資金援助を打ち切れ」、それから「ビル・ゲイツを暴け」と書かれたプラカードや旗が所狭しと飾ってある。この根城を彼は「真実の壁」と呼ぶ。

「真実の壁」でマリウスと出会ったとき、彼の話を聞く唯一の聴衆は、短パンにフードのパーカー姿の若い男性だけだった。

「家で死んだ人間は誰もいない。皆病院で死んでいる」マリウスは興奮した声で、並んだサインやプラカードの説明をあれこれ始める。「連中は僕らを殺してるんだ！」

わたしの隣にいた若い男性が、彼の話にじっと耳を傾けている。

いきなりマリウスが言う。「女王が爬虫類だってことを証明できるよ」

歩道の向こうを歩いていた数人が顔をあげる。

「女王が？」と思わずわたしが返す。聞き間違いかな。「どういうこと？」

「長い話なんだよ」マリウスが大きくため息をつく。「警官は全員、ハイブリッドさ。この国は85パーセント以上がハイブリッドだ」

「ハイブリッドって？」

いかにもわかり切ったことだといわんばかりに、マリウスが軽い調子で言う。「連中は僕らの頭のなかを読めるんだ。脳の15パーセントを使ってね。僕らは10パーセントしか使ってないけど」

「どうしてそんなことができるの？」

空になった水のペットボトルをマリウスが覗き込む。「爬虫類と繁殖させるんだ。ネピリムって知ってる？」

「旧約聖書に出てくる巨人のこと？」

「そう、神の子だ。それが純粋《ピュア》な人間と繁殖したんだ。簡単なことさ」

笑いそうになるのを必死で耐えて、わたしは通りを渡る家族に視線を移す。

「連中がこの世界のすべての政府を牛耳っていて、それで純粋な人間を殺してるんだ。純粋な人間にワクチンを打って、ハイブリッドにはプラセボを打つ。純粋な人間のPCR検査を陽性にして、ハイブリッドは陰性にするんだ」

わたしは隣の若い男性のほうに目をやる。野球帽にだぶだぶのパーカー、真っ赤な短パン姿はアメリカの大学生みたいだ。

「あなたは信じられる？」

若者が頷く。それから自分はメキシコから来たペドロだと自己紹介する。マリウスにはほんの3日前に会ったばかりだが、テレグラムでフォローしているグループで似たような話を聞いたという。

「でも、誰が人間で誰がハイブリッドかどうしてわかるの?」マリウスに訊いてみる。

「連中は赤外線の電磁放射を使うんだ。そしたら君のオーラが見えるのさ」

「なるほど」

「ほらね」ペドロが空を指さす。「飛行機が空に白い線を描くのを見たことあるでしょ。あれはケムトレイル。あれで天気を操作するんだ。僕らの頭上に降ってくるのは毒なんだよ」

マリウスがこくりと頷く。「週に1度、空が白い跡でいっぱいになるのが見えるはずさ」すぐ横の木からマリウスが埃《ほこり》をさっとつまむ。「通りでも目で見えるよ、白い砂みたいなやつだ」

杖を持った通行人がこちらをじっと見つめている。この年配の男性は何かの集まりに出てきたような洒落た服を身にまとっている。反ワクチンのプラカードの前で立ち止まると、あからさまに顔をしかめる。

マリウスがいかにも軽蔑したように見返す。それから「あんたは爬虫類?　イエスとノーのどっち?」とつっかかる。

年配の男性は怒りと困惑の表情を浮かべて「なんだって?」と大声で聞き返す。

マリウスがまたも無礼な物言いをする。「爬虫類だってばさ」

「何を言ってんだかさっぱりわからないね」

マリウスが年配の男性をじっと見据える。それから「あんたは嘘つきだ」といきなり叫んだ。男性はマリウスの手の届くところからだいぶ離れているし、ふたりのあいだに仕切りもある。それでも、まずい状況になったならなんとかしなくちゃ、とわたしは身構える。

幸い男性は数歩後ずさりしてから、こう言った。「私はコロナにかかって、いまは休み休みしか階段をのぼれないんだよ。君はコロナで亡くなったり、後遺症に苦しんだりしている人たちを侮辱しているんだぞ」

男性が歩き去るのを眺めてから、ペドロがわたしを振り返る。「君はワクチン打った?」

彼の顔は真剣だ。唯一の無難な答えはわかっている。

「打ってないけど」嘘をついた。「いまのところは」

「やめたほうがいいと僕は思うよ。新型コロナはインフルエンザさ、それだけのこと。ワクチンは危険だ」ペドロはちょっとためらってから続ける。「連中がワクチンに入れる物質が君の脳にゆっくり届いて、それで君も磁石にしちゃうんだ。どういう仕組みかはよくわからないけど。彼のほうがよく知ってるよ」そう言ってペドロがマリウスを見ると、マリウスはすでに気を取り直していた。

「ワクチンでどうなるんだっけ？　医学的な説明は？」

ペドロがマリウスの話を鵜呑みにしているのには驚いた。医学的なことを知りたいと思ったら、わたしなら〝バッキンガム宮殿の爬虫類〟について警告すべくハンガーストライキ中の元ウーバーのドライバーに、最初に訊いてみたりはしないけどな。

マリウスがペドロを見た。驚いた顔だが、それはまた別の理由からだ。「酸化グラフェンが君のＤＮＡを組み替えて、それに５Ｇアンテナも加われば、君はハイブリッドになってしまうんだ。これでもわからないことあるの？」マリウスがなかば怒りぎみに言う。わからないことがあるかって？　わたしは心のなかでつぶやく。

ファイザーとビオンテックが共同開発した新型コロナワクチンは99パーセントが酸化グラフェンでできていると信じる人は、わたしが思っていたよりもずっと多い。酸化グラフェンとは、大量に摂取したら人体に有害になりうる黒鉛《グラファイト》に由来するナノ物質だ。ワクチンが酸化グラフェンからできているとの説は、スペインのアルメリア大学教授パブロ・カンプラが発表した論文から始まった。この論文は２０２１年７月に複数の言語でオンライン上に拡散したため、フォーブズ誌やロイター通信社がファクトチェックの記事をあえて発表したほどだ。[284]ファイザーとビオンテックの新型コロナワクチンに酸化グラフェンが入っているとの主張が誤りであることは、すでに何度も証明されている。[285]このスペインの研究は専門家から科学的に欠陥があると退《しりぞ》けられ、教授自身によってすらも決定的な結果は得られなかった。[286]ましてワクチンは厳しく規制され、複数の独立した審査をへており、全成分のリストも公開されている。またワクチンによって磁力が生じる何よりの「証拠」とされるものもまったくの誤りだ。たとえワクチンに酸化グラフェンが含まれていたところで——もちろん実際には含まれていないが——金属製の物質が腕にくっつくことなどありえない。[287] こうしたありとあらゆるファクトチェックにもかかわらず、ワクチンは毒が入っているとか大量殺戮のツールだといった発想はいまだに消えていない。

酸化グラフェンは危険なワクチン陰謀論の一例にすぎない。ワクチンにまつわる偽情報のさらなる波が、アメリカ在住の自称ジャーナリスト、ラモラ・Dによって生まれることになる。彼女はワクチンのなかに寄生虫が見つかったと主張する研究のレビューを発表した。ところがその研究論文の著者とされる誰ひとりとして、ワクチン研究の分野でちゃんとした学位を持っていない。ひとりは地質学者、もうひとりは元整骨医の反ワクチン論者、3人目は『ペーハー・ミラクル』の著者で、無免許で医療行為を行い禁錮3年8カ月の刑を受けている。[288]

マリウスがメガホンを掲げる。「女王は爬虫類だ！」

彼の声がホワイトホールに響き渡る。思わずわたしは顔を覆いたくなった。

隣のペドロまでくすくす笑っている。「爬虫類の件はまだよくわからないな」とペドロが肩をすくめる。

あれ、ちょっと面白いな。さっきまでペドロはケムトレイルや殺人ワクチンだけでなく、天気は操作されていて、小児性愛者のエリートが児童人身売買のために地下トンネルをつくっていて、地球は本当は平面なのだとわたしに話していたのにな。女王が爬虫類だと信じるのも突飛さではどっこいどっこいな気がするけれど。

拡声器を介したマリウスの声が周りの政府の建物に反響する。「ダイアナ妃は女王の正体を暴こうとして殺された！　80パーセントがハイブリッド人間だ！　連中は純粋な人間を抹殺したいのだ。君たちの家族もバッキンガム宮殿の爬虫類に支配されているかもしれないぞ」

拡声器を下ろすと、マリウスががっくりと膝をつく。

「24時間以内に僕が爬虫類の支配からこの惑星を救えるってのに、誰も気にとめちゃいない。僕に必要なのは事務弁護士ただひとりなんだ。この前、刑事裁判所の判事の前に出頭したとき、『あんたはハイブリッドだ』って判事に言ったら、そのあと判事が僕の裁判を3月に延期した。それで僕の聴聞をすべて中止にしたんだ」

彼を見ていたら、ひどく悲しい気持ちになってきた。

自分は家族全員と音信不通になっているとマリウスが言う。「みんな僕に反対してる。僕の家族はもう全員が支配されちゃってるんだ」彼の目に涙が浮かぶ。「僕の頭がおかしくなったと思ってる。僕の元カノもそうさ。彼女を愛していたし、彼女も僕を愛してくれてたけど、彼女は僕の心が読めちゃったから」。プラカードに彼は思いのたけを綴っていた。

1　この世界を制するエリートたち（イルミナティ一族の爬虫類）は
2　意のままにできる人間たち（テレパシーによって操る奴隷）を
3　普通の人間と結婚させて我々を絶滅させようしている

ここに書かれた終末論的世界を信じたらどんな気持ちになるのかな、とふと思った。そのとき派手な黄色のベストを着た男性がマリウスに挨拶し、「どうしたんだい？」と声をかけてきた。するとマリウスは険しい顔を向けてこう言った。「政府に問題があるんだ。僕は女王が爬虫類だって証明できるぞ」。制服姿の男は混乱した顔で、自分はウェストミンスター区の職員だと説明した。するとマリウスはくるりと背を向けて両耳を塞ぎ、歌うように言った。「はいはいはい。あんたとは話さないよ」。自分は役人ではない、と男がマリウスを安心させるように言う。「私はゴミを収集してるだけだ」。疑わしげにマリウスが男を見る。「証明してよ」。ところが男が身分証を出そうとすると、マリウスがカメラを取り出し撮影しはじめた。「あんたが嘘をついているのはわかってるぞ！」。初めはとまどっていたゴミ収集作業員もついに迷惑そうな顔をする。「なあ、私はただ通りを掃除してるんだ。捨てられるゴミがあんたのとこにあるか知りたかっただけだよ」。肩をすくめて男は立ち去った。

そこはかとなく滑稽な場面ではあるけれど、そこには暗い闇が潜んでいる。「僕は誰も彼もを殺してやりたい、すべての爬虫類を」マリウスが真剣な声でわたしに言う。彼は見るからに苦悩していて、顔をゆがめてこう言う。「僕はもう生きていたくない。奴らを倒すか、それとも僕が死ぬかどっちかしかないんだ。僕か奴らかだ」

マリウスのことを精神疾患のある人間だと片付けるのは簡単だ。社会とは関係のない心理学的問題を抱える人間だと。それでも、これらにはやはりつながりがある。人口のかなりの割合が抱える不満や恐怖、空想はすでに危険な次元に達している。パンデミックのさなかに、ビル・ゲイツや国際的な保健機関が自分たち全員に化学戦争を仕掛けていると考える人が増えてきた。科学者や医療従事者、接客業で働く人びとまで狙った自発的な攻撃が急増し、コロナワクチンやマスクをめぐるひどく二極化した論争がきっかけで、暴力的な、ときに命にかかわる衝突が起きている。ドイツ東部では、注射を受けずに証明書を発行するよう要求して拒否された男性が、ワクチン接種クリニックで看護師と看護助手を襲い[289]、ニューヨークのイタリアンレストランでは、ワクチン接種証明書を見せるよう求めた接客係の女性が3人の旅行者に襲われ病院に運ばれた[290]。2021年9月21日には、ドイツの街イダー＝オーバーシュタインのガソリンスタンドで、マスクをつけるよう言われたことを理由に、男性が20歳のレジ係を射殺した。そのひと月後、ニューヨーク市のアップルストアの警備員が、店内でマスク義務に従わなかった客に複数回刺された[291]。さらにジョージア州では、マスクにまつわる喧嘩で食料品店の店員ひとりが殺害され、ふたりが負傷した[292]。

わたしが敵か味方か決めかねているふうに、マリウスがわたしを見る。彼から見れば、わたしはハイブリッドかもしれないし、下手したら爬虫類かもしれない。

「明日のデモに君も来る？」と彼が訊く。

一瞬、躊躇する。すると彼から公式発表のチラシを手渡された。

9月25日土曜日――午後1時――ハイドパークコーナー

政府にプランBを実行してほしいと思うか？　つまり、ワクチンパスポートやマスク義務やリモートワークなどなどを？　あるいはもっと始末の悪い秘密のオプションプランC、すなわちロックダウンを実行してほしいのか？　ともに街頭に出て、プランフリーに投票しよう。我々は自由《フリー》だ。

「もちろん」と答える。「向こうで会いましょう」

＊＊＊

わたしは決めた。それなら爬虫類人《レプティロイド》とやらに直接話を聞いてみようじゃないか。カロリン・シュヴァルツは、彼女をその手のひとりだと信じる人たちから脅迫を受けている。あるメールには、彼女の顔写真に、彼女が爬虫類であることを証明する顔の特徴の分析結果をつけたものまで添付してあった。彼女は有名なジャーナリストならびに偽情報の専門家で、ドイツ最大の公共ニュースネットワークARDでたびたびコメントしている。偽情報に日々立ち向かい、陰謀論の嘘を暴露《デバンク》することから、ヘイトキャンペーンでおなじみの標的になっている。

2020年の春からすでにWHOは、コロナのパンデミックが世界的な「インフォデミック」を引き起こしていると警告していた。ウイルスそのものよりもウイルスにまつわる偽情報のほうが速く拡散したかに見えるほどだ。ドイツでは、ドイツ人のポップシンガー、ミヒャエル・ヴェンドラーや元ラジオ番組司会者ケン・イェプセン、ヴィーガンの料理本の著者アッティラ・ヒルドマンといった有名人が、パンデミックやワクチンについて誤解を生む間違った説を大衆に吹き込んでいる。イギリスのコロナ否定論や反ワクチン運動の有名どころには、ピアーズ・コービン（元労働党党首ジェレミー・コービンの兄）、元看護師のケイト・シェミラニ、元サッカー選手でスポーツ解説者のデイヴィッド・アイクなどがいる。オーストラリアの反コロナワクチン運動の顔には、有名なシェフで元テレビ司会者ピート・エヴァンズ、スカイダイビングのインストラクター、ゼヴ・フリーマン、メルボルンを拠点とする弁護士でロックダウン中に集団訴訟を起こした弁護士セリーン・テファハがいる。[293] ２０２１年の報告では、拡散される反ワクチンの誤情報の65パーセントが、たった12人のアメリカの有名人から発信されたものだとわかった。この「ディスインフォーメーション・ダズン（偽情報の12人）」と呼ばれるなかには、環境専門の弁護士ロバート・F・ケネディ・ジュニア（そう、あのジョン・F・ケネディの甥である）、それから代替医療を提唱する起業家タイ＆シャーリーン・ボリンジャーもいた。一同のソーシャルメディアには、合わせておよそ６０００万人のフォロワーがいる。[294]

カロリンから見れば、このインフォデミックはコロナのかなり前から始まっていた。

２０１５年は偽情報と陰謀論が激化する、世界的なターニングポイントだったと彼女は言う。「あの頃、偽情報のタイプが変化し、ソーシャルメディアのせいでもっと政治的で、もっと拡散力のあるものになりました」。こうした変化は世界中の出来事のなかに見てとれた。アメリカではトランプの勝利、イギリスではブレグジットの国民投票、ドイツではいわゆる難民および移民危機だ。当時カロリンは地元紙ライプツィガー・フォルクスツァイトゥングで働いていて、間違った情報や半端な真実《ハーフトゥルース》が地方レベルでどんな悪影響を及ぼすかをその目で見ていた。間違った情報や非科学的な会話に、彼女はしょっちゅう悩まされた。だがそのとき初めて、組織的に発信される偽情報が民主主義にとってどれほど有害かがわかったのだ。「始終攻撃を受けなくて済む基本的な真実に、私たちの誰もが同意できたらいいと思ったのです」。そこで、移民や移民の犯罪といった問題を扱う記事をファクトチェックするサイト「Hoaxmap（デママップ）」をつくることにした。

　ファクトチェック組織とは、オンライン上で拡散される間違った、あるいは歪曲されたコンテンツを特定し、その主張をエビデンスにもとづいて評価するものだ。だがもともと誤情報は、医療と共通点がある。治療より予防が望ましいのだ。つまり、調査によれば、投稿された後にファクトチェックしても、事実に反する説の影響を逆転するのにほとんど役に立たない。[295]一片の偽情報がいったん世に出てしまったら取り返しはつかない。デバンクは偽情報より少ない人数にしか届かないし[296]、対処すべき嘘ほどは速く拡散しない[297]。それに理屈のない考えは、理屈が通った論破では太刀打ちできない。わたしもかつて心配性だったからわかるのだが、理屈なしの恐怖は、事実によってそう簡単に消えたりしない。しかも筋金入りの陰謀論コミュニティは、新たなメンバーをもうひとつの事実だけでなく、もうひとつのアイデンティティや帰属意識で手なずけることも多いのだ。

「なぜ人は陰謀論を信じるのでしょう?」とカロリンに尋ねてみた。

「陰謀論を信じる多くの人は、自分は『覚醒した人間』だから特別なのだと信じています。現実に何が起きているか知っている、ごくわずかな市民のひとりだと。その発想が自分のアイデンティティの拠り所になっているのです」

信念とはそれだけで存在するものではなく、感情や思考の複雑な網に組み込まれている。人がある陰謀論を信じるかどうかを予測する唯一最大の判断材料は、その人が他の陰謀論を信じているかどうかだ[298]。心理学者のいう「陰謀論的思考」を持っていると、たとえ根拠のない、非論理的な、もしくは矛盾したものでも、陰謀論的な説明を人は信じやすくなるという[299]。

人が陰謀論を信じることには心理学的な理由が多くある。情報の空白を埋めるため、恐怖や不安、無力感を克服するため、物事を見抜く力のなさを埋め合わせるため、迫害される内集団への帰属意識が得られるため、うまくいかないことの一切を誰かのせいにできるため。

世界的パンデミックは、すべての人に不安や孤独感などの個人的試練をいっそうもたらすため、こうした理由のすべてがさらに重きを増している。

カロリンが非難するのは、非科学的な考えを発信する人びとに、その主張をデバンクすることなくメディアが長らくプラットフォームを与えてきたことだ。たとえば、コロナ懐疑論者がテレビのトーク番組に呼ばれてワクチンの安全性について論じているが、彼らはウイルスの専門家でも免疫の専門家でもない[300]。「事実的根拠のない話がいかにも正しい見方のように討論で披露されていましたが、それはかなり危険なことです。ＮＡＳＡについて報道するとき、いの一番に地球平面論者に話を聞いたりしませんよね」。少し間をおいて話の理解を促してからまた続ける。「たしかに気候変動やコロナのパンデミックにどう対処すべきかはさまざまな意見があります。ですが、その存在そのものを疑うのはまったく別の話です」

偽情報の組織的拡散は、世界中でワクチン懐疑論を勢いづけており、しかも「もうひとつの」発想を発信する既存のネットワークと連携していることも少なくない。ソーシャルメディアの分析によれば、反ワクチンの偽情報をもっぱら拡散するのは、有力な陰謀論者、白人ナショナリスト、極右ポピュリスト政党が重なり合うネットワークだ[301]。メディアのロンドン・リアルは２０１１年にアメリカ系イギリス人の元銀行家ブライアン・ローズが設立し、現在アクセス数が10億回を超え、５００万人の購読者がいる。２０２０年以降、この

「自分を変えよう《トランスフォーム・ユアセルフ》」をスローガンとする自称「デジタル・フリーダム・プラットフォーム」は、物議をかもすアメリカ人生化学者ジュディ・マイコヴィッツだけでなく、有名なイギリスのホロコースト否定論者デイヴィッド・アイクも喧伝するコロナ関連の陰謀論に、かなりの放送時間を提供している。[302]

こうした怪しい思想を信じる人びとに、どうすれば疑いを持たせることができるのか。彼らを揶揄するのは、もちろん然るべきやり方ではないだろう。#Covidiots（#Covididioten）（コロナバカ）などのハッシュタグ・キャンペーンは逆効果だとカロリンは考える。「偽情報を鵜呑みし、陰謀論にはまりやすい人たちを冷やかしたり面目をつぶしたりするのは大きな間違いです。自分の話を聞いてもらえない、まして侮辱されたなどと感じたら、彼らはいっそう陰謀論のコンテンツに向かってしまいます」

＊＊＊

ドラムの音や警笛が遠くから聞こえてくる。煙の匂いが漂い、数千人の抗議者が制服姿の人間に囲まれている。前回の「ユナイト・フォー・フリーダム」の集会が暴力沙汰に発展したため、かなりの数の警官が動員されているようだ。あのときは抗議者たちが瓶を投げつけ、警官8人が負傷した。[303]

欧米各地の反ワクチンや反ロックダウンの抗議デモで、警察やメディアの人間が脅迫やハラスメント、暴行を受けた。ジャーナリストに対する暴力は、多くの記者が「耐え難い」と訴えるほどのレベルになった。[304] 2021年にベルリンでは、反ロックダウンの抗議デモで公共放送ARDのカメラマンが頭を殴られ、音声助手が襲われた。[305] その年の9月にスロヴェニアでは、反ロックダウンのデモの参加者が国営放送RTVスロヴェニアの本社を襲撃した。[306] 同月、イングランド北部の海沿いの町スカーバラで、BBCの取材班が8人を超える抗議者に集団で追い詰められ脅された。抗議者たちがこう叫ぶのをカメラがとらえている。「この国にしたことを償い、おまえたちは絞首刑になるのだ」「縄は用意できてるぞ」と。[307]

こうした激しい敵意を浴びた被害者たちの精神的ダメージははかりしれない。オーストリアでは、パンデミック下でワクチン接種を積極的に呼びかけていた著名な医師リーザ＝マリア・ケラマヤーが、ハラスメントや死ねといった脅迫を数カ月にわたって浴びたことで、2022年の夏に自ら命を絶った。脅迫について彼女は警察に相談していたが、たいした助けは得られなかった。「患者たち」がバタフライナイフを持って彼女のクリニックに入ろうとした。彼女のメールの受信箱に直に届いた脅迫のひとつはこういうものだ。[308]

件名：おまえを殺してやる
やあ、バカなクソ野郎。おまえは弁護士を使って俺を脅すこともできるが、どのみち俺を捕まえることはできない。かわりに俺がおまえを捕まえることにした。すでにそのつもりだし、おまえのクリニックの従業員も皆殺しにしてやろう。俺は武装してるし、二連式のショットガンを持っているからな。

＊＊＊

ハイドパークの門を入ると、ひとりの女性からこんなチラシを渡された。「おめでとう……あなたは覚醒したマイノリティ、この世界的な悪の独裁制にまるきり騙されているわけではないマイノリティのひとりです」。別の抗議者がくれたのは、ビル・ヒューズ牧師の本『コロナとその続きの話』それからフォーク&ゴスペルグループ、ディープ・パースエーションのアルバム「フリー・フォーエヴァー」のCDだ。

わたしが「主流」のジャーナリストだと気づかれないかぎり、とりあえずは大丈夫だろう。これまでの覆面調査とは違い、今回は外見についての心配は必要ない。ここに来た人たちは実に多種多様なのだ。周囲にいるのはドレッドヘアにだぶだぶのジーンズを穿いた女性、車椅子に乗ったごく普通な感じの年配の男性、ファシストのタトゥーにスキンヘッドの男性、それからエレガントなレトロワンピースにど派手なケンタッキー・ダービー・ハットをかぶった女性など。この抗議デモは筋金入りの陰謀論者やネオナチの差別主義者から、代替医療の支持者、キリスト教原理主義者、そして不安を抱く親たちまでを引き寄せている。見たところ80代後半の参加者から、両親の押すバギーに押し込まれた生後半年の赤ん坊までいる。

目にしたプラカードが訴えるのは「新世界秩序を潰せ」「子どもたちが注射で死んでいる」「BBCへの資金援助を打ち切れ」、そして「いちばん洗われているのは手か？　それとも脳か？」。抗議者の誰かに話を聞くべきか思案する。多くは家族や友人とこの場に来ているようで、ひとりで来たわたしはちょっと目立っているかもしれない。

トランプのTシャツを着た男が3人、すぐ目の前を通りかかる。男たちが疑わしげにわたしをちらちら見ている。気をそらすためにも、ちょっと質問してみるか。

「アメリカのかたですか？」

ジョニーはイギリス人だという。エセックス州に住んでいるが、抗議に参加するためにロンドンまで出てきたそうだ。

「アメリカ人じゃなくたってトランプのファンにはなれるさ。この国にもトランプが必要だ」。トランプが選挙で返り咲いたらアメリカに渡ろうかと考えているそうだ。3人の息子もアメリカで暮らしたいと思っている。

わたしは肯定の声をなんとか喉から絞りだす。

男がわたしをじっと見る。「アメリカのどこから来たんだい?」

「カナダ人なの」と嘘をつく。EUからの移民ではないふりが、自分のアクセントでいつまで通用するだろう。フランス系カナダ人ということにしておこうかな。

「おっと、失礼」と男が言うと、さっそくカナダの首相ジャスティン・トルドーと彼のリベラルな政策に怒りをぶちまける。

前にいた男性が「BBCを閉鎖しろ」と叫ぶ。それを契機に、わたしの相手はまた別の身代《スケープゴート》わりに嚙みつくことにした。「主流メディア」だ。

「メディアが言うことなんて一切聞いちゃだめだ!」と彼がどなる。「俺はテレグラムを使う。あんたも入るべきだよ。簡単さ。どこかのチャンネルに入ったら、すぐにみんなとつながるから。そうやってまったく新しい情報システムをつくるんだ」

彼が自分の携帯を取り出す。「ほらこんなチャンネルがあるよ」。男がスクロールするあいだに目にとまったチャンネル名は「Qニュース」「フラット・アース」「Qアノン・グローバル」「大いなる覚醒」。「ここから俺は情報を得ている。嘘つきメディアにもう用はない」

彼らと別れてから、しばらく周囲の人たちを眺めていた。カスタムプリントしたTシャツを着た数十人の抗議者が、わたしの前を通りすぎていく。スローガンで多いのは「セーヴ・ザ・チルドレン」、それから「仕組まれたパンデミック」という陰謀論にちなんだ「プランデミック」だ。

いったん頭を整理してから、今度はカジュアルな格好の黒人男性のほうに近寄った。彼の掲げるプラカードには「ペドを止めろ。子どもたちに手を出すな」と書いてある。外国人嫌悪のトランプ支持者と黒人男性が肩を並べて歩くのを見て興味を惹かれた。

「赤ん坊をどうするんです？」と尋ねてみる。

「連中は赤ん坊を殺してアドレノクロムを採取するんだ」

「アドレノクロムって？」

「アドレナリンは知ってるね？　アドレノクロムはアドレナリンを濃縮したものだ。アドレナリンよりもずっと濃度が高くて薬になるんだ。それを赤ん坊や子どもから採取するんだよ」

「どうやって？」

「赤ん坊を拷問すればアドレノクロムが出てくるのさ」

言葉が見つからない。「でも誰がそんなことするの？」

「セレブたち全員とロイヤルファミリーだ。連中はいつまでも若くて健康でいたいんだ」。

彼が遠くを見つめる。「ひどい話さ。ロイヤルファミリーが裏でどんなことをしているか、赤ん坊の血をどんなに欲しているか報じたドキュメンタリー番組を見たことない？」

　またしてもロイヤルファミリーだ。彼らは爬虫類人で、さらに若さを保つために赤ん坊の血を飲む悪魔崇拝者ってことか。どこかで聞いたような話だって？　それはこの陰謀論に数世紀の歴史があるからだ。中世にはユダヤ人がキリスト教徒の子どもの血を取り出し、宗教的儀式に使うといったデマが広まった。[309] 今日、この作り話の現代版が再び現れて、信じがたいほど多くの信者を集めている。アメリカの議員候補者の少なくとも24人が、世界的なエリートは血を吸う悪魔崇拝者だとの説を支持している。[310]

　目の前のバッキンガム宮殿を見つめながら、わたしたちは「デジタル中世もしくは暗黒時代」に入ってしまったのかとふと思う。２０２０年の前半、ドイツの町ハーナウで発砲事件を起こし、３人を殺害したテロリスト、トビアス・ラスジェンのことが頭に浮かんだ。彼もまた、秘密の勢力が幼い子どもを拷問すべく地下の軍事基地を利用していると信じていた。思わず頭《かぶり》を振る。それから「ほんとにひどい話」とわたしが返す。相手はまったく違うことを思い浮かべていただろうが、同じく相槌を打つ。わたしは質問を続け、彼が気さくに答えてくれることには感謝する。「ならどうやって子どもたちを連れてくるの？」

「組織が何もかも仕切ってるんだ」

「子どもを取られてしまった人を誰か知ってる？」

「ああ、ポルトガルに住んでるイギリス人の男さ。組織にひとりっ子を奪われたんだ」

ひょっとしたら実際は、被害妄想にかかった家族から子どもを保護するために児童保護局が介入したってことかもしれないな。

「なんで君はここに来たの？」男が尋ねる。自分は多くの抗議集会に参加しているという。

「フリーダム！！！」隣の人がメガホン越しに叫ぶ。「ワクチン反対！」

一瞬答えにつまる。「ワクチンパスポートのことで。あなたの名前は？」これ以上何も訊かれないよう逆に質問してみた。

「アースG。で、君は？」

「クールな名前だね」とわたし。「クレアだよ」

彼が手を差しだしたので、その手をとって握手する。できれば肘をくっつけての挨拶のほうがいいのになと心のなかで思いながら。

アースGは気さくな笑みを浮かべる。「はじめまして。こっちは妻のケイト。スウェーデン人なんだ」隣のブロンドの女性とも握手する。

「友だちを探しにいかなくちゃ」ふたりにそう言うと、わたしはそそくさとその場をあとにした。

＊＊＊

「注射《スパイク》に殺されるぞ。ワクチンは生物兵器だ。用心しろ」

数日後、わたしの愛国的なアバターのクレアは、ワクチンの副作用と称するものや「グローバルエリート」の組織図を拾い読みしていた。ペドロやジョニーに勧められたテレグラムのチャンネルをチェックしてみることにしたのだ。チャンネルには「ロンドン・プロテスツ・オフィシャル」とか「コロナのトゥルースネットワーク」、「アンチ・ワクチン・ワールドワイド」、「大いなる覚醒のコミュニティ」といった名がついている。（偽）情報のクラウドソーシングの拠点になっているものもあれば、抗議活動のための調整センターになっているものもある。これらは多くの反科学の活動家にとって急進化や偽情報を得るための情報源になっているようだ。どこを見ても、たいていのチャンネルの核となる陰謀論はQアノンのものだ。

最初にQアノンをわたしが潜入調査したのは、これが世界最大の陰謀論ネットワークになる以前のことだ。2017年に加わったときは、クリントン一家が首都ワシントンの地下で児童搾取のネットワークを築いていると吹聴する、アメリカの周縁のムーヴメントにすぎなかった。ところがほんの2年ほどでこのネットワークは世界的に拡大し、オランダからオーストラリアまで各地で分派を築いている。そしてバイラルなキャンペーンや「真実」に到達するためのゲームに似た集団調査を、新人の勧誘に利用している。ガーディアン紙の調査で、2020年にQアノンはソーシャルメディアで総じて450万人を超えるフォロワーを獲得し、15カ国以上に広がっているとわかった。[311] ソーシャルメディアにはQアノンに関連するチャンネルが数千とはいわずとも数百は存在する。テレグラムのチャンネルのうち主要なものには、12万人の購読者がいる「Qニュース」があり、購読者は「共産主義はコロナの最後の変異株」だと信じている。それに比べると、地球平面説のチャンネルのフォロワー数は4万4000人しかいない。コロナのパンデミックはQアノンの世界的な台頭に拍車をかけた。コロナ否定論者、反ワクチン論者、ロックダウン反対者、さらに従来の陰謀論者が不満や恐怖、怒りによって団結した。まもなくそれは「プランデミック」や「危険なワクチン」という発想に結実することになる。

ここでもう一度、Qアノンの自称捜査官たちがいかに深くまでラビットホールを降りていくかを見てみよう。メンバーは情報のいわゆる「パンくず」を集めて、「パン生地」を焼く――要するにそれは彼ら流の真実のことだ。まるでダン・ブラウンの本の世界に迷い込んだかのように、そこではさまざまな秘密や謎を解くことが必要になる。とはいえ情報のこうした断片は、たいていは信頼できない出所からクラウドソースされたもので、そのつながりも恣意的なものである場合が少なくない。ある信者にとっては、何ものも偶然には起こらないし、政治家のイニシャルや誕生日ですら突如として深い意味を持つのだ。

　従来の陰謀論コミュニティは現代化され、新興のトレンドに対応している。パンデミックのときにはその大半が、これに目を転じることにした——地球平面論者ですら話題を切り替え、もっぱらコロナ陰謀論について話すようになった。彼らはこうした新たな陰謀論を持ってきて、古くからあるものに紛れ込ませた。「コロナは何もかもユダヤ人によるものだ」とあるメンバーがわたしに書いてきて、ワクチン開発とコロナ対策に関与しているとされるユダヤ人のＣＥＯや政治家、科学者全員の組織図を送ってよこす。

　アンチ・ワクチン・ワールドワイドはたった数百人のフォロワーしかいない内輪のグループだ。メンバーは「コロナワクチンこそが病気のもと」だと信じている。あるメンバーは「ワクチン接種を受けた人に気をつけて。スーパースプレッダーになってるから」と教えてくれる。ワクチンを接種していない人にとって目下最大のリスクは、同じくワクチンを接種していない他人なのだといちおう指摘はしてみたが[312]。

＊＊＊

一カ月間、わたしの新たな日課は、自分がアクセスできる反ワクチンや陰謀論のチャンネルをすべてチェックすることだった。早朝のコーヒーを飲みながら連日テレグラムのフィードをスクロールすると、多くのグループがいまだにウイルスの存在を否定していて目を疑う。「コロナウイルスは存在しないし、あの注射はワクチンではない」何十人ものユーザーからそう聞くのだ。この時点で世界では2億5000万人を超えるコロナ患者がいて、500万人以上が死亡していた。有名なコロナ否定論者ですらウイルスに感染した。コロナは「集団ヒステリー」だと発言したアメリカのミュージシャンのランドン・スプラドリンはこのウイルスのせいで命を落とし、イギリスのコロナ否定論者ゲイリー・マシューズもしかりだ。[313]このパンデミックは悪ふざけだと考えたアメリカのコロナ懐疑論者トニー・グリーンは、テキサス州で自分が開いた家族の集まりがスーパースプレッダーイベントになり、数人の身内をこの感染症で亡くしたことで有名になった。[314]ノルウェーでは、非合法のコロナ懐疑論者のイベントの主催者が、おそらく自分の開いたイベントでウイルスに感染して死亡した。[315]携帯を見つめながら、わたしは胸のうちでつぶやく。コロナ否定論者が目を覚ますにはどれほどの証拠がまだ必要なのか。

だが、この二極化は事実が問題ではないのだと思い返す。それはアイデンティティの問題なのだ。それにコロナ否定論のこの騒動は、既存のアイデンティタリアンの闘争にとっても都合がいい。わたしの調査によれば、反ワクチン論者と陰謀論のコミュニティは、白人ナショナリストや反気候科学の界隈と大いに重なっている。さらに反フェミニズムや反トランスジェンダーのアクティビズムですら、こうしたチャンネルの多くに一枚加わっている。白人至上主義者のグループであるワールドエリートは、「ワクチンを接種して、それでもナショナリストでいるのは可能か？」という世論調査を行っている。それは無理だと大半の人は考える。コロナ否定論者と反ワクチン論者のナラティブは、ほぼ筋の通ったひとつの陰謀論に収束する。「自分たちが相手にしているのは、毎年現れる新たなインフルエンザ株のようなものだ。コロナウイルスなど存在しないし、ただの作り話だ」とある白人ナショナリストが書いている。続けて彼は言う。「中国とグローバリストがこのコロナの悪ふざけ（インフルエンザを新種のウイルスと偽った）を企てて、世界的な独裁制と世界警察による全体主義的監視国家を築こうとしていて、この計画には選挙の大がかりな不正もかんでいるに違いない」

別のユーザーからの次の質問は、多くの国の治安機関・情報機関がまさに懸念していることだ。「じゃあ僕たちは次に何をするの？？」

2021年12月、ピアーズ・コービンはダウニング街の首相官邸の正面に集まった数百人の群衆に、「嘘つき議員ども」を「もう少し痛い目にあわせる」必要があると訴えた。そして自分の信奉者たちにこう呼びかけた。

……新たなファシズムを推進しようとしたあのくずどもをやっつけるのだ［……］連中のリストを手に入れねばならない［……］そして君たちの選挙区の議員がその仲間ならば、オフィスに押しかけ、それから連中を焼き尽くすことをお勧めするよ。どうだね？　だがこれは放送では言えないな。[316]

翌月、デイリー・メール紙による潜入調査で、強硬派の反ワクチングループのメンバー200人の集団が、警察の包囲網を突破する訓練と政府に仕掛ける「戦争」準備のためにスタッフォードシャーのある公園に集合したことがわかった。この「アルファ・メン・アセンブル」（AMA）と称するグループを率いる元ロイヤル・フュージリア連隊兵のダニー・グラスは、仲間に軍隊式の戦闘訓練の基礎を教えていた。「私たちは全地域のワクチン接種会場や学校、校長、大学、地方議会、警察、公衆衛生局長を襲撃しなくちゃならない！」と参加したひとりの女性が叫ぶ。「私たちの誰もあのクソ注射《ジャブ》を打つつもりなんかないし、家族もみんなそうだよ[317]」

多くの陰謀論者はパンデミック下の生活にうんざりしていた。彼ら流の真実では、処罰できる具体的な悪者を見つけられるのだ。オンラインでのディスカッションを調べていると、多くのチャンネルで使われる言葉が日に日に攻撃的になっているのがリアルタイムで見てとれる。支持者らは言葉を行動に移したがっている。2021年までにアメリカだけで79人のQアノン信者が思想的な動機による犯罪をおかしている。[318]

治安機関にとって重大な課題は、暴力の標的となるものが多様化していることだ。Qアノンの世界観では、科学者や製薬会社、政治家、ジャーナリスト、マイノリティのコミュニティ、ハリウッドの俳優やセレブまで、すべてがすこぶる複雑な陰謀の片棒を担いでいるとされている。ひとつの明確な敵集団というものが存在しないので、襲撃されうる標的を守ることは不可能なミッションになっている。

＊＊＊

反科学活動家のなかには暴力が目的で運動に加わる者もいるが、似た考えの人たちによる内輪のネットワークへの帰属意識を得ることが動機の者もいる。陰謀論信者が親密な絆を結ぶとき、ポップカルチャーが鍵となる役目を果たすこともある。

J・T・ワイルドの音楽を聴いていると、思わずわたしまで頭を上下に振り、ビートに合わせて足を踏んでしまう。この曲はたしかになかなか良くできている。歌詞はばかばかしいながらも。

奴らは俺たちを嘆かわしい人《デプロラブル》と呼ぶ
だがその名は気に入ってるぜ
奴らの体は泥にまみれ
それを誰かのせいにしたいだけ

奴らは欲望のとりこ
そして金もたっぷりある
金庫にドル札ため込んで
そしてたっぷり嘘をつく

俺たちは一致団結して進んでゆく
俺はあんたを貶めたりしない
あんたは俺を支えてくれる

いつかきっと俺たちは立ち上がる
俺たちは一致団結して進んでゆく！

俺たちは愛国者
計画を信じよう
俺たちは望みをすべてかなえるから
奴らの運命は俺たちの手中

奴らが俺たちをだますのにはわけがある
だがその手には乗るものか
奴らは俺たちを地獄に行かせたい
だが俺たちは門の手前で銃をとる

J・T・ワイルドは歌も見た目も本物のロッカーっぽい。黒のTシャツにかかるほど髪を長くのばし、わたしと話をするのにプロ仕様のマイク付きヘッドフォンをつけている。彼の部屋には何本ものギターにドラムセットにマイクなど音楽機材が所狭しと並んでいる。壁の現代アートの隣には米国旗がかかっている。

「このムーヴメントは最高だよ」とJ・T・ワイルドがしゃがれ声でわたしに言う。ムーヴメントとはQアノンのことだ。「すごく楽しかった。最高に楽しいゲームみたいだった」彼の目が興奮に輝いている。「俺は物事をスピリチュアルに見るんだけど、もうひとつのまったく違った世界に入った気がしたよ……あっちを見てもこっちを見てもさ」このシンガーソングライターは天井を見上げ、しばし物思いにふけってから、わたしに視線を戻した。それからこう言う。「Qアノンにはたまげたよ。それでマジにクールな歌をつくれるようになったんだ」

J・T・ワイルドはフロリダ州で育ち、セックス・ピストルズやオジー・オズボーンをよく聴いていた。彼は、Qアノンの政治的方向性がひとつに決めつけられないことを教える一例だ。ワイルドは中絶には反対だが、LGBTQの権利は支持している。ベジタリアンになりたいと思ったこともある。自分は財政的には保守だが社会的にはリベラルだと言う。このムーヴメントは明らかにトランプ支持の、愛国的な、アンチリベラルの立場だが、それでも従来からの左派や右派、中道も惹きつけている。J・T・ワイルドは前から政治に興味を持っていたのだろうか？「いいや、以前はかなりスピリチュアルな人間だった」。そう言うと、過去にはユーチューブのチャンネルも持っていて、そこでスピリチュアリティや瞑想について語っていたと教えてくれる。だがいまでは「政治制度には改革が必要だ」と信じている。

J・T・ワイルドは2019年にQアノンに加わった。「破壊《ブレイクダウン》がなければ躍進《ブレイクスルー》はない。この制度をつくり直さなくてはならない」と彼は言う。Qアノンのおかげで急進的な変化を信じるようになり、アノンの仲間たちという新たな家族も見つけた。だが同時に昔の友人の多くを失った。友人たちは彼の過激な考えや陰謀論的思考にショックを受けた。まじまじとわたしを見てから、彼はこうきっぱり言う。「俺という人間はちっとも変わっちゃいないのに」。声に苛立ちを感じる。彼は明らかに暴力に反対していて、Qアノンの過激な面には納得していない。「このムーヴメントにはうんざりさせられることもあって、だからいまは積極的にかかわってはいないんだ」。それでも冗談っぽくこう付け足す。「俺はアメリカで最高に過激なロッカーだよ。陰謀論者のロッカーさ」

J・T・ワイルドの歌はQアノン信者に人気で、反ロックダウンや反政府の抗議集会で聴くことができる。「俺の『ショーを楽しめ《エンジョイ・ザ・ショー》』っていうアルバムはQのムーヴメントのコンセプトアルバムだ」と彼は言う。「テーマは愛国主義、団結、そしてこの政府や体制メディアの腐敗を根絶することだ」。彼の音楽はスポティファイやサウンドクラウドから締め出されたが、[319]こうしたプラットフォームも陰謀の片棒を担いでいるに違いないと彼は考える。

政府の内情を皆が大いに知りたがっているのだと彼は言う。「Qはその隙間をいろんなかたちで埋めてくれるんだ」。J・T・ワイルドはバイデン大統領がアメリカの民主主義の土台を脅かしていると考える。「現政権下のいまほど、俺たちの憲法が脅威に晒されたことなどないよ」

だが皮肉なことに、Qアノンはすこぶる反民主主義的な行動をとり、法の支配を受け入れないソヴリン市民やミリシア組織に支持されているムーヴメントだ。ドナルド・トランプを支持する暴徒たちは、2021年1月に議事堂を襲撃したとき彼の歌をかけていたのではないか？「そうかもね」と彼も認める。それでも議事堂の襲撃はすべて、治安機関かクリントン一家がこのムーヴメントを危険なものと見せかけるべく仕組んだ罠なのだと彼は考える。

マリウスやペドロ、ジョニーやアースGと同じくワイルドにとっても、信頼できない政府機関やメディア、学術機関や民間企業のリストは長大だ。上位にくるのはコロナワクチンの開発にかかわった製薬業界と研究者だ。ワクチンは人びとを遺伝子操作し支配するためのものだと信じている。「ナノボット技術」と彼は呼ぶが、それがどんな仕組みのものかは説明できない。「支配を狙ったほかの企みでも見られるやつだよ。冷戦時代のCIAのプロジェクト、MKウルトラ計画もそのひとつさ」。だがもっと詳しく教えてほしいと言うと、これはすべてただの推測にすぎないと彼も認める。

目に見える証拠がないとはいえ、彼はコロナの注射を打つのをどうみても怖がっている。「ワクチンを打つつもりはないね。連中が俺をつかまえて腕に無理やり打たないかぎり」。わたしはうなずき、「連中って誰？」と訊いてみる。すると彼が声を立てて笑う。「アハハ、決まって最初に訊かれることだ。連中こそがすべての黒幕だよ」。それから、この世界には巨大な組織があるのだと教えてくれる。「１００年前にマネーの裏にいた人間が、いまもマネーの裏にいるんだ。連中が世界全体を動かしてるんだ」

彼は具体的な集団の名をあげないが、わたしは治安ないし情報機関と仕事をしてきたので、この手の表現が、歴史上誰よりも陰謀論のスケープゴートにされてきた人びとへのヘイトや暴力を誘発しかねないのを目にしてきた。それはすなわちユダヤ人だ。ホワイト・ライブズ・マターと同様に、Ｑアノンもまた反ユダヤのお決まりの話を利用する。たとえば児童に性的いたずらをし、人の血を飲むグローバルエリート――これがユダヤ人だと暗にほのめかすことが多い――の秘密結社が存在するなどだ。

この１年で、Ｑアノン信者と反ユダヤのヘイトクライムは揃って急増している。パンデミックが起きて以来、世界全体で反ユダヤ主義がオンラインとオフラインの双方で目立って増えている。２０２０年の上半期だけで、イギリスでは７８９件の反ユダヤ主義の事件が報告された。[320] これは２０１０年の丸１年間の記録よりも多い。その年は６３９件の反ユダヤ主義の事件が発生し、当時それは英国内の反ユダヤ主義活動監視団体コミュニティ・セキュリティ・トラスト（CST）が1984年からユダヤ人に対するヘイトクライムを記録して以来2番目に高い年間発生数だった。[321] 反ユダヤのヘイトクライムが急増する傾向は、ユダヤ人にまつわる陰謀論が拡散されるかぎり続くことが予想される。2021年、CSTは初めて合計2000件を超えるヘイトクライムを記録した。[322]

＊＊＊

ウィル・モイはイギリスで偽情報と闘う最前線に立ってきた。彼が運営するファクトチェックを行うウェブサイト「フル・ファクト」は、コロナ陰謀論者の重点的な標的になっている。

「怒りのレベルが驚くほど上がっています」とウィルがわたしに言う。「パンデミックにまつわる主張や反論にかなりの注目が集まって、それに伴い怒りや虐待が生じているのです」。フル・ファクトのスタッフ、とりわけ女性スタッフへの攻撃が目に余るため、彼らはスタッフへの虐待を減らすべく積極的に取り組んでいる。

「なかには納得できるフィードバックもあります」とウィルは語る。「ですからフィードドバックをくれる誰も彼もをハラスメントとひと括りにすべきではありませんが、多くが実際にそうなのです。我々がいなくなったほうが嬉しいと思う人間が大勢いるんですよ」

　フル・ファクトが活動してきたこの10年のあいだに、総選挙が4回、国民投票が3回、移民危機が1回、テロ攻撃の波が数回、ブレグジット、パンデミック、ウクライナ戦争、そして壊滅的な経済的影響をもたらす歴史上類をみないインフレーションが起きている。「要はフル・ファクトが生まれてからほぼずっと、この国は危機モードにあるのです」とモイは言う。「平常とはどんなふうなものか知りたいですし、わかるときが来たら嬉しいでしょうね」。この社会が遭遇する大変動と、それにより生じる先行きの見えなさのせいで、わたしたちは皆揃って陰謀論にはまりやすくなっている。

　歴史を見れば、偽情報が危機の時代に勢いづくのはいつものことだ。14世紀のペストはユダヤ人が井戸に毒を入れたせいだと非難された。19世紀のコレラ禍では、医師が死体を入手するためにわざと病気をつくったとのデマが広まった。同様のインフォデミックが生まれるのは健康上の危機からだけではない。過去の経済危機や安全保障上の危機もまた、同じ集団的対処メカニズムを喚起させた。１９２９年の大恐慌や２００８年の金融危機はどちらも反ユダヤの陰謀論を焚きつけた[323]。９・11のトラウマは、Qアノンという複雑なマスター陰謀論の礎石《そせき》になった。

それでもコロナは偽情報を別次元のものにした。健康危機と経済危機が組み合わさったことで、大半の人が生涯で目撃してきたどんな出来事よりも、日々の生活に支障が出た。わたしたちはこれまでのライフスタイルを変えざるをえなかったことから、これを私的生活を脅かすものと受けとめた。この災厄をもたらした真実に向き合うよりも、知らぬ存ぜぬで通すほうが楽だと思う人も多かった。そしてこのデジタル時代に、集団でその存在を否定することは、ペストの時代よりも、それどころかほんの10年前の金融危機のときよりもはるかに容易になっている。

フル・ファクトは政治的混乱の時代に船出した。当時はとくにイラク戦争や金融危機の問題をめぐって、大衆をミスリードする政治家や質の悪いジャーナリズムへの懸念が高まっていた。「それでも、インターネットはいまほど情報消費に重要な役割を担ってはいませんでした」とウィル・モイは語る。「今日、3大ニュースソースにフェイスブックが入っています。BBCラジオ4はこのリストでは16位――フェイスブックやツイッター、インスタグラム、ワッツアップのはるか下です[324]」

ウィルは一風変わった経歴の持ち主だ。ファクトチェッカーは大半がジャーナリズムの出身だが、彼はもともと、盲目の上院議員で無党派のコリン・ロウ卿の下で働いていた。「彼は目が見えないので、僕がすべての報告書を彼に読んであげたのですが、なかには実にくだらないものもありました」とウィルは言う。そしてこう続ける。「あんなくだらないものを根拠に、この国をどうするかといった重要な決定がなされていたんです」。ロビーストに政治家がいいように使われるのを見て、なんとかしなくてはと彼はフル・ファクトを立ち上げることにした。

パンデミックが始まると、最も速く拡散するのは最もばかばかしいものだとわかってきた――コロナの治療に漂白剤を飲めばいいといったアドバイスもあれば、ビル・ゲイツがワクチンを使って世界中の人間を監視する実験をしているといった説もあった。

危機が発生すると、いわゆる「ダニング＝クルーガー効果」によって偽情報の拡散が煽られる。ダニング＝クルーガー曲線によれば、あるテーマについてほぼ何も知らない場合、自分の知識や判断を過度に信じる可能性が高くなることがわかっている。コロナが現れた当初、皆このパンデミックについてほとんど何も知らなかったので、だからこそ陰謀論や非科学的説明を信じやすくなっていた。だが情報が入ってくるにつれて、たいていの人は複雑で曖昧な状況にもっと上手に対処できるようになった。それでも偽情報が押し寄せることで、頭を切り替えられない人も多かった。自分は何を知らないのかが、彼らにはわからなかった。

ファクトチェックをすることは、目下のインフォデミックと闘うために役に立つとウィルは信じている。「考えを決めかねている集団、こちらが話を聞いてやるべき集団があるんです」と彼は断言する。どっちつかずの中道層とは、たとえば科学的研究は人口統計的にあまり多様性がないと感じているマイノリティのコミュニティだ。黒人の集団をワクチンの試験に参加させていないなら、どうして黒人がワクチンを安全だと感じられるというのか。「それなら心配するのも当然だし、それは対処されるべきことです」とウィルは語る。

彼は妊婦のことにも触れた。「彼女たちはいくつも心配を抱えています。この12カ月のあいだ、何かを勧められたかと思うと、今度はまったく違うものを勧められたりするんですから」。それに新薬は倫理上、妊婦を対象にした試験を行わないことが多く、胎児の発達における安全性を知ることは難しい。

科学に一点の曖昧さもないなどということはありえない、とウィルは言う。「有用な情報はだいたいにおいてもっと複雑です。ファクトチェッカーの仕事はこの世界を黒か白かに分けることではありません。活動家がこの世界を黒か白に塗る場所に、グレーの色合いを再び差し込むことです。私たちの仕事は往々にして、曖昧さを表《おもて》に出すことでもあるんです」

朗報はある。最近の研究によればファクトチェックは効果を発揮する。アルゼンチン、ナイジェリア、南アフリカ、さらにイギリスの参加者におけるファクトチェックの効果を調べた米国科学アカデミーにて発表された研究から、ファクトチェックの肯定的な効果は2週間後にもまだ確認できることがわかった。[325] とはいえ間違いを修正したところで、誰かのアイデンティティや世界観に根ざした信念を必ずしも変えられるとは限らない。それにはまた別のアプローチが必要だ。

「世界観とは一つひとつの事実が積み重なったものではないからです」とウィルは言う。「爬虫類がバッキンガム宮殿を支配していると信じる人には、ファイザー社のワクチンに酸化グラフェンが入っているかどうかファクトチェックするよりも、彼らの話に合わせた切り口でかかわる必要があります」

ウィルは、「医学的な証拠は間違っているか改竄されていて、自分たちは嘘をつかれていると心底信じる」ひどく頑《かたく》なサブカルチャーがあることを承知している。強固な意見を持つ人びとは、普段からファクトチェッカーにとって最も手強い相手だ。そもそも公的な情報を信頼しない人間を、公的なものに聞こえる情報によって心変わりさせるのはまず不可能に近い。

だがファクトチェッカーの仕事は、ワクチンは安全だと人を納得させることではないとウィルは言う。そうではなくて、自身で判断するための然るべき根拠を与えることだ。「私たちは公衆衛生の運動をしているわけではありません。誰かを説得して何かをさせようとしているわけではないんです」

ウィルは言論の自由の支持者だ。それこそが、公の議論の場で優れた情報が提供されることを何よりも保証すると信じている。「開かれた社会は開かれた議論に依って立ちます。……目先のことだけを考えれば面倒くさいことですが」。だが目下の課題については現実的な見方をしている。「オンライン上でますます細分化している視聴者と、どうすればオープンな議論をし続けることができるのかは、まだ我々にもわかっていません」

人びとの発言を止める場合、たんに間違ったファクトを主張するのではなく、高い基準を設けるべきだと彼は言う。問題なのは偽情報を拡散する意図とその結果だ。「あなたが消防署に行って火事ではないのに火事だと言えば、それは犯罪行為です――それが［事実として］間違っているからではなく、あなたのせいで消防隊が実際の火事現場に向かうことができなくなるからです」

削除の方針は、そのコンテンツよりも行動いかんで実行されるべきだと彼は考える。彼いわく間違った個々のコンテンツは削除すべきではない。かわりに有害な行動こそ規制すべきだ――たとえば連携した組織的な偽情報作戦に加わるユーザーを規制するなどだ。「それは一種の権力の乱用ですから」と彼は言う。

今日のオンライン情報の状況を一変させたのは、低コストで誰にも気づかれずに大勢の聴衆と簡単につながれるようになったことだ。しかも自分の意図やアイデンティティを隠すことで、自分が誰か、最終的に何が目的なのか人びとを欺《あざむ》くこともできる。「10年前に100

万人に自分の話を聞いてもらいたいと思ったら、自分で新聞を発行するか、大きな広告看板を出すしかありませんでした」とウィルは言う。「そうすればあなたのしていることに誰もが気がついたでしょう。でもいまは100万人に話しかけることができる。しかも、実際には誰にも知られずにね」

インターネットの規模は大いなる課題だ。同じ主張が国から国に広がっていくのをウィルは見てきた。「連日オンライン上で途轍もない量のものがつくられていて、もう人の手に負えるものではありません」とウィルは言う。「聴衆もばらばらに分断されていて、どの主張が世論を決定づけているのかすらわかりません」

フル・ファクトが投資している人工知能チームは、監視を自動化し、誰かが真実でない主張を繰り返す場合は特定し、場合によってはファクトチェックまで自動化している。だが解決策が向上している一方で、問題自体は悪化しているかもしれない。テクノロジーの発展は当然ながら、ファクトチェックや偽情報の撲滅に新たな課題を突きつける。たとえばディープフェイクや自然言語生成によって、あるコンテンツの裏にいる作者を特定するのはいっそう困難になるだろう。

「突き詰めれば、最初に何かがつくられ、それが最終的に人の目に触れるまでの全行程を通して信頼を築くことが必要になる」とウィルは考える。

先の章では、リベラルと保守のあいだにすでにある断層線——フェミニズム、ＬＧＢＴＱの権利、人種的正義——について検討し、環境論争が旧来の保守派の動機の新たな矛先になっているのを見てきた。それでも本章の調査をしているうちに、Ｑアノンのような今日の反科学的ムーヴメントは、従来の左派対右派、もしくはリベラル対保守の分断を超えたものになっていると気がついた。ファクトチェックやエビデンスにもとづくアプローチが異次元のファンタジーや誇大妄想《パラノイア》、真っ赤な嘘を相手にするようになると、わたしたちの時代を揺るがす対立とは、「クレイジーなもの」と「さほどクレイジーではないもの」との対立のようにますますもって見えてくる。

第7章

代理戦争の遂行——ロシアによる反リベラリズムの戦い

時間がひどく違ったふうに過ぎていく。1日が2日のように、ひと月が4カ月のように感じられる。

すでにひと月が過ぎたと思ったところで、もう動揺することもない。この戦争がいつ終わるのかここにいる誰にもわからない。それでもすでに決まった日課、新たな暮らしがある。

ベルやサイレンが鳴り、メッセージが届くたびに感じる痛み、恐怖、そしてとりわけ愛する気持ちはますます強くなっていく。このひどく長くて容赦のないひと月に、僕たちはたくさんの、実にたくさんのものを失ったが、それでも残念ながらいまはまだそれを悼《いた》むときではない。

いまあなたに考えてみてほしいのは、戦争の始まる前にすでに失っていたと思うもののことだ。死ではなく、諍《いさか》いのなかで失ったもの。戦渦のなか、かつてないほど強く、思いやり深く、愛情を持ってつながる人たちのことを。あなたを許し、あなたが許す人たちのこと。日中にあなたが思う人、ちゃんと食事をしているか、日に10回も尋ねる人のことを。

このひと月はあまりに多くのものを僕たちから奪ったが、それでも僕たちが以前は持っていなかったものを返してくれたし、それは戦争がなければ起きなかったことだ。

いま大切なのは、たがいに忘れないでいることだ。戦争は日課などでは、暮らしなどではないことを。戦争が終わったあとにすることをともに夢見て、戦争が終わったあとの暮らしをともに考え、ためらうことなく、恥じることなく、こう言おう。「あなたを愛している、あなたがいないととても寂しい」と。

デン・クブリアク、ウクライナの戦士、2022年4月

ロシアがウクライナに侵攻して6週間、デンはメッセージアプリ「シグナル」を経由してキーウからわたしとつながっている。

画面の向こうには33歳の背の高い豊かな顎髭の男性。互いに自己紹介をし、彼がミリタリージャケットを脱ぐ。調子はどうかと尋ねると、彼はにっこり笑って、自分の禿げた頭を

指さす。「僕に起きた最悪のことは、これだね」。ユーモアのセンスはなくしていないみたいだ。

若くして3児の父親であるデンは、戦争が始まったとき戦地に行くのを断ることもできた。それでも急いで軍に加わった。「あまりに急なことだったから。心構えをする時間など誰にもなかったんです」と流暢な英語でわたしに言う。妻と子どもたちはいまヨーロッパのどこか別の場所にいる。2月にロシアによる侵攻が迫っていると米情報機関から警告を受けてすぐ、家族を国外に脱出させようと決めたのだ。戦いの火蓋が切られたらすでに遅いとわかっていた。

戦争が起きる前の暮らしは順調だった。「素晴らしい日々でしたよ」と言う彼の顔に笑みが広がる。「ランニングにはまっていて、よく国外に出かけては自然のなかを10キロ走って、それから次の日に家族の待つ家に帰るんです」。子どもたちに学校に行く支度をさせ、車で送ってから仕事に向かい、それからまた子どもたちを迎えに行くのが日課だった。デンの両親はウクライナでラジオ局を運営していたと教えてくれる。戦争が始まる前、デンはジャーナリストとして活動し、通信業界で働いていた。「デジタルマーケティング会社のオーナーでした」と彼は言う。「いまもまだ一応そのようですが」と言い添える。「でもこのところほぼ廃業みたいなものでね」

デンはジャーナリストとして、戦地から報道するときに備えて敵対的環境下で活動するための訓練や戦闘の訓練を受けていた。だが実戦の経験はなかったし、自分の訓練が現実の戦闘で役立つことになるとは思ってもいなかった。「誰にとっても予想外でしたよ。ドンバスで戦っていた兵士がわずかにいましたが、それくらいです。僕ら全員ほぼ何ひとつ経験がなかったんです」。だがデンは何もしないわけにはいかなかった。ウクライナ軍に参加したのは勇敢だからではなく、愛するもののためだとわたしに語る。「僕には怖いものがたくさんあります。水が怖いし、高いところも怖い。けどロシアが侵攻してきたら、自分が戦うべきかどうか迷うことなどなかったですね」

わたしたちが話をしているときも、米情報機関からロシア軍がキーウで化学兵器の使用を計画していると警告が入っていた。すでに彼らはマリウポリで化学兵器を使っている。デンは死を恐れてはいないという。「ここの誰もが同じです」そう言うと自分のガスマスクを見せてくれる。「けど化学兵器みたいなものに備えることなどできませんよ」と彼は言う。「皮膚を通して入ってくるから」。それから電子タバコをひと口ゆっくりと吸う。「プーチンならなんだってやりかねません。彼は孤立していて戦争の力学をよくわかっていないし、道徳的な抑制もきかないのでね」。デンは蒸気をフーッと大きく吐く。「連中がまた化学兵器を使うかもしれないと覚悟しておかなくちゃならないし、核兵器だって使うかもしれない。そうなっても驚きませんよ」

デンにとって、たとえロシアとの目下の戦いに勝ったとしても、それは戦争そのものに勝利したということではない。「2、3年もしたら連中はまた戻ってくるでしょうよ」と彼は言う。プーチンはウクライナ、ジョージア、バルト諸国への攻撃を続けるだろう。自分が戦っている戦争はウクライナだけのものではないとデンは考える。「僕たちの勝利はウクライナだけでなくヨーロッパ全体の勝利なんです」。それは価値観の根本的な対立だ。クレムリンはマイノリティ、言論の自由、リベラルな進歩的価値観に戦争を仕掛けている。「ウクライナで僕らもたまに政治的に正しくないジョークを言ったりするけど、ロシアはジョークどころかそれこそ本気なんです」

侵攻が起きる前に、米情報機関はロシア軍がウクライナのLGBTQ活動家を標的とした暗殺や誘拐、検挙を企てている可能性があると警告していた。バイデン政権が驚いたのは、ロシア連邦軍参謀本部情報総局（GRU）とロシア連邦保安庁（FSB）の標的および殺害リストが公的に認められたものだったことだ。[326] デンもそれを裏付ける。「僕たちが入ったブチャや他の都市では、銃殺すべき人間をリストアップした紙も見つかりました」。ロシアの政策や価値観に異議を唱える者は誰もがそこに入っていたと彼は言う。ジャーナリストや教師だけでなく、革新的な活動組織やマイノリティのコミュニティに属する者はこぞってだ。

ウクライナに亡命したロシアやベラルーシの反体制派の人間も格好の標的だった。ホモセクシャリティはウクライナ東部の都市ルハンシクでは犯罪とされているが、ここは2014年からロシア軍に占領されている。[327]2022年の侵攻以前にも、ウクライナ東部に住むプライド・グループのメンバーが尋問され、他のLGBTQ活動家を密告するよう迫られていた。[328]

プーチンはロシア文化を「キャンセル」する西側の計画と称するものについて警告したとき、それを伝統的な価値観に対するもっと広い意味の戦争に結びつけた。西側の「キャンセルカルチャー」を声高に非難する際に、プーチンはJ・K・ローリングの名を持ち出し、彼女が叩かれたのは「ジェンダーの自由とやらを愛する連中の不評を買った」からだと言った。ところがこの『ハリー・ポッター』シリーズの著者はただちにツイートでこう返した。「抵抗という罪ゆえに市民を大量殺戮し、自分を批判する人間を刑務所に送り毒を盛る人間が、西側のキャンセルカルチャーを批評したところでまず当てにはならない」と。

欧米の反LGBTQのアクティビズムとロシアとのつながりの歴史は古い。たとえば、アメリカのキリスト教原理主義団体である世界家族会議はロシア正教会と関係が深い。とりわけオリガルヒのウラジーミル・ヤクーニンとコンスタンチン・マロフェーエフは、過去に同性婚や中絶、トランスの権利に反対する欧米の反リベラル運動とロシアによる資金提供との橋渡し役を務めていた。[329]

プーチンは西側の進歩的な政策や「社会文化的混乱」をたびたび攻撃してきた。2019年にこのロシアのリーダーは、リベラリズムは「時代遅れ」になったと断言し、2021年には、子どもたちにジェンダー流動性を教えることを「人道に対する罪」と呼んだ。[330] プーチンが結集しようとしているのは、「揺るぎない過去を懐かしがり、リベラルな現在が始終不安定であることに憤る人びとだ」とニューヨーク・タイムズ紙のコラムニスト、エズラ・クラインは書いた。クラインによれば、ウクライナが今日ロシアに属するという論理は、過去の社会階層を擁護する論理と似ているという。[331]

＊＊＊

4月の天気にサングラスや冬の帽子はぴったりとは言いがたい。日差しはそんなに強くもないし、もう寒さも肌を刺すほどではない。2022年4月10日、カメラがズームするその先のフランクフルト市街には、ロシアとドイツの旗を振る数百人もの抗議者。そこに囲まれて立つわたしは、どちらも身につけていてよかったと安堵する。マスクも便利なアイテムだが、この群衆にはきっと快く思わない人が大勢いる予感がしたのだ。

フランクフルトはいま午後1時。オペラ広場で親ロシアの抗議集会が徐々にかたちをなしていく。抗議の場に警察車両がこんなに多く停まっているのは初めて見た。先週末にベルリンに現れた車の隊列の再来をまた見たいとは誰も思わないだろう。あのときは７００台もの車が集まって、ロシアによるウクライナ侵攻への支持を表明した。ロシアの戦争のシンボルで飾られた車という車が、マスク義務やワクチン接種義務に反対するスローガンと合流した。[332]今日開かれる抗議集会には厳しい規制が敷かれ、ＺやＶ、ソヴィエト連邦の国旗、聖ゲオルギウス十字、さらに聖ゲオルギウスのリボンなどロシアのプロパガンダのシンボルも禁止されている。

初めのうち抗議集会は予想どおりのものだった。ドイツの学校で起きたとされるロシア人児童への嫌がらせについてのスピーチが終わると、続いてロシアとドイツの国歌が歌われた。警察隊の左右から激しい怒号が飛び交う。親ロシアの抗議者と、彼らに抗議する親ウクライナ派だ。ロシア国旗を体に巻きつけ、両頬に愛国者の白青赤のラインを描いた抗議者たちが、フランクフルトの「中央墓地」、歴史的建造物のハウプトフリートホーフに向かって移動を始める。

抗議デモで最初に出会ったのはガブリエルだ。ガブリエルの政治的な立場はほぼ瞬時に見当がつく。ツーブロックの髪と形を整えた髭からか。それとも背中に下げたガイ・フォークスのマスクからもしれない。昨今、極右や陰謀論コミュニティはこの１６０５年に起きた火薬陰謀事件のシンボルをハイジャックしている。イングランドの地方から出てきたカトリック教徒の一団が、ロンドンで国会議事堂の爆破を企てて未遂に終わった事件だ。

最初、ガブリエルはクエルデンカー（異端者）かなと推測した。ドイツのクエルデンカーはパンデミックの結果生まれたムーヴメントで、今日では数十万人の支持者がいる。彼らはオンラインのグループチャットに参加し、ドイツの諸都市で反コロナの抗議集会に顔を出す。Qアノンのナラティブやスローガン、シンボルをあしらったTシャツに、プラカードや旗を掲げていることも少なくない。極右過激主義者、もとは左派の反ワクチン論者、旧来の陰謀論者、新しく生まれたばかりのコロナ否定論者、そして民主主義の秩序を拒否する筋金入りのソヴリン市民などの雑多な集団だ。

ちょっと試してみるかな。「あなたはいつ覚醒したの?」Qアノンや反ワクチンコミュニティの言葉を使ってガブリエルに訊いてみる。「僕はコロナの前からとっくに覚醒してたよ」。当たりだ。彼がこの国の仕組みに不満を持ったのは、最初のパンデミック下のロックダウンよりも前からだと教えてくれる。「これまでさんざんでたらめや嘘を教わってきたけどさ、いよいよ何か起きそうだなってうすうす感じてたんだ」。コロナにかかったことで危うく考えを変えるところだったという。「デルタ株にかかって死にかけた。ワクチンが打てるならすぐに打とうって誓ったよ」。それから少し黙ってわたしをじっと見ると、さらに続けた。

「けど幸い、あの注射が本当はどんなものか気づくのに間に合ったから」[333]

「昨日のコロナの抗議に参加した？」と彼に訊かれる。いいえと首を振り、この週末に来たばかりだからと答える。抗議に参加する前に筋書きは考えていた。わたしの名前はメアリー。バイエルン出身でロシアの家系だ。フランクフルトまで来たわけを説明するが、どのみち彼は半分しか聞いていない。「ロシア！　最高の国。ロシア！　最高の国！」と歌いだす。ときおり「ロシア！」が「セルビア！」になる。

ときどきガブリエルは立ち止まり、この光景を見ようとバルコニーに立つ人や、窓から身を乗り出す住民に手を振っている。手を振り返してくれる人もいれば、悪態が返ってくることもある。声援を送ってくれるひとりの男性は、バスローブしか着ていない。「降りてきて仲間に入りなよ！」背後で鳴るロシアの音楽に負けじと大声でガブリエルが叫ぶ。彼が誰にでも話しかけ笑顔を振りまく超社交的な人間であるのは間違いない。でもひょっとしたらロックダウンによる副作用ってこともあるのかも。

小走りしながらガブルエルについていくうちに、彼がテレグラムでいくつかのグループを主催していることがわかった。私にアイフォンの画面を見せて言う。「すごいだろ。僕たちみるみる大きくなってるんだ。これはほんの数カ月前につくったやつだけど、メンバーがもう350人を超えている。他にもいくつかグループを主催してるんだよ[334]」。どれもがつながっていて、投稿するのはもっぱら親ロシアと反ワクチンの活動についてのことだという。「君も入る?」。それから電話番号を教えてくれる。「非公開のグループなんだ。でも君なら入れてあげるよ。僕にメッセージを送ってくれればね」。わたしたちはデモのあとに連絡を取り合うことにした。

テレグラム上の露骨な陰謀論のグループは、どうやら今日、ロシアの戦争を目立って支持する多くのドイツ人をつなぐ役目を果たしているようだ。わたしが会ったほかの数人の抗議者も、テレグラムを情報や動員の予定を知るための場だと語っている。ロシア人の妻と一緒に来たドイツ人の男性、急進的なロシア支持の友人と来たクルド人のソーシャルワーカー、メディアによるこの戦争の報道の仕方に憤慨する中年女性もだ。彼女にすれば、メディアの報道は「現実に」起きていることを、ひどく偏った歪曲されたかたちで伝えるのだという。

「警察車両の数は尋常じゃないね」前を歩く男性が、白髪混じりの頭につけたプロ仕様のマイク付きヘッドフォンに向かって興奮した口調で話している。「同性愛者《ファグ》のデモではこんなの絶対見られないぞ」[335]。そんなホモフォビックの中傷言葉が耳に入る。男性が少しのあいだ話すのをやめたので、すかさず声をかけてみる。「ライブ配信しているのですか?」。彼は声を立てて笑うと、首を横に振る。「電話で話してただけさ」

周囲の喧騒をよそに、わたしたちは歩きながらこのデモについて話をした。「ロシアが自分たちの望みを叶えてくれればいいんだが。僕はロシアの勝利を願ってる」と男性が言う[336]。彼がロシアを支持しているだけでなく、コロナ対策や代替エネルギー、石炭火力発電所の閉鎖に反対しているとわかるのに時間はかからなかった。ここにもクエルデンカーがまたひとりいた。国連や「グローバルなエリートのお偉方」が語るおとぎ話について彼が語りはじめたそのとき[337]、デザイナー風のメガネをかけた、いかにも元気溌剌な男性が、自分はフリーのジャーナリストのマルティンだと自己紹介してきた。

それからいきなりマルティンは、自分のアイフォンでわたしたちを撮影しはじめた。大胆なやり口には驚かされたが、彼はロシア支持のこの抗議者コミュニティになかば認められ、なかば嫌われているといったところのようだ[338]。白髪混じりの男性は彼に友好的な立場で、自分の顔にカメラが向けられるのを楽しんでいるふうだ。「何に抗議しているのか教えていただけませんか?」とマルティンが訊ね、カメラが被写体の鼻先数センチに近づく。この男性をよく見せるようなアングルでもなさそうだ。男性がこう答える。「広い意味での言論の自由だよ。どんな話題でも報道がどんどん偏ったものになっていて、とくに同種の大手メディアはそうだ。公共放送だけじゃなく民間のメディア企業もそう。例外はほんのわずかだ[339]」

このクエルデンカーは、情報を得ているメディアは何かという質問を予期していたみたいだ。躊躇なく答える。「ドイチェ・ヴェレとハーアーインフォ（hr-iNFO）だよ」。このふたつは陰謀論者が「主流メディア」とよく非難する、ドイツの信頼できる情報源だ。それには驚いたが、それから彼はこう付け足した。「ユンゲ・フライハイト、カトー（Ｃａｔｏ）、それからインターネットもね」。こっちのほうがそれらしいなとわたしは思った。ニューライトのメディアだからだ。

ホモフォビアがプーチンの熱心な支持者のあいだの目立った特徴だとすれば、ミソジニーにも同じことが言える。「プーチンが妻を殴ることをどう思いますか？」とマルティンが男性に尋ねる。これはプーチンが家庭内暴力を働いていると非難したドイツ連邦情報局（ＢＮＤ）の関係筋に触れたものだ[340]。少しの間《ま》がある。男性はどう答えようか考えている。

「妻を殴らない奴なんているのかな？　それって頻繁にあることなのかな？　それはいまここで本当に問題にすべきことかね？[341]」

マルティンがこっちを見る。「君にもインタビューしていいかな？」

「遠慮したいな」と言って、わたしはいかにも恥ずかしそうな顔をする。

「ああ、カメラの前に顔を出したくない人も多いよね。それってどういうことかな？」白髪混じりの抗議者がいきなり口を挟んでくる。

「なんでカメラの前で話したくないの？」マルティンがしつこく訊いてくる[342]。

ロシア支持者たちから十分離れた場所まで来ると、わたしはこのデモを研究者として取材しているのだとマルティンに伝えた。自分の本名を言うと彼が叫んだ。「君のこと知ってるよ、『ザ・レイジ』を書いた人だよね！」わたしは慌てて、しっ、黙ってと人差し指を唇に当ててから、そわそわと後ろを振り返る。

頭を剃りあげた背の低い男がこちらに向かって歩きながら叫んでいる。「NATOがこの戦争をしたいんだ！　テロとの戦いと同じことだ。テロ事件がどこで起きたか見ればわかる。何もかも仕組まれたものだ！」。目は怒りに燃え、すぐ脇の警官の列を指さす。「それに連中はパンデミックや自国民相手の戦争をでっちあげた。国民が目を覚ましたら、今度はまた別の危機が必要になったってわけだ[343]」

＊　＊　＊

その夜、テレグラムにログインし、ガブリエルの電話番号を打ち込んだ。

彼のプロフィールにはたったひと言、「ワクチン非接種」とある。[344]

プロフィール画像をスクロールしていくと、西側の悪魔主義を非難するプーチンの言葉、ワクチンを打った人たちをゾンビに描いたミーム、「ワクチン非接種の独身者」の興味を引く言葉などがこれでもかと出てくる。[345]

一瞬ひるんだのは、ガブリエルのこの発言だ。「教師、政治家、ジャーナリスト、ワクチン接種医、警官、それからいまだ口裏を合わせる支持者ども全員に告ぐ。地獄に落ちろ」[346]

　ここで引き返すわけにはいかない。わたしのメッセージは短くてシンプルだ。

「こんにちは《ハイ》、デモで一緒だったメアリーです。あなたのグループに入りたいのですが」[347]。送ってみた。

「ヘ――イ☺」すぐにフレンドリーな答えが返ってくる。デモのときもこんな感じだったな、と思い出す。

「もちろんかまわないよ」ウインクの絵文字を添えた返事が来る[348]。

　彼の温かな対応にはちょっとびっくりした。投稿ではあんなに強い憎悪と不信を吐露しているのに。**「この世界にはもううんざりだ。食べるものも見るものも聞くものも体に吸い込むものすら信用できない。何もかもこのシステムに毒を入れられているんだ」**[349]

　また別の、政治と関係のない世界で彼と会ったなら、友だちになれたかもしれないが。

　わたしが参加するのは、ガブリエルがテレグラムで主催する非公開グループ「T3chno4Fr33domSpirit」だ。

「おはよう！　プーチンはそもそも初めからこのＮＷＯの悪魔主義者らに反対してきた」というのが最初に見たメッセージだ。ＮＷＯ（新世界秩序《ニューワールドオーダー》の略）は１９９０年代に初めて現れた陰謀論で、パンデミックが起きてから急速に牽引力をつけている。信者によれば、この世界を牛耳るのはグローバリストのエリートからなる独裁的な秘密結社で、彼らは弾圧的な政策を導入すべく、テロ攻撃や新型コロナのような病気を捏造し、反体制派を幽閉する収容所を全米で数百カ所もつくっているという[350]。

抗議デモの翌日、ガブリエルが自分のインスタグラムのスクリーンショットを送ってくれた。そこで彼はフランクフルトで開かれたロシア支持の抗議集会の動画をアップしている。「昨日公開したら、もう1万800回以上も視聴されてるよ」と教えてくれる[351]。主題がウクライナであれコロナであれ、彼のキャンペーンはソーシャルメディアで成功している。テレグラムで彼はフォロワーたちをけしかけ、ドイツ政府が検討しているワクチン接種の義務化に反対する大規模なキャンペーンへの参加を促している。「僕らはどのみち続けなくちゃならない。ワクチン義務化との戦いに勝ったとしても」と彼は書く。「この悪魔崇拝者らが相応の罰を受けるまで、そして願わくば再選挙でAfDがトップになるまで[352]」。別のメンバーも同意見だ。「いま止めるわけにはいかない。このテロ政権を打倒するのだ！[353]」

Qアノンとクエルデンカーと親ロシアのコミュニティは驚くほど重なっている。COSMO（コロナの社会的移動および機会）調査によれば、ドイツでワクチンを接種していない人の43パーセントが、ウクライナ戦争はパンデミックから人びとの気をそらすものにすぎないと信じている[354]。ドイツの非営利団体「監視・分析・戦略センター」（CeMAS）の調査によれば、（コロナワクチン抗議者のほうが）戦争に関連する陰謀論を信じる割合が56パーセント高い[355]。Qアノンの投稿が親ロシアのグループにシェアされるか、またその逆の場合もよく見かける。「マスクから自国の歴史まで、コロナはありとあらゆるものを疑うよう我々の背中を押す」とガブリエルのグループの誰かが断言する。「コロナは知能テストなんだ」。ヒット映画『マトリックス』や『トゥルーマン・ショー』『インセプション』は、わたしたちは幻想や偽の世界、あるいは夢のなかに生きているのではないかとの問いをテーマにしているが、これらを観て、自分たちはすでに下準備ができていると考えるメンバーもいる。とはいえ、Qアノンはハリウッドを世界的陰謀の元凶だと名指してもいるのだけれど。投稿はまだ続く。「Qの計画の次の段階は、大いなる覚醒。人類の解放だ[356]」

ガブリエルのチャンネルは、もっとはるかに大きな現象の一端にすぎない。何年もかけてロシアのプロパガンダや偽情報は、西側で極右や陰謀論のチャンネルを盛り上げるのに欠かせない役目を果たしてきた。クレムリンが関与する計画とは、トロール軍団に金を払って過激主義のメッセージを拡散させたり、たんにカオスのタネを巻き散らしたりすることだ。ロシアの情報戦争が注力するのは、情報空間を嘘で溢れさせ、周縁の過激主義のナラティブを強化することで真実に疑いをかけること。そうすることでクレムリンが支援する活動は、目下の社会的分断をさらに広げ、欧米のメディアや政治プロセスへの不信を植えつけてきた。ロシアによる同じ干渉の手法が、トランプが勝利した米大統領選、ブレグジットの国民投票、ヨーロッパの選挙のいくつかにも見てとれる。[357]

ドイツ東部の「自由ザクセン」党のようなムーヴメントは、クレムリンが煽る陰謀論をもとに反政府の抗議活動を実行してきた。こうしたムーヴメントは外集団思考により、旧来の敵に新たな敵を合体させている。ソロスとロスチャイルドはコロナとウクライナ戦争から恩恵を受けていると非難される。ウクライナ大統領のヴォロディミル・ゼレンスキーは、NATOとNWOの利害のために働く西側の操り人形とみなされる。[358]

アリーナ・リップはドイツでもとくに有名な親クレムリンのインフルエンサーだ。ハノーファーの緑の党の元メンバーである28歳のリップは、ドイツ人の母親とロシア人の父親を持つ。彼女はロシアの国営メディアのトーク番組やベルリンで開かれたクエルデンカー主催のワクチン抗議集会に招待されている。[359] 18万人のフォロワーがいる彼女のテレグラムのチャンネル「ロシアからのニュース」は、ウクライナ市民に対する残虐行為に疑問を投げ、西側の偽旗作戦だと吹聴する。「西側諸国はこの戦争をどんな犠牲を払ってでも求めていて、攻撃を正当化できるようにお涙ちょうだいの悲惨な話を探しているのよ」と自分の動画で訴えた。[360]

ロシアの戦争プロパガンダや反民主主義的な考えを自国で広める自称ジャーナリストは、

もちろんアリーナ・リップだけではない。ドイツにアリーナ・リップがいるように、アメリカにはパトリック・ランカスターがいる。このミズーリ州出身の39歳の男性は米海軍の情報局員だったが、クラウドファンディングでのジャーナリズムにセカンドキャリアを見出した。そしてロシアの戦争プロパガンダを拡散し、アレックス・ジョーンズのような有名な陰謀論者の聴衆に媚を売っている。[361]

ガブリエルのグループに戻ってみると、やけに空気が明るい――ドイツ政府がワクチン義務化の計画を断念したのだ。それでも政府や製薬業界や「主流」のジャーナリズムに少しでも関係する者は誰もが悪魔扱いされることに変わりはない。「ワクチン義務化は失敗した」とガブリエルは書く。「だが連中はいったい何者なのか? 国民の尊厳をねじ伏せる連中……あの悪魔崇拝者たちは。ワクチンなど打たない、健康でまともな考えの人びとに手を出すようなまねはさせるものか。なんとしてもだ[362]」

ドイツの保健相カール・ローターバッハは、とりわけヘイトと陰謀論の標的になっている。テレグラムで「犯罪者」と「ローターバッハ」を検索すると、このふたつの言葉がドイツの極右や陰謀論の集団でいかによく使われているかがわかる。反移民の街頭抗議組織ペギーダ（PEGIDA：西洋のイスラム化に反対する愛国的欧州人）の創設者ルッツ・バッハマンは、ある投稿でローターバッハを「大量殺人者」と呼んだほどだ。[363] ガブリエルのグループでは、ヴァネッサがローターバッハについて暴言を吐き、マスクは奴隷のマスク、ワクチンは殺人注射、コロナはただの強力なインフルエンザで、いまは第三次世界大戦の真っ只中なのだと言い放つ。「あたしたちは年がら年じゅう馬鹿にされている。みんないつになったらわかってくれるの？」[364]

オンラインで拡散される嘘には、決まって現実世界の結果がついてまわる。ローターバッハを責める発言をスクロールしてみると、極右、世界の終末に備えるプレッパーズ、*24 コロナ否定論がまざった自称愛国者のグループがテレグラム上でつながり、また襲撃の相談をすべく現実世界で集まって、どうやって毒物をつくるか、武器を準備するか、政治家に攻撃を仕掛けるかアイデアを出し合っている。[365] それからまもなく、ドイツ警察がテロ組織のメンバー12人を逮捕したとのニュースが入る。彼らは、全国規模の停電を起こし、ローターバッハを誘拐し、必要なら彼の警備スタッフを殺害し、政府を転覆するためのクーデターを起こす計画を立てていた。

2022年12月、ドイツ情報機関による近代史上最大の反テロ作戦により、さらに大規模

＊24 アメリカのテレビ番組「ドゥームズデイ・プレッパーズ」に登場する、さまざまな終末的状況を生き延びようとする人たちの通称。

な反政府の暴力的計画が明るみになった。極右過激主義者、ライヒスビュルガー（ソヴリン市民）、Qアノン支持者約50人からなるネットワークが、「ドイツ帝国」の再建と第二次世界大戦以前の国境回復をめざし、ドイツ連邦議会にクーデターを仕掛けるXデーの準備をしていた容疑で告発されたのだ。このネットワークは背景の異なる人間たちの奇妙な集合体で、彼らが制度や機関に深くかかわっていたことから、決して孤立した周縁の集団ではないことがわかる。メンバーのなかには72歳の元貴族や、極右ポピュリスト政党ＡｆＤの元連邦議会議員、さらに数人の元エリート兵士らがいた。彼らのイデオロギーは、旧来のライヒスビュルガーの思想に新たなQアノンの陰謀論をうまく結びつけたものだった。このムーヴメントを率いる元貴族ロイス家のハインリヒ13世は、計画への支援を頼むべくロシアの代理人と接触したとされている。[366]

＊＊＊

「ドイツにおける親プーチンの支持者を構成するのは、クエルデンカー、反ワクチン論者や陰謀論者、ＡｆＤ投票者、ロシア系ドイツ人です」とボグダン・ラッコウが教えてくれる。この28歳のウクライナ人は、ヨーロッパでかなりの割合の人がロシアのプロパガンダを鵜呑みにしていることにショックを受けている。現在ベルリンに住んでいるが、生まれてから17歳までキーウで暮らしていた。友人や家族には、現在もウクライナの前線で戦っていたり、地下壕に隠れていたりする者もいる。侵攻が始まると、ボグダンは反戦をテーマにした商品をつくるために、ウクライナのデザイナーとファッションブランドを立ち上げた。収益はウクライナ市民が生き延びるのに必要な防護装備に使われる。

「多くのウクライナ人からしたら、目下の戦争は、ロシアによる支配に抗《あらが》ってきた、はるかに長い戦いがいまも続いているだけのことです」と彼は語る。彼の両親は2000年代初頭に選挙監視員を務めていた。2004年のウクライナ大統領選挙で、ロシアによる干渉と不正選挙があったとの訴えをきっかけにオレンジ革命が起きた。それから10年もたたない2013年、ウクライナ人は再びマイダン広場で抗議すべく街頭に繰り出し、それが「尊厳の革命」と呼ばれるものになった。ウクライナがEUと締結するはずだった自由貿易協定から、ヤヌコーヴィチ大統領が突如撤退する判断を下したことに人びとが反対の声をあげたのだ。その後、2014年にロシアがウクライナ東部に侵攻し、クリミア半島を併合したことは、まさに今日の価値観の衝突を象徴するものだった。「ドンバスで戦うロシア人は、マイダンの運動に反対していただけではありません」とボグダンは言う。「そもそも西側全体が象徴するものに反対していました。プーチンが支持するもののほうがよかったのです」

玄関のベルが鳴り、ボグダンがさっと立ち上がる。それから新しい無料宿泊者《カウチサーファー》のロシア人とウクライナ人のカップルを招き入れる。戦争が始まったとき、ふたりはちょうど休暇中だったが、モスクワとキーウにあるそれぞれの家には戻らないことに決めた。ボグダンはロシア国民に怒りを覚えたことはなかった。祖母はロシア人だし、いまもロシア人の友人が多くいる。「いまのところ、憎しみを感じるほど気持ちの余裕もありません」と彼は言う。[367]「でもこの戦争が終わったとき、どんなふうに感じるかはわかりませんが」。ソーシャルメディアでボグダンは、プーチン政権に忠実な多くのロシア人に食ってかかられた。彼の大胆な「FCKPTN」〔ファック・プーチン〕ブランドへのティックトック上の反応は真っぷたつに分かれている。「何よりもソーシャルメディアがこの戦争を特徴づけています」とボグダンは認める。「それがすでに存在していた分断を世界的に悪化させているんですよ[368]」

ボグダンはこの戦争の両陣営の立場を理解しようと努力した。親プーチンの仲間内でオンライン上に回覧されるドキュメンタリーやプロパガンダも視聴してみた。「プーチンの脱ナチ化についての発言には何より驚きましたよ」。彼はキーウで育ったが、ひとりのネオナチも見たことがなかった。「ヨーロッパのどこの国とも同じく、ウクライナにも極右過激主義者やネオナチはごくわずかですが存在します。ですがいつだって極右と聞けば、はるかにロシアのほうが頭に浮かびましたから」。ヨーロッパ民主主義財団で過激主義を研究するアレクサンダー・リッツマンが、この発言を裏付ける。「ウクライナには相対的にネオナチが多いとの発言は明らかにプロパガンダだ。ロシアにはウクライナよりはるかに多い数のネオナチを見かける[369]」

とはいえ、この戦争の両陣営において、極右の過激主義者が前線で活躍していることは否定できない。すでに2019年にシンクタンク「スーファン・グループ」による報告が警告するところによると、ウクライナをめぐる紛争が、親ロシアの分離主義者とウクライナのナショナリスト部隊の双方へと、世界中の白人至上主義者を引き寄せている。ある意味、白人至上主義者にとってウクライナ戦争は、1980年代のジハーディストにとってのアフガン戦争と同様のものになっている。この武力衝突は、世界的な白人至上主義ムーヴメントを拡大し戦闘経験を積む機会として過激主義グループに利用されているのだ[370]。

ウクライナに対するロシアの戦争プロパガンダがもっぱら槍玉にあげるのはアゾフ大隊だ。これはウクライナ軍とともに戦っていて、白人至上主義と関係のある民兵組織だ。自主的に動くことも多いこの大隊は、ロシアのプロパガンダでもっぱら主役にされているが、ウクライナでのその政治的な影響力はきわめて限られている。アゾフの政党であるナショナル・コーは、前回の2019年の総選挙で2・15パーセントの票しか獲得できなかった[371]。

一方、クレムリンは多くの暴力的な極右組織を直接支援している。クレムリン後援のワグネル・グループ[*25]のメンバー約1000人は、この戦争でロシア側について戦っている[372]。国連主導の対テロのイニシアティブ「テック・アゲインスト・テロリズム（テロにはテックを）」は、彼らが極右と密接につながる証拠を発見した。たとえばルシッチは、ネオナチの空挺部隊の兵士アレクセイ・ミリチャコフがワグネル・グループ内につくった白人至上主義者の戦闘部隊だ。ルシッチのロゴにはコロヴラートと呼ばれるスラヴ系の鉤十字が使われている[373]。ミリチャコフ自身も、残忍にも敵の耳を集めることで世に知られている。この民兵組織は、ウクライナ人から盗んだ血に染まった土産物を故郷の家族に持ち帰るロシア兵を描いた漫画を公開した。キャプションにはこうある。「あなたが真の男でありロシア人であるならば、我々の部隊に加わるのだ。そして、ロシア人嫌悪の邪悪な連中の血を大量に流させよ、皆リッチでクールになろうじゃないか[374]」

この不吉なワグネル・グループとその思想についてもっと知りたくなったわたしは、テレグラム上で彼らに接触してみた。彼らのチャンネル「WAGNER Z GROUP/ PMC WAGNER Z」で最初に目に入った投稿は、思わず鳥肌の立つものだった。悪魔とワグネル・グループのサインを描いたワッペンにこう書いてある。「我々の仕事は死、そして仕事は善なり」。その下のコメントには骸骨と次の言葉が続く。「我々のいるところに平和あり、W」

ワグネル・グループのチャットに投稿されたメッセージの大半はウクライナ戦争にまつわるもので、1万9000人を超えるフォロワーに向けて、リアルタイムで更新される情報をロシア語で提供する。多くの投稿はロシア兵に対し、戦いを続けて、互いに忠誠心を持つよう励ましている。よくあるメッセージは次のようなものだ。

おはよう　兄弟たちよ　前線に立つ我らが兵士の全員に　戦争の只中にいる全員に
皆に力を　忍耐を　兄弟たちよ！　戦士たちよ！　生きて無事に戻るのだ　さあ皆でともに我らが仲間を支援しよう　陽気な良き朝を　兄弟たちよ　君たち全員が私と同じ大いなる闘志を抱くことを願っている

それでもワグネル・グループのメンバーは西側の政治にも関心があり、ヨーロッパの極右ポピュリストの候補者を支持し、アメリカではトランプを賛美する。あるミームにはこう書いてある。

＊25　ロシアのサンクトペテルブルクに本部を置く民間の軍事組織。シリア内戦、リビア内戦、ウクライナ侵攻などでロシアと連携して活動していた。しかし、2023年6月にロシア政府に対して軍事反乱を起こすと、政府によって解体へと追い込まれることになった。

トランプ「この国の大統領は何が起きているかさっぱりわかっていないし、自分が何をしているのかも、自分が何を言っているのかも、自分がどこにいるのかすらわかっていない」

バイデン「私たちはいま何をしているのかな？」

ワグネル「おそらくこの共和党員は、次の米大統領選挙でさほど苦労しないだろう」

ワグネル・グループは、ウクライナでの戦闘に加わるロシアの極右組織のひとつにすぎない。ロシアの戦闘部隊には、ネオナチ政党のロシア民族統一党（RNU）、ユーラシア青年連合、ロシア帝国運動、スラヴ連合、不法移民反対運動のメンバーも集まっている。ほかにこの戦争に関与するロシアの極右組織には、スヴァロジチとラーティボーアの大隊があり、どちらもルシッチと同様に、スラヴの鉤十字のワッペンをつけている。

欧米のネオナチ支持のネットワークは、その多くが追跡するとロシアに行き着く。ドイツをはじめとするヨーロッパ諸国に従来からあるネオナチ界は、ロシアのMMA（総合格闘技）のブランド「ホワイト・レックス」とつながりがあることがわかっている。ホワイト・レックスのMMAファイターたちをわたしが初めて目にしたのは、2018年にドイツの街オストリッツで開かれたネオナチのロックフェスティバルを潜入調査したときだ。ホワイトパワーの闘いを職業化することをビジネスモデルとして掲げ、それによってリーダーのデニス・カプースチンはヨーロッパの武闘右派界で影響力を持っている。

またロシアは、リナルド・ナザロのような名の知られた西側のネオナチの安息地にもなっている。この46歳のアメリカ人が暴力的な白人至上主義組織「ザ・ベース」をロシアから指揮していることを、ＢＢＣが調査で暴露した。「ノーマン・スピア（ノルマン人の槍）」や「ローマの狼」の名を使っていたナザロは、２０１８年に家族とともにサンクトペテルブルクに移り住んだ。彼がプーチンに傾倒しているのは、彼のお気に入りのＴシャツを見ればすぐにわかる。シャツにはこのロシア大統領の顔と「Russia, absolute power（絶対権力ロシア）」の文字が描かれている。この組織は人種戦争を始めるとの最終目標を掲げて政敵への攻撃を計画したことで、ＦＢＩによる大規模な捜査の対象となり、イギリスから入国禁止措置を受けている。[375] わたしの名前も彼らの殺害リストのどれかに入っている。

こうした細かなことは、クレムリンのプロパガンダには出てこない。だがそれは結局たいした問題ではないとボグダンは考える。「事実を示して議論するのは容易ではありません」と彼は結論する。「この戦争から学んだことがあります。大半の人は事が起きる前からすでに自分の立場をわかっていますよ。ですから事実は何の役にも立たないんですよ」

＊＊＊

翌日、ドイツ連邦外務省が偽情報に関するG7の会合を主催し、わたしもその場に座っていた。これから話し合うのは目下の戦争ではなく、情報戦争についてだ。「事実が攻撃されています」ドイツの外相アンナレーナ・ベアボックが宣言する。

ロシアは全面的な情報戦争を仕掛けている。2022年4月、ロシア連邦保安庁（FSB）は、ウクライナの機密情報機関が、モスクワで親クレムリンのロシア人ジャーナリスト、ウラジーミル・ソロヴィヨフの暗殺を計画したと非難した。ウクライナのネオナチ6人が逮捕され、手入れの際に見つかった証拠とされるものの写真がFSBによって公開された。即席の爆発物、手榴弾、小型銃などの武器弾薬、ドラッグやウクライナの偽造パスポートのほか、写真にはゲーム「ザ・シムズ3」が3つ映っていたが、これはネオナチの暴徒集団にはあまり似つかわしくない品だ。そこでイギリスのジャーナリストのなかには、この手入れそのものがFSBのでっちあげではないかと勘ぐる者もいた。SIMカードを3枚用意せよと命じられたロシアの工作員が、間違ってかわりにゲームの「シムズ（S・i・m・s）」を注文してしまったに違いない、と。[376]

　この手の国家活動にさほど説得力がないとしても、極右や陰謀論のチャンネルのほうは西側の視聴者を相手にもっと成功し、情報戦争におけるクレムリン最大のツールのひとつになっている。ここ数年、ロシアは国営メディア「ロシア・トゥデイ」（RT）やスプートニクを使って欧米の反民主主義や反リベラルの人びとを煽っており、たとえばドイツやスウェーデンなどの昨今の国政選挙で情報工作に重要な役割を果たしている。[377]

　またQアノンは西側でロシアのプロパガンダを大いに拡散してきた。「ここはブチャ。証拠はどこだ？　ロシアはブチャで市民を約300人殺害したと責められている。だが証拠など何もないぞ」とQアノン・オーストリアがテレグラムで1万3000人を超えるフォロワーに伝える。[378]「ブチャは嘘だ。西側は世界戦争をしたいのだ。ロシアとウクライナの平和条約も近いと見えたそのとき、ブチャの一件が世界の政治をまたも揺るがしている」。ブチャで撮影されたとされる傷ついた人形の写真がQアノンのチャンネルで拡散され、「主流メディア」が流す戦禍の映像はすべて捏造だとの言葉が添えてある。ロシアの残虐行為を伝える写真や動画は、ビデオゲームの画像、もしくは別の紛争の古い映像を使ったものに違いないと考えるユーザーもいる。「監視・分析・戦略センター」（CeMAS）による2022年の調査では、ドイツ人の5人にひとりがウクライナ戦争は陰謀に違いないと考えていることがわかった。[379]

生物研究所にまつわる陰謀論がバイラル化したのは、過激思想が主流化する一例だ。最初にソーシャルメディアの匿名アカウントが、生物兵器に使う病原菌や毒素を研究すべくアメリカがウクライナの生物研究所の実験に資金提供したとの説を喧伝した。まもなくロシアの報道機関や政府の役人がその話をとりあげて、研究所とされるものをハンター・バイデンやジョージ・ソロスと結びつけた。だがこの説が英語のソーシャルメディアでとりあげられたきっかけは、周縁のQアノンのひとりがそれについてツイートしはじめたからだ。ツイッター上で「@WarClandestine」として知られる元レストラン支配人の退役陸軍州兵が、ヴァージニア州の田舎からこう投稿したのだ。「コロナの発生の責任はアメリカにあると、中国とロシアは暗に（正しく）訴えている。そして［彼らが］恐れているのは、アメリカないし連合国には、拡散できるウイルス（生物兵器）がもっとたくさんあるということだ」。さらに彼は、ロシアが侵攻を開始したのは、ウクライナにあるアメリカの生物研究所を破壊し、地球規模の新たなパンデミックを防ぐためだったとまで言いだした。[380]

この説がQアノンのオンラインのネットワークで拡散されると、アメリカのマイナーなオルタナティブのメディアにも届くことになる。#USBiolabsがツイッターやティックトックでトレンドになった。とうとうFOXニュースにも登場し、大物のニュース解説者によって数百万人の視聴者に届けられ、ロシアに対する世間の見方に影響を与えた。[381]この発想は世界にも広がり、ついにはオーストラリアの政治にも入り込み、ニューサウスウェールズ州から上院議員に立候補した統一オーストラリア党（ＵＡＰ）のショーン・アブローズがこうツイートした。「［……］彼［プーチン］がロスチャイルドの銀行一族をロシアから追放し、目下、児童の性的人身売買を阻止し、ウクライナにあるアメリカの生物兵器工場を閉鎖していることを忘れてはならない」。すでに大衆がこれを受け入れる段階にまで到達していたということだ。

多くの西側諸国において、「グローバルエリート」の秘密結社が裏で糸を引いているとの説は、コロナ否定論やウクライナ戦争否定論と密接につながっている。イングランド防衛同盟の創立者トミー・ロビンソンは、テレグラムの自分のチャンネルで、ウクライナ紛争は仕組まれたものだという説をそっくり同じように語っている。「ウクライナ侵攻が人類の歴史上この時期に起きたのはなぜかを真剣に問うべきだ。この時期、つまりコロナワクチンの有効性と有用性を皆が疑いはじめたこの時期にだ。医療のアパルトヘイトを支持し強制してきた連中は、ここにきて政治的に不利な立場に置かれている。戦争とはつねに鉾先をかわすためのものだ。戦争はペテンなのだ」

調査では、ドイツの人口の30パーセントがこの世界は秘密の勢力に支配されていると信じていることがわかった。この説はとりわけＡｆＤの支持者に広まっている。[382] ２０２０年の

NPRと市場調査会社イプソスの共同世論調査によれば、アメリカ人の17パーセントが「児童の性的売買組織を率いる悪魔崇拝のエリート集団が、この国の政治とメディアを支配しようとしている」との説を信じていた[383]。イギリスでは人口の3分の1以上が、ハリウッドや政府、メディアやその他の権力組織のエリートたちが、大規模な児童売買および虐待のネットワークに密かにかかわっていると信じている[384]。

本書を読んでいる皆さんは、ロンドンの反ワクチンデモと米議会議事堂に乱入したトランプ支持者、フランクフルトの親ロシアの抗議者をつなぐ接点におそらくもう気づいているだろう。そう、それはQアノンだ。誰もが触れたがらない話題とは、クレムリンとQアノンとの関係についてだ。これに関してはさらなる調査が必要だ。とはいえロシアの国家プロパガンダ機関が、Qアノンという広いマスター陰謀論のネットワークに組み込まれた諸説を煽っているのはどう見ても明らかだ。ロシアの偽情報はしばしばクレムリンからQアノンに直接流れ、その最終的な目的地、すなわち西側の右派メディアに届くのだ。

大半の陰謀論コミュニティと同じくQアノンもまた、かなりの日和見主義と思想の柔軟性を特徴とする。中国に対する立場を見ればよくわかる。このネットワークはもともと強い反中国の口調をそのコンテンツで披露し、「コロナの真実」を明かすと称する奇妙な説で中国政府とWHOやビル・ゲイツとを結びつけていた。これは彼らがトランプや彼の中国嫌悪を無条件に支持する姿勢と相通じるものだ。ところがまもなく、北京は彼らのもうひとりのヒーロー、プーチンの仲間になることがわかってきた。ウクライナ戦争が起きると、彼らは中国に対する見方を改め、見解の相違と折り合いをつけ、認知的不協和を克服する斬新な手法を見出した。ここにきて習近平は、実はずっとトランプとプーチンの側で動いていた天才的「ホワイトハット」とみなされた。[385] ２０２２年のあるQアノンの投稿にこう書いてある。「プーチン《ヴラッド》と習は『仲間《オンボード》』だよ、まだ君たちが気づいていなくても。同じチームだし、どのみちどんなかたちにしろ、『計画』に反するどころか、これを支持しているのだ[386]」。世界支配を狙う邪悪な陰謀の主導者から、知恵の働く謎めいた仲間に変身した習近平は、とっくに名誉を回復していたということだ。筋書きの大胆な書き換えだ。

戦時には、真実こそが最初の犠牲者になるとよく言われる。クレムリンの戦略とは、ウクライナの国民のやる気をそぎ、かたや自国民を闇のなかにとどめておくことだ。従来からロシアの情報戦争の戦略では、適当な嘘をついて情報空間を溢れさせておくことが基本だった。事実は歪められ、曖昧になり、その存在を消される。誰もが真実とフィクションを区別できなくなる。空の色についての口論すら起きかねない。ロシアのプロパガンダについての専門家、ピーター・ポマランツェフが言うように「真実などどこにもないし、何でもありなのだ」。要は一般大衆が筋の通ったナラティブを築けないよう、霧のかかった情報風景をこしらえる。「真実を知りようがないのなら」残された道はただひとつ、「強いリーダーに従う」だけだ。[387]

この戦術はアメリカのオルトライトやヨーロッパのニューライトによって見事に模倣されてきた。トランプからル・ペンまで、あるいはＡｆＤからオーストリア自由党の最有力候補まで、それはプーチンを支持する西側の極右政治家の手口にもなっている。ブライトバート・ニュースの元会長でドナルド・トランプの首席戦略官を務めたスティーヴン・バノンは、西側の政治にこの戦術を真っ先にとりいれた人物だ。「民主党などどうでもいい」と２０１８年に語っている。「真の敵はメディアだ。そして彼らと付き合うためには、その場所をクソで溢れさせればいい」

＊　＊　＊

ロシアによるウクライナ侵攻は、この本のすべての糸がひとつにつながる場所だ。プーチンは、西側社会の堕落とされるものと極右との世界的な闘いを、自らの戦争にうまいこと当てはめた。多くの点でこれは、文化戦争の代替としてエスカレートしたものだ。片方はロシアの独裁的な反リベラル政権、もう片方はＥＵが後押しするウクライナのリベラルな民主主義政権だ。

西側の民主主義諸国を支える進歩的リベラルの思想や政治を毛嫌いすることで、プーチンはアメリカのQアノン界やヨーロッパの極右ネットワークで人気を博している。プーチンの国家プロパガンダや偽情報作戦は、これまでずっと欧米の不安定化を狙っており、クレムリンと西側の急進的周縁とのあいだには相互利益につながる関係が生まれている。

何年もかけてプーチンは、世界の極右派に向けて、自分の戦いは彼らの戦いでもあるのだとシグナルを送ってきた。西側の白人ナショナリスト、反民主主義の陰謀論者、キリスト教原理主義者は、彼のなかにヒーローを見出した。プーチンの強い男性的なイメージと進歩的な現代性に対するその敵意は、リベラルな民主主義が台頭する自国で喪失感を味わう人びとに強い共感を生んでいる。[388] それをわたしもテレグラムで目にしている。「白人であっても大丈夫《イッツ・オーケー・トゥ・ビー・ホワイト》」というグループのメンバーである欧米の白人至上主義者たちが、キリスト教や伝統、家族、ナショナリズムを擁護するプーチンに喝采を送っている。

ロシアのネオファシストの思想家アレクサンドル・ドゥーギンは、「プーチンの頭脳」と呼ばれている。このリーダーの政治はドゥーギンの哲学やビジョンに感化されたものだと言われる。[389]「大いなる《グレート》リセット」という陰謀論に言及したタイトルの自著『大いなる覚醒vs大いなるリセット』でドゥーギンは、「リベラリズムと西側の政治的現代性《モダニティ》というふたつの病」

に対して宣戦布告をしている。[390] ドゥーギンは「米中西部《ハートランド》」のアメリカ市民に対し、「認知症の地位強奪者ジョー・バイデン」や人類を破滅させて「単一世界の超人間主義的ディストピア」を築くよう求める「反キリスト教者とソロスが支援するその手下たち」に反旗を翻すようけしかける。そして読者に対し、「この世界のすべての人びとの長きにわたる文化や伝統を容赦なく根絶することで、自分たちの捻くれた非人間的な理想を押しつける沿岸地帯のグローバルエリートを、理論的かつ実践的なあらゆる場面で徹底して攻撃する」よう呼びかける。[391]「グローバルエリート」のリベラリズムに抵抗する活動が、さまざまな過激主義組織や陰謀論コミュニティをまとめるのにどれほど役に立つかをドゥーギンの言葉は教えている。

同じ「進歩的な敵」と闘うムーヴメントは、昨今イギリスの運動でも手を組んでいる。ドラァグクイーンの読書会を標的にした2022年夏の反LGBTQキャンペーンは、さまざまな過激主義サブカルチャーが日和見的に協力しあった一例だ。「ドラァグクイーン・ストーリー・アワー」は、イギリス各地の公共図書館で青少年のために開かれる読書会だった。ところがこのイベントを子どもに対するグルーミングに結びつけた傍迷惑なヘイトキャンペーンが、最初はコロナ陰謀論者によって始まり、まもなく白人ナショナリスト組織パトリオット・オルタナティブがこれを主導した。[392]

ロシアのプロパガンダは聴衆に応じて慎重に行われる。RTやスプートニクはロシア語版でワクチン接種を奨励する一方、英語版やドイツ語版ではワクチンにまつわる不安や疑念を拡散する。ひょっとしたらプーチンの最大の武器は、周縁の急進派に力を与えるべく不和やカオスの種をまく方法を熟知していることかもしれない。ロシアの情報戦争はこれまでも西側諸国内の緊張を利用し、急進的な反リベラル、反民主主義、反科学のナラティブを主流化させようとしてきた。その隠れた目標とは、カオスを生み出すことでヨーロッパ大陸に揺さぶりをかけ、アメリカに混乱をもたらすことだ。パンデミック下で生まれた既得権益層《エスタブリッシュメント》への不信は、彼らにとって貴重な資源になっている。

ウクライナ戦争はより広大な文化戦争における分岐点になるかもしれない。モーニングサイド・インスティテュートの研究者マシュー・ローズは、2021年に刊行された自著『リベラリズム後の世界』のなかで、「30年にわたり優勢を維持したのち、リベラリズムは西側の精神《マインド》を手放しつつある」と書いている。[393] 多くの人が子どもの頃から教わってきた幻想、すなわち、そのルールに異議を唱えようもない不可逆的なリベラルな世界秩序というものが存在するとの幻想は崩れてしまったのだ。[394] だがこの闘いはまだ到底終わらない。過激な反リベラルの声を世界中に拡散する独裁的侵略者を相手に、わたしたちは民主主義的な価値観を守るべく目下闘っている最中だ。[395] これはゼレンスキーによるウクライナ戦争の見方でもある。国家の独立を守るためだけでなく、それは進歩的な現代性《モダニティ》を守るための戦いなのだ。

2022年3月に米連邦議会で行ったスピーチで彼は英語に切り替え、こう締めくくった。

「今日、ウクライナの国民が守っているのはウクライナだけではありません。我々はヨーロッパ、そして世界の価値観のために戦っており、未来のために我々の命を犠牲にしているのです[396]」

第８章

わたしたちにできること

――５人の専門家による15の提案

過激主義が主流の言説に入ってくると、これに立ち向かうためには従来のアプローチはもはや頼みにはならない。アメリカの反過激主義の専門家シンシア・ミラー＝イドリスはこう述べる。「周縁と中心の境が曖昧になってくると、過激主義者と闘うために当局が使うツールは役に立たなくなる[397]」。政策決定機関、情報機関、法執行機関、そしてテック企業には、まったく新しい戦略が必要になる。そしてわたしたち一人ひとりもそこに加わる必要がある。なぜならわたしたちは政治的な中道、さもなくばその生き残りなのだから。

極端に後退した発想や社会の二極化の台頭に対処するために使える方法は多くある。テロリズムを予防する長年の取り組みから学ぶことができ、戦略的コミュニケーション部門や成功した脱急進化プログラムから気づきを得られる。それでも結局のところ、わたしたちが直面しているのは、いままでとは規模も性質も違う新たな難問であることは認めざるをえない。

ここ数年でわたしがかかわった政策決定機関や治安当局は、その多くが変化の起きる速度に圧倒されている。わたしたちはまだ手探りの段階にあり、偽情報やヘイトと闘う政策決定者の大半はデジタル移民だ。[*26] なかにはティックトックや4ちゃんを一度も利用したことがない人もいるし、若いデジタルネイティブ[*27]の思考を理解できる者もほとんどいない。とはいえ、サイバー空間を規制する万能の策を考えるのは、彼らの仕事なのだ。

デジタル市民として、わたしたち全員に果たすべき役割がある。おそらく読者の皆さんのなかにも友人や家族が反ワクチン論を受け入れたり、トランス嫌悪の発言をしたりするのを見た人も多いだろう。本人たちに悪気はなく軽い気持ちの場合も少なくないのだろうが、それでも彼らがラビットホールをそのまま落ちていったらどうなるのか？　科学者を悪魔扱いし、マイノリティ集団の人間性を否定しはじめたら？　彼らが当然抱くものとしての不安や苛立ちを、ヘイトに満ちた理不尽な行動に移すことをどうやって止められるのか？

急進化とこれまで闘ってきた経験から重要な学びを得ているとしたら、それは、症状を治療するのはやめて、その下に潜む構造的かつ心理的な原因に対処する必要があることだ。政策決定者はこう問うべきだ。急進的組織に最もグルーミングされやすいのは誰か？　とりわけコロナ危機が社会経済や精神衛生に長引く影響をもたらしている現状では。テック企業はこう問うべきだ。自分たちのアルゴリズムが最も急進的な発言をいかに拡散するのか、そして、最も物議をかもすトピックであっても敬意ある対話を擁護しようとする人びとを支えるために何ができるのか？　そしてわたしたち全員も、こう自分に問うといい。ブレグジットの国民投票で自分と異なる票を投じた友人、コロナワクチンについて意見の異なる友人、あるいはロシアをめぐる自分の意見に賛同してくれなかった友人と、最後に話したのはいつだっただろうか、と。

この最後の章では、教育や市民活動による対応からテック企業の未来まで、さまざまなテーマを研究している、「戦略対話研究所」（ＩＳＤ）の5人の研究者に話を聞いてみた。これから紹介するのは、彼らとともに考えた、過激思想の主流化に立ち向かうための15の提案だ。

＊26 アナログの世界に生まれ育ちデジタルの生活に移行することになった世代。
＊27 物心ついた頃からデジタル環境が身近にあった世代。

タッチポイントにタックルする

①心理的タッチポイント

急進化はたいてい不安や不満の種が重なったときに始まるものだ。過激主義の反ワクチン論者マリウスや、親ロシア派のクエルデンカーのガブリエルを思い出してほしい。彼らにとっては、死や孤独といった人間なら誰でも経験する不安が、危険な陰謀論の火種になっていた。

「研究者や政策顧問には、広がる不安や不満をリアルタイムで分析する優れたツールが必要です」とＩＳＤの創業取締役サーシャ・ハヴリチェックは言う。彼女は紛争解決に取り組んだ経歴を持ち、これまで過激主義と闘う斬新な対策を開拓してきた。危機下に最も脆弱になるのは誰かを政策決定者が理解すれば、彼らが心理的、社会的ないし経済的苦境から抜け出す道を過激主義者に先んじて示すことができる。先に登場したＪ・Ｔ・ワイルドは、ロックダウン中の孤独な日々に目的とコミュニティを探し求めた結果、Ｑアノンのための音楽をつくることにそれを見出した。ペドロはコロナ危機が始まってすぐの不安な時期に答えや気休めを必死に探した結果、医療の専門家ではなくオンラインのフォーラムや幻覚症状のあるマリウスを頼りにした。過激主義への道を進んでゆく彼らを、どうして誰も方向転換してやれなかったのか。

ひとつのイデオロギーだけに注目する狭い予防対策は、もはや目的にそぐわない。ここにきてエコファシズムや悪魔主義のミソジニー、Ｑアノンに感化されたナショナリズムなど異種混合《ハイブリッド》のイデオロギーが登場している。これらはさまざまな心理的タッチポイントをいっぺんに利用する。たとえば男らしさにまつわる不安と人口統計的変化に対する恐怖、あるいは社会経済的不安と精神衛生上の葛藤などだ。マーク・コレットの抱える白人ナショナリスト、反フェミニスト、陰謀論的信念の寄せ集めはその一例だし、ガブリエルの抱えるコロナ否定論とＮＡＴＯや「グローバルエリート」への非難も同様だ。

多種多様なイデオロギーのこの新種のカクテルは、過激主義者のコミュニケーションが変化したこととの副作用ともいえる。アルカイダやＩＳＩＳなどの組織による従来からの中央管理型のプロパガンダから、ユーザーがつくってクラウドソースされるコンテンツへの転換が起きている。[398] この分散型のアプローチをわたしはリアルタイムで目にしていた。テレグラムのわたしのアバターアカウントのどれもが、多種多様な奇怪なチャンネルから連日招待を受けている。過激主義者が自らコンテンツの収集管理者《キュレーター》になるにつれて、過激主義者の数と同じくらい多くのイデオロギー的傾向が生まれている。過激主義の形態が「自己管理型ならびに脱組織化」に転換していることを政策決定者は理解してほしいとサーシャは訴える。

②社会的タッチポイント

過激主義者はゲーミフィケーションやエンターテインメントを利用して、政治的またはイデオロギー的動機を――少なくとも初めのうちは――とくに持たない人びとを引きつけている。パトリオティック・オルタナティブが主催するビデオゲームのトーナメントに参加する未成年や、自分たちはコミュニティ総出で謎を解くための壮大な取り組みに加わっているのだと信じるQアノンのメンバーを想像してみてほしい。多くの趣味のコミュニティやオンラインの文化が――4ちゃんのアニメのボードからディスコードのゲームのチャットルームまで――急進的な世界観や陰謀論にハイジャックされている。こうした場を奪還するのがわたしたちの仕事なのだろうか。

「そんなに簡単な話ではないよ」とジェイコブ・デイヴィーがわたしに言う。彼はヘイトのムーヴメントやオンラインの過激主義サブカルチャーの専門家で、ISDの報告書「ヘイトするゲーマーたち」の著者だ。[399]もっと若いときは彼も夜遅くまでゲームをしたり、フォーラムに入り浸ったりしていた。自分の経験からわかるのは、オンラインの趣味のコミュニティでの急進化を、隙のある人間に過激主義者がつけこむ一方通行のプロセスとみなすのは間違いだということだ。「もちろん、多くの過激主義者が自分たちを魅力的に見せようと若者文化を意図的にとりいれてはいるよ」と彼は説明する。「でもインターネット文化というのは若者にとっての主流文化なんだ。オンラインにいる以上、テジタルな過激主義サブカルチャーのメンバーの大半が、すでに他のウェブのサブカルチャーにはまっているはずだ」。彼らはゲーマーかもしれないが、コスプレーヤーやスケーター、フィットネスフリークということもありうる。

デジタル文化には数百万のコミュニティがある。ゲームのコミュニティだけでも世界で28億1000万人もいる。ゲーマーの誰もが過激主義者というわけではないし、過激主義者の誰もがゲーマーというわけでもない。「こうしたコミュニティ内のアイデンティティ形成を理解するには、もっと緻密な方法を見つける必要がある。相互に過激化する作用も含めてね」とジェイコブは結論する。まずはオンラインでの文化の重なりやコミュニティ構築の力学を解析することから始めるといいと彼は言う。「オンラインの過激主義の生態系を示すベン図〔集合の相互関係を示す複数の円を用いた図〕を描けば、ゲーミングやトローリング、それからほかのインターネットのサブカルチャーがかなり重なっているのがわかるだろう」

それが介入にどう役に立つのか。「過激主義者がほかのオンラインコミュニティに流れてくることで、急進化した個人と僕たちがかかわる機会がもっと得られる」とジェイコブは言う。「つまり、介入するための入り口がたくさんあるということさ」。ではディスコードやスチーム（Steam）〔ゲームの購入や管理を行えるシステム〕、4ちゃんで過激主義を予防するために何ができるのだろうか。まずは危険な状態にあるコミュニティの言語を話し、その文化的なタッチポイントを知っている信頼できる影響力ある情報発信者《インフルエンサー》が必要だ。それから、彼らのオンラインのサブカルチャー内でヘイトを煽ったり偽情報を拡散したりする会話の嘘を暴露《デバンク》し、会話から解放《ディスエンゲージ》し、会話を破綻《ディレイル》させるために必要な知識やツールを彼らに身につけさせるのだ。「オンライン空間でもっとクリエイティブな解決策があったらいいと思うよ」とジェイコブは言う。「ただし慎重にやるべきだし、介入はくれぐれも安全で倫理に沿った方法で行う必要があるけれど」

③技術的タッチポイント

「料理は最高だったよ！　あいにくプーチンがウクライナに侵攻したせいで食欲が止まらない」。グーグルマップ上のレストランのレビューは、活動家が誤情報と闘う新たな手段になっている。ロシアの反体制派や国際的な活動家は、クレムリンが牛耳るソーシャルメディアを出し抜き、自分たちのメッセージをロシアに届けるクリエイティブな手法を編み出している。絵文字を使って情報を伝え、商品に隠れたメッセージを忍ばせ、グーグルのレビューに伝言を残す。これはイノベーションがいかに検閲の裏をかくことができるかを教えてくれる格好の例だ。とはいえ偽情報を拡散する側も同じくらい独創的になってきている。

陰謀論者はユーチューブの料理チャンネルをとりこみ、白人至上主義者は検出を逃れるべく独自の言葉を発明する。たとえば「skypes」や「googles」「yahoos」はどれもヘイトスピーチを密かに意味する隠語に使える。[400]過激主義者のなかには、こうした言葉を巧みに使い、どこまでなら法に触れないか、プラットフォームで許容されるかを試している。またパーラーやギャブ、トゥルース・ソーシャル、ゲッター、ビットシュート、サブスタック、オディシーなどのオルトテックのプラットフォームにさっさと乗り換える者もいて、これらのプラットフォームは言論の自由の避難所だと自らを称している。テレグラムやディスコード、ワッツアップのような暗号化されたメッセージアプリもまた、治安当局に気づかれずに密かに作戦を計画するのに使われる。

ソーシャルメディアの有害なコンテンツ――公開か匿名かにかかわらず――は削除する必要があるが、暴力的な急進化を促すものはプラットフォームからも排除すべきだ。だが結局のところ、削除の方針はつねにネコとネズミの追いかけっこにすぎないし、水面下で働く心理的メカニズムの解決にはまず役に立たない。アルゴリズムはわたしたちの注意を引きつけ、人間の性質を利用すべく設計されている。「要は、強い感情を喚起させるコンテンツを拡散し、最も情緒的に影響されやすい顧客層を狙ってそれを提供する」のだとサーシャは言う。ＩＳＤの調査から、扇情的で急進的なコンテンツは、事実に即した穏健な投稿をつねに凌ぐことがわかっている。「公平な場でなければ、急進的な活動家のほうが有利になる」のだ。

ここ10年近くの方針は、その大半が有害なコンテンツを削除し、管理し、非優先化もしくは無効化するといったものだった。「オンラインでの急進化がこれほど大きな問題になった理由は、コンテンツの機能だけでなく、プラットフォームのビジネスモデルにもあることを政策決定者はようやく理解してきた」とサーシャは説明する。大手テックプラットフォームは非依存的《アグノスティック》かもしれないが、それでも中立ではなく、最も過激な投稿を収集整理《キュレート》するようつくられている。「これが急進的な発想が主流化する決め手になっている」とサーシャは言う。「だから何より先に、このアルゴリズムがもたらす『怒り増幅マシン』をなんとかしなくてはならないのです」

サーシャはこの先の未来を信じている。アルゴリズムは人間がつくったもので、変えることができる。「欧州諸国の政府はアルゴリズムのバイアスに対処すべく、もっと厳しい規制を導入しているし、アメリカはソーシャルメディアのプラットフォームでより高い透明性と説明責任を確保しつつあります」。独裁政権が検閲と削除で対処する一方、リベラルな民主主義のアプローチは、意思決定や製品設計、アルゴリズムのプロセスにおける透明性と説明責任に着目するべきだ。「私たちは人権という視点を失ってはいけません。それこそが自分たちが守るべく闘っている価値観の根底にあるものですから」とサーシャは言う。

利害関係者《ステークホルダー》を集める

④世界と自国の専門家をつなごう

ドイツ連邦議会議事堂、米連邦議会議事堂、ニュージーランドの国会議事堂への乱入および乱入計画には驚くべき類似点があることを思い出してほしい。過激主義者は世界的なネットワークの構築と超ローカルな動員とを組み合わせた戦略を立てている。マーケティングの世界で「グローカル」戦略と呼ばれるものだ。国境を越えたミームのデータベースはローカルな文脈に合わせて調節され、地域のキャンペーンは世界中の急進的な支持者によって拡散されてバイラル化される。この強みに対抗する方法はただひとつ、政策や介入において急進化に対抗する「グローカル」な協力関係をもっと上手に築くことだ。

ストロング・シティーズ・ネットワーク（SCN）はまさにそれを行う取り組みだ。このネットワークは、140の大都市や州、郡、小規模な地方自治体の市長や政治家が集まって、過激主義予防の分野でグローバルならびにローカルに観察された法則性やそこから学んだ教訓を共有するものだ。[401]「僕たちの調査からわかったのは、急進化を促す社会的な絆や不満はきわめてローカルなものが多いことだ」とヤコブ・グールは言う。彼は偽情報と過激主義の専門家で、多くの周縁の発想が主流化するさまを観察してきた。「だが特定のローカルな例から学ぶことが、地理的環境の異なる、国境すら越えたコミュニティにもかなり通ずる場合がある」。たとえばSCNがつくったテロ対応ツールキットは、クライストチャーチの銃乱射事件のあと、ニュージーランドで最高の政治的コミュニケーション戦略として使用されている。

人びとが多くの時間を過ごす場所は地元にある。職場や宗教のコミュニティ、スポーツクラブ、レジャー施設など。高い信頼を得ているこうした環境は、急進化に向かっている可能性のある個人とかかわるための格好の場だ。「雇用主は、彼らの下で働く従業員から大いに信頼されていることも多い」とヤコブは言う。ビジネス・カウンシル・フォー・デモクラシー（BC4D）は、従業員にデジタル市民教育を施すために、ハーティ研究所、ロバート・ボッシュ研究所、ISDドイツが始めた新しい画期的な取り組みだ。このBC4Dの講習は、ドイツ経営者連盟の協力により、フォルクスワーゲンや大手リサイクル会社ALBAグループを含むドイツ企業6社で試用されている。このことは、もっと広く社会全体に果たせる役割が民間部門にあることを教えてくれる。

⑤民間部門を引き込もう

過激主義者には、自分たちの急進化作戦のためにブランドをハイジャックしてきた歴史がある。[402] ニューバランスのテニスシューズやフレッドペリーのポロシャツは、白人至上主義者やネオナチが横取りしたファッションブランドの例だ。その結果、こうしたブランドはたいていイメージががた落ちし、レイシストの扇動家たちから距離を置く措置をとらざるをえなくなる。だが民間企業はもっと見えないかたちで過激主義運動と結びついてきた。たとえば、過激主義者への資金提供のための決済サービスを提供するとか、彼らがコミュニケーションをとるためのオンラインのインフラを運営するとか、あるいはオンラインの広告を介して彼らの活動を後援することによってだ。

「過激主義のプロパガンダや偽情報作戦を支援することに対して企業は責任を問われるべきだ」とサーシャは言う。環境・社会・企業統治《ガバナンス》（ESG）は民間部門で流行語になっている。社会意識の高い投資家を満足させるために、企業はこうした分野に取り組むことに注力するようになっている。環境保護に積極的に取り組むことは顧客の意識を高め、それが今度は業界に自社のカーボンフットプリントを最小化すべしとの圧力をかけている。「いまや企業が『E（環境）』をないがしろにすれば、深刻なイメージの悪化を免れるのは困難です」とサーシャは語る。「ですが、それに比べて『ESG』の『S（社会）』と『G（企業統治）』は、まだ十分に配慮されているとは言えません」

研究者に必要なのは、いかに民主主義が環境と同じく投資から影響を受けるかを知るための優れた評価モデルだ。製品やサービスのカーボンフットプリントを専門家が測定できるように、民主主義の説明責任を評価する方法を考案することも可能だろう。「このリベラルな民主主義社会が独裁的な統治体制に向かっていくのを喜ぶ民間企業などないはずです」とサーシャは言う。企業はリベラルな未来に投資することに関心がある。サーシャはこう信じている。「まず私たちは一般向けのキャンペーンを行うことで、民主主義の説明責任に対する意識を高めることが必要です。そうすれば消費者も、自分たちの購買決定が企業統治に与える影響を知ることができます」。まもなく投資家や企業もあとに続くことだろう。

⑥活動家の同盟を築こう

過激主義者は、ある共通の目標のもとに集まることに長けている。それは「リベラルな既得権益層」や「意識高い《ウォークした》」エリートを相手に闘うこと。レイシズムやミソジニー、反LGBTQ運動、気候変動否定論やコロナの偽情報を推進する彼らの作戦が成功するのは、彼らがおよそありえない同盟を結ぶからだ。気候変動否定論者の会議に白人ナショナリストを、親ロシアの抗議デモに反ワクチン論者を呼び集めていたことを思い出してほしい。

ところがこうした奇妙な集合体と闘う取り組みのほうは、きわめて孤立したままだ。反レイシスト、フェミニスト、LGBTQ活動家、環境保護論者、ファクトチェッカーは皆それぞれ別個に闘っている。たとえばブラック・ライブズ・マターとフライデーズ・フォー・フューチャーが協力し合うことはほとんどない。政策決定者や企業だけが協力して取り組む必要があるわけではない。進歩的な大義のために活動する人びとも同盟を築くべきだ。「過激主義者は共通点を見つけているのに、私たちはどうすれば異なる分野の活動家の架け橋になり、ネットワーク全体の相乗効果を利用できるかがわかっていません」とサーシャは言う。どうすれば政治的中道がリベラルな民主主義の未来のために協力できるのか？

わたしたちの大半は、環境を守ることに、人種的偏見と闘うことに、女性の権利を推進することに、LGBTQの差別に立ち向かうことに関心を持っている。「こうしたすべての分野の社会的・科学的進歩が後退するのを防ぎたいなら、自分たちの資源を分かち合うことが必要だ」とサーシャは訴える。「気候アクション、移民政策、人権、偽情報分析、急進化予防に最前線で取り組む活動家は、垣根を越えて対応を連携したものにするべきです」

世代に合った対策を

⑦アルファ世代〔2010年以降に生まれた世代〕

子どもたちがマーク・コレットのビデオゲームのトーナメントに参加するのを、あるいはティーンたちがインセルのサイトに集まるのを、どうやって防ぐことができるのか。「心理学とデジタルリテラシーの交差する点に注目することが、最も若い世代にレジリエンスを身につけさせる鍵になる」とジェニー・キングがわたしに語る。彼女は教育の専門家で、「インターネット市民になろう」で用いるカリキュラムの共著者だ。このプログラムは、ヘイトや偽情報などのオンラインの有害なコンテンツに対するティーンエージャーのレジリエンスを高めることを目的とする。この教育キットはイギリスの学校や青少年センターで正式に認可されている。「若者が自らの偏見に疑いを持つことのできる仕組みをつくりたいと思ったのです」とジェニーは言う。「インターネット市民になろう」でティーンたちは次のような質問について考えてみるよう促される。インターネットの構造《アーキテクチャ》によってあなたが急進的な方向に向かうことはないか？　なぜ人はヘイトに満ちたコンテンツに影響されやすいのか？　オンラインで見たものに対する自分の直感的な反応について、よく考えてみるにはどうすればいいか？

教育現場で大切なのは、具体的な陰謀論について詳しく説明しないことだ。興味を持った若者がオンラインで調べて、有害なコンテンツに触れてしまうおそれがあるからだ。「最初は興味本位でも一気にはまってしまいかねません」とジェニーが言う。特定の陰謀論について説明し、その嘘を暴くかわりに、「どんな傾向にも応用できる普遍的な能力と、まとまったスキルを教えることに集中すべきです」。教育部門は信頼性の危機にある。「多くの教師が今日のデジタルメディア環境を理解する準備が不足しているのを感じています」とジェニーは言う。とはいえデジタルリテラシーのスキルの大半はまったく新規のものというわけではなく、従来の能力——批判的思考、横読み《ラテラル・リーディング》[28]、自己認識、心の知能指数——を新たな環境に適用するということだ。「こうしたものに注目することで、教育者の敷居が低くなればよいと考えています」。教師や親にできる何より重要なことは、子どもやティーンたちが、急進化のナラティブが用いるパターンや操作の手口に気づけるようにすることだ。

アルファ世代にレジリエンスを身につけさせる別の方法は、オンラインでの交流の奥にある力学に目を向けさせることだ。すなわち、異なる社会経済的、文化的、民族的背景に若年齢から積極的に触れさせることだ。そのためには、人口統計学的に異なる地域の学校をつな

＊28　ある情報源を他の複数の情報源と比較して、その信頼性を評価すること。

ぐこと、そして生徒たちを多様なチームに分け、自分たちに関心のあるプロジェクトに協力して取り組んでもらうことだとジェニーは言う。「自分で選んだ社会活動のプロジェクトに共同で取り組むよう若者たちを促すことは、多様性を仲立ちするひとつの手です。それはプロジェクトの掲げる公の目的ではなく、活動の副産物ではありますが」。作り手と使い手が互いに協力し合う協働《コ》デザインや協働開発《コ・デベロプメント》は、多様性についての理論的な講義よりも、精神的なつながりや異文化間の気づきをもたらす効果がある。

⑧Ｚ世代

Ｚ世代は「ミーム世代」と呼ばれることもある。長い文章はデジタルネイティブにはほとんど注意を払ってもらえず、視覚による美的感覚のほうが重要だ。16歳から24歳までの若者の77パーセントが、とくに気をとられるものが何もないときは携帯電話を無意識に手にとることがマイクロソフト社の研究でわかっている。対象的に65歳以上の世代だと、その割合はわずか10パーセントだ。Ｚ世代は、彼らの注意を引こうとする多数の視覚的、聴覚的、運動感覚的刺激が競い合う状況に慣れている。一般にわたしたちの集中力の持続時間は平均８秒まで下がっていて、金魚よりも１秒短いそうだ。[403]

この傾向を過激主義者はすぐに理解し利用してきた。ＩＳＩＳがＺ世代を引きつけるべく視覚に訴えるプロパガンダ材料をつくったのと同様に、急進化を目的としたミームの使用を開拓したのはオルトライトだった。世界じゅうの過激主義のムーヴメント――サラフィ・ジハーディスト[*29]やブラジルの極右運動家から、インドの超ナショナリスト、エジプトのネオナチやモロッコの君主制主義者まで――はここにきてオルトライトの美的感覚を模倣しはじめている。若い世代におけるその成功を目にしたからだ。[404]「インターネット文化は、あまねく人を惹きつけ執着させるものがあるようだ」とヤコブが説明する。「同じ若いターゲット・オーディエンスにもっと上手に働きかける必要がある」

ここで疑問が生じる。政治的中道が若者の心を捉えるために、荒らし《トロール》をするサラフィやネオナチとどうやって張り合えばいいのか。今日の過激主義コミュニティは、彼らの文化の力学に真剣に介入しようとする試みを嘲笑する。そこで彼らの注意を引くひとつの手は、ユーモアの力を借りることだ。ヤコブが提案するのは、バイラルなコンテンツをつくるコメディアンと、フォロワーから信頼を得ているインフルエンサーを集めて、いわばコメディ・ライターズ・ルーム[*30]をつくるというものだ。研究から、マイノリティ集団出身の著名人は、こう

＊29　初期イスラムの時代への回帰を主張し、これを武力によって実現しようとする運動。
＊30　ライターズ・ルームとは、連続ドラマなどで複数の脚本家が一堂に会し、ストーリーの構成を練る場のこと。

したコミュニティに対するヘイトや偏見を減らすことに貢献できるとわかっている。ムスリムのスターサッカー選手モハメド・サラーがリヴァプールFCに入ると、リヴァプール一帯で反ムスリムのヘイトクライムが目に見えて減少し、リヴァプールFCのファンがツイッターに投稿する反ムスリムのコンテンツが半減した。[405]

ファクツ・フォー・フレンズのアプローチもそれと似ている。このスタートアップ企業の目標は、ファクトチェックを魅力的なものにすることだ。「ミーム世代」に視覚的に魅力的な楽しい「ファクトスナック」を提供することで、ファクトチェッカーとソーシャルメディアプラットフォームのギャップを埋めるのだ。[406] このイニシアティブは「ファクトフルエンサー」と呼ばれる若いインフルエンサーたちを起用して、イギリスのフル・ファクトやドイツのコレクティブなど正式なファクトチェックを行うウェブサイトからの情報を、インスタグラムでシェアできる投稿に仕上げるというものだ。

⑨デジタル移民

いちばん若い世代だけが操作されていると考えるのは間違いだろう。2022年にドイツで実施された調査では、30歳から49歳までのテレグラムユーザーが親ロシアのプロパガンダや陰謀論に最も影響を受けやすいとわかった。[407] 50歳以上の成人は偽情報の「スーパーシェアラー」と呼ばれたが、それは2016年の米大統領選挙中の「フェイクニュースのシェア」の80パーセントが彼らによるものだったからだ。[408]マリウスもアースGもこのデジタル移民世代に入る。また別の調査からは、総じて65歳以上のフェイスブックユーザーは、若いユーザーよりもフェイクニュースのサイトへのリンクを7倍もシェアしていることがわかった。[409]

　認知の低下や孤独は、高齢世代が偽情報を不釣り合いな量でシェアしている理由にはならない。高齢世代におけるデジタルリテラシーの遅れもまた一因であり、対処の必要がある。[410]多くの高齢者はソーシャルメディアの投稿や記事をリンクしたりシェアしたりできる程度にはテックに精通しているが、情報源のメディアが信頼できるか偏っているかを見分けるスキルは持たない可能性もある。偽情報を鵜呑みにする祖父母や大叔父がいる人も少なくないだろう。家族や友人としての立場から、次の問いについて考えてみるよう彼らに頼んでみてもいい。あなたがシェアしたこのコンテンツはどこから発信されたのか――よく知られた報道機関からのものか？　あなたがオンラインで読む情報が信頼できるものだとわかる目安は何か？　先の見えない不安によって、人は何らかの法則性《パターン》を見つけたくなることはないだろうか？

「歴史上繰り返し現れる陰謀論に共通する特徴を見極められるよう、若者だけでなくデジタル移民世代にも手を貸す必要があります」とジェニーは言う。具体的な陰謀論にこだわるのではなく、憎悪に満ちたナラティブの歴史的な例を示すほうが、高齢世代にとってかなり有効なアプローチになるだろう。とはいえ介入は彼らの社会的目標や心理学的誘因の変化を促すものであるべきで、彼らに烙印を押したり、見下したりしないことが大切だ。ジェニーはこう訴える。「グルーミングや操作されることは誰にでも起きうると、私たちは知っておく必要があります」。陰謀論が満たしてくれる隠れた心理学的目的に共感を示すことが、どんな介入においても重要な出発点になる。

潮目を変える

⑩言葉を取り戻す

昨今、過激主義者はわたしたちの言葉、というよりも言葉の受けとり方を反転させて、リベラルな価値観にまつわる言葉を自分たちの目的のために流用している。自分たちは「民主主義」のために米議会議事堂に侵入したのだと語った1月6日の暴徒を思い出してほしい。あるいは、自分たちは「人権」のために闘っていると訴えて医療従事者を悩ませた反ワクチン論者を。そうかと思えば、過激主義者は「多様性」や「多文化主義」などのリベラルな用語にネガティブなイメージを植えつけ、自分たちに反対する者の信用を落とそうとする。それに劣らず長けているのは、「エリート主義」などの古い言葉を武器に使ったり、「ロックダウン」のような新しい言葉を別の目的で使ったりすることだ。

「言葉が別の意味を持つようになっている」とサーシャは言う。そして言語の操作が起きるかぎり、わたしたち全員がこれに立ち向かうべきだと訴える。「ウクライナは潮目を変える機会を与えてくれた」と彼女は考える。最初にすべきことは、クレムリンが支援するプロパガンダや、その肩を持つオルトライトのコミュニティに特有の矛盾や偽善を白日のもとに晒すことだ。ジェイコブも同意する。「人権を重視する言葉を乗っとるときの、見え透いたごまかしを暴いてやりましょう」

不当なレッテル貼りや言葉のリフレーミングは、コミュニティ間に大きな亀裂を生む原因になる。これは周縁だけで起きていることではない。言葉の戦略的な歪曲は文化戦争の話に関連してよく使われると、ジェイコブは説明する。たとえば「批判的人種論」という言葉は、右派の運動家によって歪曲され、本来の意味から外れてしまった。「元の意味とは正反対の、左派の政治的ツールということにされてしまった。本来は人種の歴史にまつわる学際的な教育という意味だったのに」とジェイコブは言う。同様に、性的虐待に関連する言葉「グルーミング」が、学校で性的指向について教育することを指して使われている。

一人ひとりのデジタル市民が言葉の操作を――それがどの政治的立場で起きようと――暴

くのに力を貸すべきだ。また民主主義的でリベラルな、人権を尊重する用語がポジティブにフレーミングされるのを促すには、政治や市民の強いリーダーシップが必要になる。ジェイコブはこう言う。「僕たちはこう自問する必要がある。これを守るために闘うときに信頼できるのは誰か?」と」。略奪され歪曲された言葉を奪還するひとつの方法は、政治的立場の左と右双方のカリスマ性のある人物、それから軍や宗教、スポーツ界の著名人などの超党派の支持を得たインフルエンサーたちと協力し合うことだろう。

⑪日和見主義を報じる

急進的な周縁が日和見的にかたちを変えることは周知の事実だ。二重思考は多くの陰謀論コミュニティが使う手口には欠かせない。Qアノンのようなネットワークは、政治的な事件が起こるたびにそのナラティブをころころ変える――そのほうが都合良くなれば、習近平に対する態度を変えたことを思い出してほしい。イデオロギーの柔軟性の高さによって過激主義は動く標的と化し、ときに脱急進化に難題を突きつける。

だがこの日和見主義はチャンスにもなる。Qアノンのメンバーがそのナラティブに辻褄が合わないと感じるか、その行動と矛盾すると感じるようになり、このムーヴメントを去るのをわたしは見てきた。陰謀論から離れる道の始まりは、しばしば認知的不協和が起こったとき、すなわちメンバーが自分の信じることと経験することとの折り合いをつけられなくなったときだ。たとえばコロナ否定論者のなかには、ワクチンを打たなかった家族や友人が亡くなるか、重症化するのを見て考えを変えた者もいる。

「過激主義者の日和見主義や矛盾する思考を暴くことは、急進的な考えを支持するリスクのある一部の人には効果がある。とくにこのムーヴメントにまだすっかりはまっているわけではなく、興味本位で覗いているだけの人には」とジェイコブも同意する。彼いわく、そのためには、偽情報に晒されやすいさまざまな層に属し、ティックトックやインスタグラム、ネットフリックスといったプラットフォームで発信して支持を得られそうな親しみやすい専門家たちの協力体制を利用できるとよい。周縁の過激主義を脱急進化させることには役に立たないかもしれないが、主流化を緩和することはできるだろう。

⑫偽情報を事前に暴く

偽情報を事前に暴く《プレバンク》ことは発信後に嘘を暴く《デバンク》よりはるかに効果的だとわかっている。そのために重要なのは、事実の歪曲が発生する前に皆がそれを発見できる力をつけることだ。パンデミックの当初からコロナ否定論やワクチン陰謀論の誤りを事前に暴いていたら、どれほど多くの人がこれらに捉われずにすんだことか。ひょっとしたらペドロだって、マリウスの前をさっさと通りすぎていたかもしれない。プラカードにおなじみの偽情報が書いてあるのに気づいても、目をとめることもなく。マリウスだって抗議のストライキをやることもなかったかもしれない。陰謀論に人生を奪われることもなかっただろうから。

アメリカの主要な反偽情報プロジェクト「ファーストドラフト」によれば、偽情報を事前に暴く方法には3通りあるという。事実《ファクト》にもとづくもの、論理《ロジック》にもとづくもの、典拠《ソース》にもとづくものだ。そのステップバイステップの手引きによって、ジャーナリストやファクトチェッカー、政府や研究機関は、偽情報の波が予想される分野でこの手法を用いることができる。[411] 専門家は次にくる偽情報の波がどんなものか少なからず予測できる。プレバンキングはウクライナ戦争で親クレムリンの偽情報と闘うために使用され、効果をあげている。ロシアのプロパガンダ戦略に関するNATOの諜報に専門知識を合わせることで、西側のジャーナリストはつねに事実を、ロシアがそれを歪める前に先んじて公表している。たとえばプーチンが自らの侵略戦争を正当化すべく、ウクライナにはネオナチがはびこっているとの説をでっちあげようとしたときなどだ。

ジェイコブによれば、将来、急進化の専門家がジャーナリストや地政学の研究者と手を組んで、次に何がニュースになるかを予測し、誤情報の芽に気づくことができるだろう。「そうすれば過激主義者が次に飛びつきそうなトピックに、社会も事前に備えておくことができる」

ゴーイング・フォワード

⑬信頼を再構築する

「信頼が急落したのは公共の場というものがなくなったせいなのか」とサーシャは問いかける。情報システムは細分化している。対話が生まれるただひとつの空間というものはもはや存在しない。過去には発言する権利を求めて闘う必要があったし、自分の信念を世に広く知らせる機会は限られていた。ところが現在はいつでも好きなときに語る（あるいはつぶやく《ツイート》！）ことができるが、ただしその相手はもっぱら考えの似た人たちに限られる。自身が属する政治的バブルの外で情報を集めたり発想を交換したりといった共通の体験は存在しない。だからこそ対話が生まれる「街の広場」を再生する方法を新たに見つける必要があるとサーシャは考える。

「急進的な周縁は長期的な戦略的手法を用いて活動してきた」とサーシャは言う。たとえば、白人至上主義者によるオルタナティブのホームスクーリングのカリキュラムなどがそうだ。

「もうひとつの事実」を最も若い世代に教えることで彼らの精神《マインド》に影響を与えるこの取り組

みは、たとえ10年かそこらで結果は出なくとも、その影響はかなりのものになりかねない。「ところが私たち——政治的中道——は［長期的な］文化の転換について考えていません。選挙のサイクルで物事を考えているのですから」

中道は信頼——政府、科学、あるいは他の社会集団のメンバーに対しても——が文化から生まれることを理解していなかった。信頼は事実だけによるものではない。それは感情やアイデンティティに深く根ざしているものだ。「過激主義者はそのことをわかっていた」とサーシャは警告する。「ロシアも同じです」。彼らは人びとの知性にただ語りかけるのではなく、何かもっと深い本能的なものを呼び覚ます。民主主義や寛容、リベラルな価値観への信頼を高めたいのなら、事実にもとづく以上の作戦をとらなければならないし、同様に人の感情に訴えかけるコンテンツをつくる必要があるだろう。

別の重要なステップは、信頼に足る報道機関への信用を取り戻すことだ。一案は、信頼される報道機関に対してライセンスを発行する、独立した中立の機関をつくることだ。多くの職業は業務を行うのにライセンスを必要とする。たとえば接客部門から美容院、医療施設にいたるまで。客の髪を切ったり、客に食事や酒を提供したり、患者を治療したりするには正式な許可が必要だ。だとしたら情報提供というすこぶる重要な仕事に対して、なぜ独立した品質評価を実施してこれを規制しないのか。似たようなシステムは、ジャーナリストや報道機関にも効果を発揮するだろう。ライセンスは、実況報道や解説から従来の報道や論説に至るまで、ジャーナリズムの種類ごとに与えてもいいかもしれない。それは新規参入者に開かれたものであるべきだし、偏見の排除を目的とする、一貫した透明性のあるプロトコール〔世界基準のルール〕に従うものでなくてはならない。

⑭リアルタイムの調査

「政策や行動を変えるには影響力を調査することが必須だ」とヤコブは言う。過激主義者はテクノロジーや若者文化をいち早くとりいれている。「テックのトレンドもウェブカルチャーも変化は速いペースで起きるので、研究者は過激主義の戦術がどう進化しているか把握すべく、つねに目を光らせていなければならない」。遅れをとらないためにはリアルタイムで調査することが重要だ。ＩＳＤの「ホロホークス〔ホロコーストはデマという意味〕をホストする」という報告は、リアルタイムの調査が政策変化につながった好例だ。オンライン上のホロコースト否定論を追跡したこの研究プロジェクトは、シンクタンクやＮＧＯが合同で実施した大規模なキャンペーンの一環で、目的はフェイスブックやツイッターに圧力をかけ、反ユダヤ主義に対するその不十分な方針を修正させることにあった。[412] さまざまなプラットフォームで方針が一貫せず、効果も得られていないという証拠をこれでもかと示したことで、このキャンペーンはまずフェイスブック、次にツイッターに新たな一連の方針を導入させることに成功した。さらに手応えのあった例は「偏見《ビゴトリー》に資金提供《バンクローリング》」という研究で、アメリカのヘイト集団のオンラインでの資金調達や資金集めの仕組みを追跡することで、50を超える資金調達のやり方を特定した。[413] ヤコブによれば、この報告書が発表されると、このうち1ダースを超えるプラットフォームが過激主義者のグループのアカウントを凍結した。

最後に、さまざまなタイプのヘイトを監視することもまた、トレンドの予測にとって重要だ。「反ムスリムや反LGBTQ、ミソジニスト運動の台頭は、コミュニティの二極化が進んでいる尺度になる」とヤコブは言う。それによって法執行機関やテック企業、情報機関は、具体的な予防策やコミュニティ結束プログラムにさらに資源を充てる必要があるかを判断できる。さらに特定のマイノリティのコミュニティや政治家、活動家への脅威が増しているときに、ソフトターゲット〔比較的警備が手薄で攻撃されやすい標的〕を保護することもできる。オンラインの監視は、投票統計データやヘイトクライムのデータなどの、他のデータソースと三角測量的に行うことができる。

⑮テックのトレンドに対応する

ＡＩは主流になり、メタバースもすぐあとに続いている。過激主義者の脅威が広がるなか、新たな課題が次々に現れるのもおそらく時間の問題だ。「過去を振り返れば、政府はホライズン・スキャニング[*31]がひどく下手だった」とカール・ミラーがわたしに語る。彼は独立系英シンクタンク「デモス」のソーシャルメディア分析センター（CASM）の共同創設者、そして『神々の死』の著者である。これは新たなテクノロジーの台頭が社会における権力の分配にどのような意味を持つかを探求した本だ。

来たるべき最大級の課題は、分散型自律組織（DAO）の台頭から生じるとカールは警告する。DAOはブロックチェーン技術にもとづく分散化したプラットフォームで、動員用の拠点《ハブ》や調査の手段に利用できる。現存するすべての規制体制を崩壊させる潜在的な力があり、それはいかなる法的な立場も、規制当局が凍結できる銀行口座も、住所を特定できる物理的なオフィスも持たないからだ。目下、ビットコインコミュニティはますます興奮に沸いている。DAOのデータ分析サイト、ディープDAOによれば、現在、数千のDAOが存在し、全体で数十億ドルを保管している。[414] 商業目的のDAOに触発された政治的および活動家のDAOがすぐにあとに続くだろう。すでに「フリー・ジュリアン・アサンジDAO」[*32]があり、カールの予測では、過激主義組織がこの新たなトークノミクスにもとづくアーキテクチャを

＊31　変化の兆候をいち早く捉えて情報を収集分析し、潜在的リスクを把握すること。

利用するのは時間の問題だという。「DAOによって彼らは新たな方法で協力し、資金を調達保管し、オンラインの有害情報規制体制の枠外で思想的影響を及ぼすことができる」と彼は言う。「目下この新たな脅威が現れているのは――10年にわたってツイッターを用いて世間の意識《アウェアネス》を高めたあとに――私たちが政府にテックプラットフォームを規制させることのできた国だ」。政治家たちは次の問いについて検討すべきだとカールは警告する。政策決定者はDAOをどのように規制するのか？「規制当局はさほど心配しているように見えないのだが」

ディープフェイクなどのAIによるテクノロジーもまた偽情報の脅威を悪化させ、急進化をさらに煽るおそれがある。だが、ディープフェイクは大げさに騒がれすぎているとカールは考える。「いかにも本物らしいディープフェイクの動画を見ればたしかに驚くが、すでにこれに対処するさまざまな対策がある」。ディープフェイクを特定することは技術的に可能である。それよりもカールが懸念するのは、仮想エージェントや自動チャットに応用できるAIベースの言語ツールだ。「チューリングテスト*33にあと少しで合格するところまで来ている」と彼は言う。「人間が話しているくらい自然に聞こえる機械を我々が作ることができる、ということが心配だ。このテクノロジーを使って過激主義者や政治運動家が何をするか想像できますか」

仮想現実（VR）やメタバースはテロ攻撃と同じく情報戦争の武器になりかねない。たとえばテロ攻撃が、その目的でつくられたVR環境で視聴者にライブ配信されることもありうる。テロはいつだって「劇場」だ。視聴者が自分も参加しているように感じれば、恐怖を植えつけ、模倣攻撃を誘発するのにさらに効果がある。ファーストパーソン・シューティングゲーム式のライブ配信を最初に行ったのは、2019年に起きたクライストチャーチ銃乱射事件の犯人だが、以来、複数のテロリストに模倣されている。視聴者は自分がライブアクションロールプレイ（LARP）の世界にいるように感じさせられた。メタバースは現実とフィクションの境を一段と曖昧にするおそれがある。さらにメタバースでは、数万人が同じバーチャルな環境に存在することも可能だ。

とはいえAIとVRには、急進化や偽情報と闘うために利用できる途方もないポテンシャルもある。言語に潜む暴力の予測因子を早期に検出するメカニズムは日増しに洗練されているし、これもまだ序の口だ。テクノロジーを予防ツールとして使うための独創的な方法は数多くある。たとえば、反ユダヤ主義の急進化リスクのある集団がホロコースト否定論に向か

＊32　「トークン」という新しい形の仮想通貨がもたらす経済圏や設計のこと。
＊33　ある機械に「人間のような知能があるか」を判定するためのテスト。

うのを防ぐために、仮想現実空間で強制収容所の見学に参加させることもできる。第二次世界大戦を経験した人たちが亡くなっていくなか、歴史的出来事を直接体験した人の話を次世代に伝えるべく、目撃者の証言を立体映像で記録することもできるだろう。

結局、どうすれば政策がテクノロジーに追いつけるかはまだ誰にもわからない。それには先見の明はもとより法的なイノベーションも必要だとカールは考える。「暴力的な過激主義を監視したり、偽情報と闘ったり、あるいは児童の安全を守るなど、異なるタイプのオンラインの有害情報に対処するNGOが新たなテックツールの設計にかかわるべきだ」。そうすれば急進的な政治目的に悪用されないよう、新たなテクノロジーを保護する仕組みを採用できるだろう。たとえば紙幣のコピーを防ぐために商業用コピー機に必ず偽造予防機能がついているように。

「歴史は繰り返さないが、よく韻を踏む《ライム》」とマーク・トウェインは言ったという。とどのつまり、文化やテクノロジーがどのように変化しているかを学ぶことで、わたしたちは急進化の韻《ライム》のなかの強節《アクセント》を見抜き、ひいては未来を予測することができるのだ。

謝辞

本書『ゴーイング・メインストリーム』はこれまで書いた本のなかでも最もチャレンジングなものかもしれない。かなり議論を呼ぶ題材を幅広くとりあげ、どれもいままさに展開中の話であって、最新のニュースの見出しでひょっとしたら毎日のように書き換えられるものだから。わたしは外から見える世界の内側に踏み込んで、政治的中道を分断する過度に二極化された議論の前線にいる人びとに近づきたいと考えた。そうはいっても、前著『ゴーイング・ダーク』を出版したあとに受けとった脅迫に、コロナ禍のロックダウンも重なって、新たな潜入調査や現地調査を行うのはすこぶる大変なことでもあった。

最初にわたしの素晴らしい編集者、サラ・ブレイブルック、そしてわたしの優秀な著作権代理人、ワイリー・エージェンシーのルーク・イングラムには、この大胆なプロジェクトにおける副操縦士になってくれたことに感謝したい。あるときは批判的な問いを投げ、あるときは創造的な答えを出してくれて、ふたりとも飛行機が地面に激突しないよう導いてくれた。

ふたりの手引きや貴重なフィードバックがなかったなら、この本は世に生まれなかっただろう。さらにボニエ・ブックスUKチームの皆さんには、信頼と支援をいただいたことに感謝の意を表したい。それから、この本の最初の読者になってくれたアレッサ・ラックスとウルリーカ・エブナー゠ステラが、示唆に富む意見をくれたことにも心から感謝する。

本書でとりあげたすべての活動家、専門家、過激主義者の皆さんには大いに感謝している。本物のわたしからのインタビューに応じてくれた人たちにも、わたしのアバターのアカウントに心を開いて語ってくれた人たちにも。この本に登場する一人ひとりの背中を押した動機や不満、願望について精いっぱい理解しようと努めたつもりだ。潜入調査で話を聞いた人たちのプライバシーを守るため、私人の方々は全員に仮名を使っている。

また戦略対話研究所（ＩＳＤ）のチームの全員、とりわけこの組織の創業取締役サーシャ・ハヴリチェックに心から感謝したい。急進化・過激主義・偽情報予防の分野で世界をリードするＩＳＤの専門家チームに加わることができて、わたしは信じられないほど幸運だと感じている。そしてわたしの博士論文の監督者ハーヴィー・ホワイトハウスとクリス・カヴァナーにも感謝する。ふたりには、オックスフォード大学認知・進化人類学研究所でまた別のテーマで博士課程の研究をする間にも本書の執筆を許していただけた。わたしのロールモデル、そしてメンターであるふたりからは大いに刺激を受け、励ましをいただいた。最後に、疑いや迷いや緊張の続く日々に、いつもそばにいてくれたわたしの家族と友人たち、本当にありがとう。

解説

鏡《スクリーン》の世界を駆け抜けて
――パラノイド・スタイルとデモクラシーの行方

清水知子（文化理論／メディア文化論）

本書は、2023年に出版されたユリア・エブナーの『*Going Mainstream: How Extremists Are Taking Over*』の全訳である。エブナーは1991年にウィーンに生まれ、現在はロンドンを拠点とする「戦略対話研究所」の上席主任研究員として欧州のオンライン過激主義、偽情報、ヘイトスピーチに関するプロジェクトを調査している。

彼女の著作が、過激主義をめぐる類書に比して魅力的なのは、何よりその独自の分析手法と視点にある。5つの言語を使いこなし、複数の分身《アバター》をこしらえ、ときに変装して自らとは異なる思考を持つ人々のネットワークに潜入する。リスクの高いこの手法により、過激主義の内側からその手の内を曝くのだ。

最初の著書『ザ・レイジ』（2017、未邦訳）では、極右とイスラム過激派へのインタビューを通して、互いがエコーチェンバーのなかで補完しあい、憎悪の渦巻く「怒り」を作り上げていく諸相を明らかにした。『ゴーイング・ダーク――12の過激主義組織潜入ルポ』（2019、邦訳は左右社より刊行）では、5つの顔を駆使して12の過激主義組織に潜り込み、その思想の最深部に迫った。イスラム聖戦主義者《ジハーディスト》、キリスト教原理主義者、ヨーロッパの白人ナショナリスト組織「ジェネレーション・アイデンティティ」の世界戦略会議、女性の反フェミニズム運動「トラッド・ワイフ」、ドイツとポーランドの国境にあるネオナチのロックフェスティバルに潜り込んでいる。聖戦士の花嫁《ジハディ・ブライド》から恋愛のアドバイスを受け、ＩＳＩＳからハッキングの手ほどきを受けることもあった。また、ニュージーランドで起きた銃乱射事件の犯人に過激思想を吹き込んだサブカルチャーにも飛び込んだ。これら一連の覆面調査は、過激主義者の戦略や戦術だけでなく、過激主義が私たち誰もの内面に潜む恐怖や承認の欠如に依拠していること、そしてこれらのムーヴメントが急速なテクノロジーの変化と社会の相互作用によって織りなされていることを明らかにした。

　今回、エブナーが新たに潜入したのは、暴力的なミソジニーへと急進化したインセル、気候変動否定論者、ホワイト・ライブズ・マター、トランスフォビア、反ワクチンネットワーク、親ロシア派のネットワークである。興味深いことに、これらはどれも、これまで世間にそれほど大きな影響を与えることのない「周縁のサブカルチャー」から始まっている。なぜこうした潮流が政治的に大きな影響力をもち、文化的規範を変化させ、強大な破壊力をもつようになったのか。冷戦が終焉し、史上の価値とされるかのように見えた民主主義は、今どこに向かおうとしているのか。

2016年アメリカ大統領選によるトランプの誕生と英国のEU離脱は、思えば、複数の「真実」が対立/分断し、怒りと憎悪の負のスパイラルが織りなす暗黒時代の幕開けだった。2021年1月6日にアメリカで起きた連邦議会議事堂襲撃事件は、陰謀論がたんなるサブカル的話題ではなく、現代の民主政治そのものの根幹を揺るがす破壊的な影響力をもつことを明るみに出した。彼らはバイデン陣営が不正を行い、トランプの勝利を「盗み取った」と本気で信じていた。本書でエブナーが潜入調査を行う数々の陰謀論のネットワークもそうだ。「コロナワクチンは爬虫類型のグローバルエリートがつくった」、「ロイヤルファミリーは爬虫類人で若さを保つために赤ん坊の血を飲む悪魔崇拝者である」、等々。一見すると目を疑うような陰謀論は、しかし、もはやけっして例外的なものではない。むしろ私たちはそれらが例外的だという見立てそのものを問い直さなければならない局面に突入している。

本書によれば、こうした過激思想の根幹をなしているのは、何よりもまず、「既得権益層《エスタブリッシュメント》」への根深い不信感である。エリートへの反感と不信がデフォルトとなった社会において、ポピュリズムの支持者らが抱えているのは私こそが弱者であり、自分たちは「代表されていない」という感覚、そしてまた現状への深い失望と苛立ちである。そこから生み出された陰謀論はソーシャルメディアの普及とともに「国境を越えた強力なネットワーク」を形成し、「もう一つのメディア生態系」を築き上げることになった。「もう一つのメディア」とは「オルトメディア」である。

従来の報道機関、とりわけリベラル左派や中道に位置するメディアを露骨に批判したトランプ現象は、ポピュリズムという今日のグローバル社会を読み解くキーワードを具現化している。ヤン゠ベルナー・ミュラーによれば、今日のポピュリストの特徴は、「自分たちが、それも自分たちだけが真正な人民を代表する」と主張してやまない「反エリート主義者」であることに加え「反多元主義」であるという。[★1]誰が「真の人民」なのかを決定するのは自分たちであり、そのヴィジョンを共有できない者たち、あるいは共感できない現実は排除される。こうしたポピュリスト的実践は、民主主義の条件そのものを掘り崩す。

じっさい本書で指摘されるように、今日、世界中の極右ポピュリストのリーダーやコメンテーターはトランプの戦術にならって既存のメディアを「フェイクニュース」と叩く手口を

★1 ヤン゠ヴェルナー・ミュラー『ポピュリズムとは何か』板橋拓己訳、岩波書店、2017年。

習得し、結果として既存のメディアへの不信はこれまでになく高まっている。陰謀論はポピュリズムのロジックに根ざし、そのロジックから生まれる、というわけだ。

もちろん、フェイクニュースは今に始まったことではない。1971年、ペンタゴン・ペーパーズ流出事件を機にハンナ・アーレントが著した論考「政治における嘘」を思い出そう。アーレントは政治の嘘を「伝統的な嘘」と「現代の嘘」とに区別し、不都合な真実を隠蔽する「伝統的な嘘」に対し、「現代の嘘」は「事実」それ自体を破壊し、場合によってはそれに代わる「別のリアリティ」を造り出すと述べていた[★2]。

今日のメディア環境では、メディアのメッセージの内容そのものよりも、どれだけ反復、複製、循環、流通するかといった、情動や情報のフロー、流通＝循環、貯蔵《プール》、採取《エクストラクション》＝採掘への寄与こそが重視されている。かつてのオールドメディアがメッセージを送り届けようとしたとすれば、テレグラム、旧ツイッター、フェイスブック、ティックトックといったソーシャル・ネットワーキングにみるニューメディアのポイントは、それらを流通＝循環させるプロセスそのものにある。フェイクニュースが蔓延る「ポストトゥルース」時代が怖いのは、誤った情報が拡散することだけでなく、事実が事実だと信じられなくなり、「事実」の認識の齟齬が深まるともはや対話の条件となる共通の土台が見出せず、コミュニケーションをとること自体が不可能に感じられることだ。

注目すべきは、こうした過激思想に共通しているのが、「自分は無力であり権利を剝奪されている」（40頁）という被害者の意識であり、自らのライフスタイルや特権が脅かされることを恐れる聴衆――とりわけ裕福な白人男性――であるということだ。じっさい「偉大なるアメリカを取り戻せ」というトランプのナショナルな呼びかけや、2021年1月6日にアメリカで起きた連邦議会議事堂襲撃事件の侵入者らが使う「盗み取られた」という言い回しからは、ジャスティン・ゲストが『新たなマイノリティの誕生』で述べたように、彼らがあたかも自分たちの享楽が盗まれたかのような剝奪感を抱いていることが伺える。

2010年に現れた、いわゆる「大いなる交代《グレイト・リプレイスメント》」――グローバルなエリートの秘密結社が世界を支配するために白人が非白人に徐々に抹殺されているとの考え――をめぐる不満と嫌悪は依然として止まる気配がない。たとえば、ブラック・ライブズ・マターの抗議活動がホワイト・ライブズ・マターの活動家による人種差別的な暴力に晒されるとき、あるいはクィアの権利支持者が反LGBTQの活動家から攻撃されるとき、そしてトランスのヘイトクライムの発生率が最悪の記録を更新し続けるときには、この被害者のロジックが働いている。

★2 ハンナ・アーレント『暴力について――共和国の危機』山田正行訳、みすず書房、2000年、及び百木漠『嘘と政治――ポスト真実とアーレントの思想』青土社、2021年。

加えて、ミソジニーや性差別が日常と化した現実は、本書においてエブナー自身が語る悍ましい体験談からも明らかだ。本書で論じられる「トランスの権利の進展は女性の権利を犠牲にしてなされ、女性だけの安全な空間を必ずや脅かす」というTERFの懸念も加速の一途をたどっている（195頁）。それどころか、被害者のロジックは、ウクライナ侵略戦争を目の当たりにした西側によるロシア文化の「キャンセルカルチャー」を声高に非難したプーチン政権にも読み取ることができるだろう。

今日のアメリカでは、一方で、グレッグ・ルキアノフとジョナサン・ハイトの『傷つきやすいアメリカの大学生たち』に見るように、キャンセルカルチャーやポリティカル・コレクトネスが先鋭化して猛威を振るい、他方で「行きすぎたリベラル」に抗する砲撃が繰り広げられている。★3 2022年には、フロリダ州で「ドント・セイ・ゲイ（ゲイと言うな）」法が可決された。これは公立学校においてLGBTQ+をめぐる性的指向や性自認について議論することを厳しく制限するものだ。こうした動向は、いずれも多様性をめぐる対話のプラットフォームそのものを「予め排除」し、根こそぎ抹消することで、その諸問題を不可視化しようとする「支配のマトリックス」の一端のように思われる。

また、本書に記録される過激主義のムーヴメントが、パンデミックのさなかに一気に加速したことにも目を向けたい。パンデミックによって浮き彫りになったのは、新自由主義社会の構造的な脆弱性である。当初、一見すると私たちはみな「同じ舟に乗っている」かのように思えた。だが、そこで顕わになったのは、「不安定性」がいかに不平等な仕方で再分配されているのかということだった。日常を中断し、不安に苛まれる孤立した生活を送るなかで、人々はインターネットとソーシャルメディアに厖大な時間を費やすようになった。『陰謀論はなぜ生まれるのか』の著書マイク・ロスチャイルドによれば、陰謀論はもはやかつてのように何か事件が起きたときにその背後にある「真相」を暴き出すというかたちで登場するものではなく、事件の有無にかかわらず、ソーシャルメディアを通して日常的に生産されるようになったという。★4 さらに厄介なのは、集合的記憶として定着した陰謀論の後遺症がその後の政治や社会に及ぼす影響も、民主主義を考えるうえで見過ごせないものとなっていることである。

過激主義のムーヴメントは、緩い脱組織型の構造をもち、国境を越えて予想もしない徒党

★3 グレッグ・ルキアノフ、ジョナサン・ハイト『傷つきやすいアメリカの大学生たち―― 大学と若者をダメにする「善意」と「誤った信念」の正体』西川由紀子訳、草思社、２０２２年。

★4 マイク・ロスチャイルド『陰謀論はなぜ生まれるのか―― Ｑアノンとソーシャルメディア』烏谷昌幸・昇亜美子訳、慶應義塾大学出版会、２０２４年。

を組んで急進化している。これらのコミュニティは「リベラルな既得権益層」や「ウォーク」した意識高い系のエリートを相手に闘うという目標のもとに集結する。彼らは、心理的、社会的、技術的タッチポイントにタックルする術に長け、「怒りの増幅マシン」として駆動し、これまでも自らを急進化すべく数々のブランドをハイジャックしてきた。その手法は、たとえば「グリーン・ウォッシング」に象徴される否定や虚偽、あるいは新たなテクノロジーの登場を待つべきといった「先延ばしのナラティブ」戦術、さらには他の反科学や陰謀論のムーブメントを日和見的にハイジャックするといった戦術を巧みに使いこなす気候変動懐疑論者に見て取れる（95頁）。

加えて、ネット上に拡散されるミームも、今日の「代理文化戦争」には必須のツールと化している。ウェブ漫画『ボーイズ・クラブ』に登場するキャラクター「カエルのペペ」はその端的な一例だろう。もともと平和なキャラクターだったカエルのペペは、Myspace、Gaia Online、4ちゃんなどを通じてインターネット・ミームとして有名になった。だが、2015年頃からオルタナ右翼による白人至上主義の象徴として使われた。2016年のアメリカ大統領選時には、人種差別主義者によるヘイトの象徴とみなされ、名誉毀損防止同盟からヘイトのシンボルとして指定されるに至った。作者のマット・フュリーは、この負のイメージを払拭すべく、ハッシュタグ「#SavePepe」運動を起こす。しかしそれも功をなさず、ついにカエルのぺぺは作者の手で棺桶に収められることになった。

こうして構築された過激主義のネットワークは、「自由」や「民主主義」「人権」といった言葉を自らの目的に適うようにハイジャックし、「オルトメディア」を通して拡大し、「主流メディア」に浸透していった。客観的な事実よりも、たとえ虚偽であっても感情や個人的信条に訴えるものが大きな影響力をもつ「ポストトゥルース」の時代。ニューメディアによる情動と情報のフローのなかで、私たちの言葉やイメージはすべてアテンション・エコノミーに換算され、政治はフィクション化し、デモクラシーの脆弱性があぶり出されている。私たちはいつのまにか鏡の向こうに抜けていくアリスのように、スクリーンの向こう側にあった我流の真実が行き渡る悪魔化したメディアの世界に滑り込んでしまったというわけだ。

アメリカの精神科医ジュディス・ハーマンによれば、暴力とは「誰かを支配し抑圧することを狙う行為」であり、暴力の生態系とは「劣位におかれた人々に対する犯罪がいかに正当化され、受忍すべきものとされ、不可視化されるか」を指すという。そして「社会のあり方から心的外傷が生じている以上、そこからの回復も、個人の問題ではありえない。個々のコミュニティにある不正義によって外傷が生じているなら、傷を治すためには、より大きなコミュニティから対策を引き出して、不正義を修復しなければならない」と述べている。★5

本書は、まさしく現代の暴力の生態系の深淵を覗いたエブナーのドキュメントである。国家や民族同士の紛争のみならず、個人や集団が互いに反発しあい、絶対的な価値観をめぐって攻撃しあう今日、私たちに必要なのは憎悪を増幅させることではないはずだ。「文化やテクノロジーがどのように変化しているかを学ぶことで、わたしたちは急進化の韻《ライム》のなかの強節《アクセント》を見抜き、ひいては未来を予測することができるのだ」(350頁)とエブナーは言う。じっさい、不安定性に苛まれる社会に渦巻く暴力の諸問題に向き合うには、執拗につきまとう敵対幻想の構造そのものがどのように存立しているのかを探る必要があるだろう。そこにはどのような政治的対立が反映されているのか。メディア化された日常生活を通して、私たちの友と敵をめぐる感情はどのように構築され、どのように循環しているのか。そして「暗い時代」を生き抜くために、私たちはどのような新しい見取り図を描いていくことができるのか。課題はかつてないほど大きいかもしれない。けれども、現実世界の危機に応答し続けることで未来を救い出すことができるとすれば、本書はそのヒントを与えてくれるスリリングな示唆に富んだ一冊に違いない。

★5　ジュディス・L・ハーマン『真実と修復——暴力被害者にとっての謝罪・補償・再発防止策』阿部大樹訳、みすず書房、２０２４年。

原註

URLは原書刊行時点（2023/6/22）のもの。一部はURLが変更、ページが削除されている場合があることをご了承ください。

まえがき

1 Jon Henley, 'Voters in west divided more by identity than by issues, survey finds', the *Guardian*, 17 November 2021, Online: https://www.theguardian.com/politics/2021/nov/17/voters-in-west-divided-more-by-identity-than-issues-survey-finds.

2 Harvey Whitehouse, 'Dying for the group: Towards a general theory of extreme self-sacrifice', *Behavioural and Brain Sciences* Vol. 41 (2018): 1–62; W.B. Swann, J. Jetten, A. Gómez, H. Whitehouse and B. Bastian, 'When group membership gets personal: A theory of identity fusion', *Psychological Review* Vol. 119 (2012): 441–456; W.B. Swann and M.D. Buhrmester, 'Identity Fusion', *Current Directions in Psychological Science* Vol. 24, No. 1 (2015): 52-57.

3 Harvey Whitehouse, 'Dying for the group'.

4、たとえば以下を参照。BBC Reality Check Team, 'Joe Rogan: Four claims from his Spotify podcast fact-checked', BBC, 31 January 2022, Online: https://www.bbc.com/news/60199614.

5 Mike Levine, '"No Blame?" ABC News finds 54 cases invoking "Trump" in connection with violence, threats and alleged assaults', ABC News, 30 May 2020, Online: https://abcnews.go.com/Politics/blame-abc-news-finds-17-cases-invoking-trump/story?id=58912889.

6 Edelman, '2022 Edelman Trust Barometer: The Cycle of Distrust', Global report, online: https://www.edelman.com/trust/2022-trust-barometer.

はじめに

7 BBC「ニュースナイト」の米特派員デイヴィッド・グロスマンによるインタビュー。以下を参照。https://www.bbc.com/news/world-us-canada-56004916.

8 以下の映像を参照。Insurrection by Andres Serrano, min. 15.

9 以下の映像を参照。Insurrection by Andres Serrano, min. 22.

10 以下の映像を参照。 Insurrection by Andres Serrano, min. 27.

11 'Capitol riots timeline: What happened on 6 Jan one year ago', BBC, 6 January 2022, Online: 'https://www.bbc.com/news/world-us-canada-56004916.

12 'Capitol riots timeline: What happened on 6 Jan one year ago', BBC, 6 January 2022, Online: 'https://www.bbc.com/news/world-us-canada-56004916.

13 以下の映像を参照。Insurrection by Andres Serrano, min. 48.

14 以下の映像を参照。 Insurrection by Andres Serrano, min. 01:01:00.

15 以下の映像を参照。Insurrection by Andres Serrano, min. 01:05:00.

16 Robert A. Pape et al., 'American Face of Insurrection', Chicago Project on Security and Threats, 5 January 2022, Online: https://d3qi0qp55mx5f5.cloudfront.net/cpost/i/docs/Pape_-_American_Face_of_Insurrection_(2022-01-05).pdf?mtime=1654548769.

17 同上。

18 Hilary Matfess and Devorah Margolin, 'The Women of January 6th', Program on Extremism at George Washington University, April 2022, Online: https://extremism.gwu.edu/sites/g/files/zaxdzs2191/f/Women-of-Jan6_Matfess-and-Margolin.pdf.

19 Robert A. Pape et al., 'American Face of Insurrection', Chicago Project on Security and Threats, 5 January 2022, Online: https://d3qi0qp55mx5f5.cloudfront.net/cpost/i/docs/Pape_-_American_Face_of_Insurrection_(2022-01-05).pdf?mtime=1654548769.

20 'Guy Reffitt: First trial of US Capitol riot ends with conviction', BBC, 9 March 2022, Online: https://www.bbc.co.uk/news/world-us-canada-60670105.

21 Fortesa Latifi, 'January 6 Insurrection: One Year Later Families Are Still Divided', *Teen Vogue*, 4 January 2022, Online: https://www.teenvogue.com/story/january-6-insurrection-families.

22 'Teen Says He's in Hiding After Turning in Dad Guy Riffitt for Alleged Role in Capitol Riots', *Inside Edition*, 25 January 2021, Online: https://www.insideedition.com/teen-says-hes-in-hiding-after-turning-in-dad-guy-reffitt-for-alleged-role-in-capitol-riots-64511.

23 Fortesa Latifi, 'January 6 Insurrection: One Year Later Families Are Still Divided', *Teen Vogue*, 4 January 2022, Online: https://www.teenvogue.com/story/january-6-insurrection-families.

24 Barbara F. Walter, *How Civil Wars Start: And How to Stop Them* (N.Y.: Viking, 2022)〔邦訳: バーバラ・F・ウォルター『アメリカは内戦に向かうのか』井坂康志訳、東洋経済新報社、2023年〕.

25 Robert Pape, 'Deep, Destructive and Disturbing: What We Know About Today's American Insurrectionist Movement', CPOST (NORC) at University of Chicago, 2021, Online: https://d3qi0qp55mx5f5.cloudfront. net/cpost/i/docs/Pape_AmericanInsurrectionistMovement_2021-08-06.pdf?mtime=1628600204.

26 同上。

27 David Gilbert, 'QAnon and Trump-Flag Waving Anti-Vaxxers Tried to Storm New Zealand's Parliament', *VICE*, 9 November 2021, online: https://www.vice.com/en/article/m7vabx/new-zealand-anti-vaccine-mandate-protest.

28 M. Götschenberg, H. Schmidt und F. Bräutigam, 'Razzia wegen geplanten Staatsstreichs', *Tagesschau*, 7. December 2022, online: https://www.tagesschau.de/investigativ/razzia-reichsbuerger-staatsstreich-101.html.

29 Adrienne Vogt, Matt Meyer and Meg Wagner, 'Paul Pelosi, Nancy Pelosi's husband, attacked at couple's home, CNN, 28 October 2022, online: https://edition.cnn.com/politics/live-news/nancy-pelosi-husband-paul-attack/index.html; Jasmine Aguilera and Solcyre Burga,'What to Know About the Attack on Paul Pelosi' *TIME*, 31 October 2022, online: https://time.com/6226378/paul-pelosi-assault-what-to-know/.

第1章

30 Andrew Woodcock, 'One in 20 people has fallen out with family member over Brexit, poll reveals', the *Independent*, 8 October 2019. Online: https://www.independent.co.uk/news/uk/politics/brexit-family-friends-argument-remain-leave-eu-opinion-poll-bmg-survey-a9147456.html.

31 Sona Otajovicova, 'Doppelmord in Bratislava – Angriff auf die LGBTQ-Community in der Slowakei', DW, 25 October 2022, Online: https://www.dw.com/de/doppelmord-in-bratislava-angriff-auf-die-lgbtq-community-in-der-slowakei/a-63552798.

32 Grahame Allen and Yago Zayed, Hate Crime Statistics, House of Commons, online: https://researchbriefings.files.parliament.uk/documents/CBP-8537/CBP-8537.pdf.

33 'Germans shocked by killing of cashier after COVID mask row', Reuters, 21 September 2021, online: https://www.reuters.com/world/europe/germans-shocked-by-killing-cashier-after-covid-mask-row-2021-09-21/; Doha Madani, Andew Blankstein and Ben Collins, 'California dad killed his kids over QAnon and "serpent DNA" conspiracy theories, feds claim', 12 August 2021, online: https://www.nbcnews.com/news/us-news/california-dad-killed-his-kids-over-QAnon-serpent-dna-conspiracy-n1276611.

34 'What We Know About the Attack on Nancy Pelosi's Husband', *The New York Times*, 31 October 2022, online: https://www.nytimes.com/2022/10/28/us/politics/nancy-pelosi-husband-assaulted.html.

第2章

35 Julie Posetti, Nabeelah Shabbir et al., 'The Chilling: Global trends in online violence against women journalists' UNESCO, April 2021, Online: https://en.unesco.org/sites/default/files/the-chilling.pdf.

36 Scottish Government, 'Misogyny – A Human Rights Issue. The Working Group on Misogyny and Criminal Justice's independent report on their findings and recommendations', 8 March 2022, Online: https://www.gov.scot/publications/misogyny-human-rights-issue/pages/4/.

37 Stefan Stijelja, 'The Psychosocial Profile of Involuntary Celibates (*Incels*): A Review of Empirical Research . . .', Centre for Research and Intervention on Suicide, Ethical Issues and End of Life Practices, Université du Québec à Montréal, September 2020.

38 H. Lee, I. Son, J. Yoon and S-S. Kim. 'Lookism hurts: appearance discrimination and self-rated health in South Korea'. *Int J Equity Health*. 2017;16(1):204. 25 November 2017. doi:10.1186/s12939-017-0678-8.

39 Daniel Hamermesh (2013). *Beauty Pays: Why Attractive People are More Successful*. Princeton University Press; and Shahani-Denning, C. (2003)〔ダニエル・S・ハマーメッシュ『美貌格差――生まれつき不平等の経済学』望月衛訳、東洋経済新報社、2015年〕. 'Physical attractiveness bias in hiring: What is beautiful is good', *Hofstra Horizons*, 15–18.

40 Rod Hollier (2021), 'Physical Attractiveness Bias in the Legal System', The Law Project. Online: https://www.thelawproject.com.au/insights/attractiveness-bias-in-the-legal-system.

41 Jacob Ware, 'The incel threat', *IPS Journal*, Democracy and Society, 26 November 2021.

42 Liam Casey, 'Alek Minassian wanted to kill 100 people, but "satisfied" with 10 deaths, court hears', *The Canadian Press*, 9 December 2020. Online: https://www.cp24.com/news/alek-minassian-wanted-to-kill-100-people-but-satisfied-with-10-deaths-court-hears-1.5223076?cache=xuafaggwnsf%3FclipId%3D89530.

43 'Retribution: YouTube video', *The New York Times*, 24 May 2014, Online: https://www.nytimes.com/video/us/100000002900707/youtube-video-retribution.html.

44 Greta Jasser, Megan Kelly, Ann-Kathrin Rothermel, 'Male supremacism and the Hanau terrorist attack: between online misogyny and far-right violence', ICCT Publication, Online: https://icct.nl/publication/male-supremacism-and-the-hanau-terrorist-attack-between-online-misogyny-and-far-right-violence/.

45 筆者による一次資料の分析にもとづく。

46 Harry Farley, 'Danyal Hussein: A teenage murderer with far-right links', BBC, 6 July 2021, Online: https://www.bbc.com/news/uk-england-london-57722035.

47 Tom Ball, 'Massive rise in use of Incel sites that call for women to be raped', *The Times*, 3 January 2022, Online: https://www.thetimes.co.uk/article/massive-rise-in-use-of-incel-sites-that-call-for-women-to-be-raped-hddbq5mgc.

48 Chris Vallance, 'Rape posts every half-hour found on online incel forum', BBC, 23 September 2022, online: https://www.bbc.co.uk/news/technology-62908601.

49 Sian Norris, 'More than Half of Incels Support Paedophilia', *Byline Times*, 29 September 2022, online: https://bylinetimes.com/2022/09/29/more-than-half-of-incels-support-paedophilia-finds-new-report/.

50 Alessia Tranchese and Lisa Sugiura, '"I Don't Hate All Women, Just Those Stuck-Up Bitches": How Incels and Mainstream Pornography Speak the Same *Extreme* Language of Misogyny', *Violence Against Women*, Vol 27, no. 14 (2021): 2709–2734.

51 Jacob Ware, 'The incel threat', *IPS Journal*, Democracy and Society, 26 November 2021.

52 Consuelo Corradi, 'Femicide, its causes and recent trends: What do we know?', European Parliament, Briefing requested by the DROI Subcommittee, November 2021.

53 カレン・インガラ・スミス氏のプロジェクト「カウンティング・デッド・ウィメン」を参照。 Online: https://kareningalasmith.com/counting-dead-women/; Karen Ingala Smith and Clarrie O'Callaghan, 'Femicide Census: there's a disturbing reason for the falling numbers of murders', the *Guardian*, 27 February 2022, Online: https://www.theguardian.com/society/2022/feb/27/femicide-census-theres-a-disturbing-reason-for-the-falling-number-of-murders.

54 Emily Lefroy, 'Horrifying TikTok trend shows men "fantasising" how they'd kill women', Yahoo! News, 22 March 2022.

55 匿名を希望する英国在住の複数教師ならびにISDの市民活動・教育部門長、ジェニー・キングとのインタビュー。

56 Megan Kelly, Alex DiBranco and Dr Julia R. DeCook, 'Misogynist Incels and Male Supremacy', New America, 18 February 2021, Online: https://www.newamerica.org/political-reform/reports/misogynist-incels-and-male-supremacism/executive-summary/.

57 Eviane Leidig, 'Why Terrorism Studies Miss the Mark When It Comes to Incels', ICCT Publication, 31 August 2021, Online: https://icct.nl/publication/why-terrorism-studies-miss-mark-when-it-comes-incels/.

58 Rosie Carter, 'Young People in the Time of COVID-19: A Fear and Hope Study of 16–24 Year Olds', Hope not Hate, July 2020, Online: https://hopenothate.org.uk/wp-content/uploads/2020/08/youth-fear-and-hope-2020-07-v2final.pdf.

59 以下を参照。https://www.reddit.com/r/RedPillWomen/.

60 Chelsea Rudman, '"Feminazi": The History of Limbaugh's Trademark Slur Against Women', Media Matters for America, 3 December 2012.

61 Ipsos, 'One in three men believe feminism does more harm than good', 4 March 2022, Online: https://www.ipsos.com/en/one-three-men-believe-feminism-does-more-harm-good.

62 Amanda Barroso and Anna Brown, 'Gender pay gap in US held steady in 2020', Pew Research, May 2021, Online: https://www.pewresearch.org/fact-tank/2021/05/25/gender-pay-gap-facts/.

63 Josie Cox, 'The trust crisis facing women leaders', BBC, 30 November 2022, Online: https://www.bbc.com/worklife/article/20221129-the-trust-crisis-facing-women-leaders.

64 たとえば以下を参照。Lucina Di Meco and Saskia Brechenmacher, 'Tackling Online Abuse and Disinformation Targeting Women in Politics', Carnegie Endowment for International Peace, 30 December 2020, Online: https://carnegieendowment.org/2020/11/30/tackling-on-line-abuse-and-disinformation-targeting-women-in-politics-pub-83331.

65 Nathan Rott, '#Gamergate Controversy Fuels Debate on Women and Video Games', NPR, 24 September 2014.

66 Britt Paris and Joan Donovan, 'Deepfakes and Cheap Fakes: The Manipulation of Audio and Visual Evidence', Data & Society, 18 September 2019. Online: https://datasociety.net/library/deepfakes-and-cheap-fakes/.

67 たとえば以下を参照。Jane Dudman, 'Far from empowering young women, the internet silences their voices', the *Guardian*, 24 October 2018, Online: https://www.theguardian.com/society/2018/oct/23/empowering-young-women-internet-abuse-harassment; Mona Lena Krook, 'How sexist abuse of women in Congress amounts to political violence – and undermines American democracy', *The Conversation*, 21 October 2020.

68 たとえば以下を参照。Megan Specia, 'Britain's Parliament Is Rocked by Sexist Episodes. Again', *The New York Times*, 3 May 2022, Online: https://www.nytimes.com/2022/05/03/world/europe/britain-parliament-sexual-harassment.html; Kathrin Wesolowski, 'Frauen als Feindbild: Wie mit Falschmeldungen Hass gegen Politikerinnen geschürt wird', Correctiv, 15 December 2020, Online: https://correctiv.org/faktencheck/hintergrund/2020/12/15/frauen-als-feindbild-wie-mit-falschmeldungen-hass-gegen-politikerinnen-geschuert-wird/.

69 Maya Oppenheim, 'General election: Women MPs standing down over "horrific abuse", campaigners warn', *Independent*, 31 October 2019, Online: https://www.independent.

co.uk/news/uk/politics/general-election-woman-mps-step-down-abuse-harassment-a9179906.html.

70 Julia Smirnova, Anneli Ahonen, Nora Mathelemuse, Helena Schwertheim and Hannah Winter, 'Bundestagswahl 2021: Digitale Bedrohungen und ihre Folgen', ISD Global, February 2022, Online: https://www.isdglobal.org/wp-content/uploads/2022/02/ISD_digitale-bedrohung.pdf.

71 'Grünen-Klubchefin Maurer von Corona-Maßnahmen-Gegner angegriffen', *Der Standard*, 7. April 2022, Online: https://www.derstandard.at/story/2000134774936/gruenen-klubchefinsigrid-maurer-von-corona-massnahmengegner-angegriffen.

72 Emily Crocket, 'After the killing of a British MP, it's time to admit violence has a misogynist problem', *Vox*, 17 June 2016, Online: https://www.vox.com/2016/6/17/11962932/jo-cox-british-mp-assassination-murder-misogyny-violence.

73 Nick Lowles, Nick Ryan and Joe Mulhall, 'State of Hate 2022: On the March Again', Hope not Hate, March 2022, Online: https://hopenothate.org.uk/wp-content/uploads/2022/03/state-of-hate-2022-v1_17-March-update.pdf.

74 Robert Verkaik, 'Sarah Everard's killer is in jail, but the misogyny that enabled him still thrives in the Met, ex-officers say', *i* News, 14 October 2021, online: https://inews.co.uk/news/long-reads/sarah-everard-killer-wayne-couzens-jail-misogyny-met-police-still-thrives-officers-1246906.

75 Joe Ryan, 'Reports of misogyny and sexual harassment in the Metropolitan Police', Debate Pack Number CDP 2022/00456, House of Commons, March 2022, Online: https://researchbriefings.files.parliament.uk/documents/CDP-2022-0046/CDP-2022-0046.pdf.

76 'Boris Johnson does not support making misogyny a hate crime', BBC, 5 October 2021, Online: https://www.bbc.com/news/uk-politics-58800328.

77 'Hate Aid as part of the Landecker Digital Justice Movement, Statement on the Proposal for the Regulation of the European Parliament and of the Council on a Single Market for Digital Services (Digital Services Act) and amending Directive 2000/31/EC (COM(2020) 825 final)', April 2022, Online: https://hateaid.org/wp-content/uploads/2022/04/hateaid-dsa-statement.pdf.

78 Judit Bayer and Petra Bárd, 'Hate speech and hate crime in the EU and evaluation of online content regulation approaches', European Parliament, July 2020, Online: https://www.europarl.europa.eu/RegData/etudes/STUD/2020/655135/IPOL_STU(2020)655135_EN.pdf.

79 Gaby Hinsliff, 'Why on earth are the chore wars not done and dusted?', the *Guardian*, 29 November 2019, Online: https://www.theguardian.com/commentisfree/2019/nov/29/chore-wars-couples-women-housework.

80 D. Schneider, 'Market earnings and household work: New tests of gender performance theory', *Journal of Marriage and Family* 2011, 73(4), 845–60.

81 International Labour Organisation, 'ILO: Women do 4 times more unpaid care work than men in Asia and the Pacific', 27 June 2018, Online: https://www.ilo.org/asia/me-

dia-centre/news/WCMS_633284/lang--en/index.htm.

82 Kate Whiting, 'The motherhood penalty: How childcare and paternity leave can reduce the gender pay gap', World Economic Forum, Davos 2022, 19 May 2022; Joeli Brearley, *The Motherhood Penalty: How to stop motherhood being the kiss of death for your career* (London/N.Y.: Simon & Schuster, 2022).

83 D. Schneider, 'Market earnings and household work: New tests of gender performance theory', *J Marriage Fam* 2011, 73(4), 845–60.

84 Simone de Beauvoir, *The Second Sex*, 2009, p.481〔S·ド·ボーヴォワール『決定版　第二の性』II 体験（上）、『第二の性』を原文で読み直す会訳、河出書房新社、2023年、391頁より引用〕.

85 Kate Davidson, 'In 18 Nations, Women Cannot Get a Job Without Their Husband's Permission', *Wall Street Journal*, 9 September 2015, Online: https://www.wsj.com/articles/BL-REB-34010.

86 Angela Henshall, 'Four ways paid paternity leave could boost family income', BBC, 19 June 2016, Online: https://www.bbc.com/worklife/article/20160617-four-ways-paid-paternity-leave-could-boost-family-income.

87 Caroline Kitchener, Kevin Schaul, N. Kirkpatrick, Daniela Santamariña and Lauren Tierney, 'Abortion is now banned in these states. Others will follow.', *The Washington Post*, 26 June 2022.

88 Jill Filipovic, 'A new poll shows what really interests "pro-lifers": controlling women', the *Guardian*, 22 August 2019, Online: https://www.theguardian.com/commentisfree/2019/aug/22/a-new-poll-shows-what-really-interests-pro-lifers-controlling-women.

89 Tiffany Fillon, 'Poland: Where "women pay a high price" for populist laws', France24, 19 February 2022, Online: https://www.france24.com/en/europe/20220219-poland-where-women-pay-a-high-price-for-populist-laws.

90 Balázs Pivarnyik, 'Family and Gender in Orbán's Hungary', Heinrich Böll Stiftung, 4 July 2018, Online: https://www.boell.de/en/2018/07/04/family-and-gender-viktor-orbans-hungary.

91 Catharine Lumby and Amira Aftab, 'Australia still has a long way to go when it comes to sexism', the *Guardian*, 4 December 2018, Online: https://www.theguardian.com/commentisfree/2018/dec/04/australia-still-has-a-long-way-to-go-when-it-comes-to-sexism.

92 以下を参照。https://pregnantthenscrewed.com/.

93 Arj Singh, 'Roe v Wade reversal shows women's rights are "never guaranteed" and must be protected globally, senior MPs say', *i* News, 3 May 2022, Online: https://inews.co.uk/news/politics/reversal-roe-v-wade-shows-rights-never-guaranteed-must-protected-globally-senior-mps-say-1609093.

94 以下を参照。Programm der Alternative für Deutschland für die Wahl zum 20. Deutschen Bundestag, 2021.

95 Advance Pro Bono, 'Prevalence and reporting of sexual harassment in UK public spaces: A report by the APPG for UN Women', UN Women, March 2021, Online: https://www.unwomenuk.org/site/wp-content/uploads/2021/03/APPG-UN-Women_

Sexual-Harassment-Report_2021.pdf.
96 Fiona Smith, '"Privilege is invisible to those who have it": engaging men in workplace equality', the *Guardian*, 8 June 2016, Online: https://www.theguardian.com/sustain-able-business/2016/jun/08/workplace-gender-equality-invisible-privilege.
97 以下を参照。AAUW, 'The STEM gap: Women in Science, Technology, Engineering or Mathematics', AAUW, 2020, Online: https://www.aauw.org/resources/research/the-stem-gap/.
98 Melissa Dancy et al., 'Undergraduates' awareness of White and male privilege in STEM', *International Journal of STEM Education*, Vol 7 (52), October 2020, Online: https://stemeducationjournal.springeropen.com/articles/10.1186/s40594-020-00250-3.
99 以下を参照。HESA statistics: https://www.hesa.ac.uk/news/01-02-2022/sb261-higher-education-staff-statistics.
100 Laura Bates, 'Female academics face huge sexist bias – no wonder there are so few of them', the *Guardian*, 13 February 2015, online: https://www.theguardian.com/lifeandstyle/womens-blog/2015/feb/13/female-academics-huge-sexist-bias-students.
101 フランス語の原文は 'Bonjour Pauline, j'espère que tu vas mourir et si je te croise tu verras'.
102 Yanna J. Weisberg, Colin G. DeYoung and Jacob B. Hirsh, 'Gender Differences in Personality across the Ten Aspects of the Big Five', *Frontiers in Psychology* 2 (178), May 2011, Online: https://www.ncbi.nlm.nih.gov/pmc/articles/PMC3149680/; Leonora Risse, Lisa Farrell and Tim R.L. Fry, 'Personality and pay: do gender gaps in confidence explain gender gaps in wages?', *Oxford Economic Papers*, Vol 70 (4), October 2018, pp. 919–949, Online: https://academic.oup.com/oep/article/70/4/919/5046671; Christian Jarrett, 'Do men and women really have different personalities?', BBC, 12 October 2016, Online: https://www.bbc.com/future/article/20161011-do-men-and-women-really-have-different-personalities.
103 Marco Del Giudice, Tom Booth and Paul Irwing, 'The Distance Between Mars and Venus: Measuring Global Sex Differences in Personality', *Plos One* 7 (1), January 2012, Online: https://journals.plos.org/plosone/article/comment?id=info%3Adoi/10.1371/annotation/2aa4d091-db7a-4789-95ae-b47be9480338.

第3章

104 https://news.un.org/en/story/2019/06/1040291.
105 'Italy migrant boat: Captain says she disobeyed orders due to suicide fears', BBC, 1 July 2019, Online: https://www.bbc.com/news/world-europe-48818696.
106 'Italy's Salvini slams Sea-Watch incident "act of war"', Deutsche Welle, 29 June 2019, Online: https://www.dw.com/en/italys-salvini-slams-sea-watch-incident-as-an-act-of-war/a-49415160.
107 'Italy migrant rescue boat: Captain Carola Rackete freed"', BBC, 2 July 2019. Online: https://www.bbc.com/news/world-europe-48838438.
108 Oliver Milman, 'Ex-Nasa scientist: 30 years on, world is failing "miserably" to address

climate change', the *Guardian*, 19 June 2018, Online: https://www.theguardian.com/environment/2018/jun/19/james-hansen-nasa-scientist-climate-change-warning.

109 Zach Boren and Damian Kahya, 'German far right targets Greta Thunberg in anti-climate push', *Unearthed*, 14 May 2019, Online: https://unearthed.greenpeace.org/2019/05/14/germany-climate-denial-populist-eike-afd/.

110 Suzanne Goldenberg, 'Secret funding helped build vast network of climate denial thinktanks', the *Guardian*, 14 February 2013, Online: https://www.theguardian.com/environment/2013/feb/14/funding-climate-change-denial-thinktanks-network.

111 Suzanne Goldenberg, 'Conservative groups spend up to $1bn a year to fight action on climate change', the *Guardian*, 20 December 2013, online: https://www.theguardian.com/environment/2013/dec/20/conservative-groups-1bn-against-climate-change.

112 ISD and CASM Technology, 'Deny, Deceive and Delay: Documenting and Responding to Climate Disinformation at COP26 and Beyond', ISD, June 2022, online: https://www.isdglobal.org/wp-content/uploads/2022/06/Summative-Report-COP26.pdf.

113 ISD and CASM Technology, 'Deny, Deceive and Delay: Documenting and Responding to Climate Disinformation at COP26 and Beyond', ISD, June 2022, online: https://www.isdglobal.org/wp-content/uploads/2022/06/Summative-Report-COP26.pdf.

114 Jennie King, 'Climate is the New Front in the Culture Wars', ISD digital dispatches, 11 May 2021, Online: https://www.isdglobal.org/digital_dispatches/climate-is-the-new-front-in-the-culture-wars/.

115 以下を参照。World Economic Forum, 'The Great Reset', Online: https://www.weforum.org/focus/the-great-reset および https://www.weforum.org/agenda/2020/06/covid19-great-reset-gita-gopinath-jennifer-morgan-sharan-burrow-climate/.

116 Eisha Maharasingam-Shah and Pierre Vaux, '"Climate Lockdown" and the Culture Wars: How Covid-19 sparked a new narrative against climate action', ISD, October 2021. Online: https://www.isdglobal.org/wp-content/uploads/2021/10/20211014-ISDG-25-Climate-Lockdown-Part-1-V92.pdf.

117 Extinction Rebellion, *This is Not a Drill: An Extinction Rebellion Handbook*, Penguin 2019.

118 Kate Connolly and Matthew Taylor, 'Extinction Rebellion founder's Holocaust remarks spark fury', the *Guardian*, 20 November 2019, Online: https://www.theguardian.com/environment/2019/nov/20/extinction-rebellion-founders-holocaust-remarks-spark-fury.

119 Damien Gayle and Ben Quinn, 'Extinction Rebellion rush-hour protest sparks clash on London Underground', the *Guardian*, 17 October 2019, Online: https://www.theguardian.com/environment/2019/oct/17/extinction-rebellion-activists-london-underground.

120 たとえば以下を参照。https://www.rationaloptimist.com/blog/how-global-warming-can-be-good/ および https://www.chartwellspeakers.com/matt-ridley-climate-change-good-harm/.

121 Chris Mooney, 'The Hockey Stick: The Most Controversial Chart in Science, Explained', *The Atlantic*, 10 May 2013, Online: https://www.theatlantic.com/technology/archive/2013/05/the-hockey-stick-the-most-controversial-chart-in-science-ex-

plained/275753/.

122 参考までに以下を参照。'UK "Climategate" inquiry largely clears scientists', 31 March 2010, Online: https://web.archive.org/web/20211104133523/https://www.deccanherald.com/content/61233/uk-climategate-inquiry-largely-clears.html.

123 Adam Forrest, 'One in 15 Conservative MPs believe climate change is a "myth", poll finds', the *Independent*, 6 November 2021, Online: https://www.independent.co.uk/climate-change/news/climate-change-myth-conservative-mps-b1952290.html.

124 Susanne Götze and Annika Joeres, 'Koalition der Klimawandelleugner', *Der Spiegel* 25 January 2020, Online: https://www.spiegel.de/wissenschaft/mensch/koalition-der-klimawandelleugner-a-c1a03be4-8921-4898-a4f3-a11a1c814008; Quarks Science Cops, 'Der Fall EIKE: So dreist tricksen Klimawandel-Leugner:innen', *Quarks*, 13 November 2021, Online Podcast: https://www.quarks.de/podcast/quarks-science-cops-der-fall-eike-so-dreist-tricksen-klimawandel-verharmloser/.

125 Forschungsgruppe Wahlen, 'Politbarometer September III 2021', Forschungsgruppe Wahlen, 17 September 2021, Online: https://www.forschungsgruppe.de/Umfragen/Politbarometer/Archiv/Politbarometer_2021/September_III_2021.

126 Paula Matlach and Lukasz Janulewicz, 'Kalter Wind von Rechts: Wie rechte Parteien und Akteur:innen die Klimakrise zu ihren Gunsten missbrauchen Eine Analyse über falsche Fakten, Feindbilder und Desinformationsnarrative im Umfeld der Bundestagswahl 2021', ISD, December 2021, Online: https://www.isdglobal.org/wp-content/uploads/2021/12/ISD_Analyse_Kalter-Wind-Klimadebatte-2021.pdf.

127 Damian Carrington, 'The four types of climate denier, and why you should ignore them all', the *Guardian*, 30 July 2020, Online: https://www.theguardian.com/commentisfree/2020/jul/30/climate-denier-shill-global-debate.

128 Statista, 'Risk index of natural disasters in Indonesia for mid 2022, by type', May 2021, Online: https://www.statista.com/statistics/920857/indonesia-risk-index-for-natural-disasters/.

129 Greg Fealy, 'Apocalyptic Thought, Conspiracism and Jihad in Indonesia' *Contemporary Southeast Asia*', Vol. 41, No. 1, Special Issue, April 2019, pp. 63–85, Online: https://www.jstor.org/stable/26664205.

130 Eisha Maharasingam-Shah and Pierre Vaux, '"Climate Lockdown" and the Culture Wars: How Covid-19 sparked a new narrative against climate action', ISD, October 2021. Online: https://www.isdglobal.org/wp-content/uploads/2021/10/20211014-ISDG-25-Climate-Lockdown-Part-1-V92.pdf.

131 Adam Houser, 'CFACT's Morano: King of the skeptics', CFACT website, 17 December 2009, Online: https://www.cfact.org/2009/12/17/cfacts-morano-king-of-the-skeptics.

132 Adam Sacks, 'We have met the deniers and they are us', *Grist*, 11 November 2009, Online: https://grist.org/article/2009-11-10-we-have-met-the-deniers-and-they-are-us/.

133 参考までに以下を参照。NASA; 'Global Climate Change: Vital Signs of the Planet', Online: https://climate.nasa.gov/vital-signs/sea-level/.

134 N. Mimura, Sea-level rise caused by climate change and its implications for society. Proc Jpn Acad Ser B Phys Biol Sci. 2013;89(7):281–301. doi:10.2183/pjab.89.281.

135 S.A. Kulp, B.H. Strauss, 'New elevation data triple estimates of global vulnerability to sea-level rise and coastal flooding', *Nature Communications* 10, 4844 (2019). https://doi.org/10.1038/s41467-019-12808-z.

136 'Climate Change Update: Senate Floor Statement by US Sen. James M. Inhofe(R-Okla)', *inhofe.senate.gov*, January 4, 2005. Archived March, 2011. Archive.is URL: https://archive.is/daqGZ, https://www.cbsnews.com/news/warmed-over/.

137 Simon Bowers, 'Climate-sceptic US senator given funds by BP political action committee', the *Guardian*, 22 March 2015, Online: https://www.theguardian.com/us-news/2015/mar/22/climate-sceptic-us-politician-jim-inhofe-bp-political-action-committee. および参考までに以下を参照。Open Secrets' Oil and Gas Top Recipients, Online: http://www.opensecrets.org/industries/recips.php?ind=E01&cycle=2002&recipdetail=S&mem=Y&sortorder=U.

138 Sebastian Haupt, 'Zitierkartelle und Lobbyisten. Vergleichende Perspektiven auf die Klimawandelleugner', in *Forschungsjournal Soziale Bewegungen*. Band 33, Nr. 1, 2020, S. 170–184.

139 Susanne Götze, Annika Joeres, 'Leugnerkabinett. Viele Klimaskeptiker bezweifeln auch die Coronagefahren', in Heike Kleffner, Matthias Meisner (Hrsg.), *Fehlender Mindestabstand. Die Coronakrise und die Netzwerke der Demokratiefeinde*, Herder, Freiburg 2021, S. 135.

140 Kate Connolly, 'Germany's AfD turns on Greta Thunberg as it embraces climate denial', the *Guardian*, 14 May 2019, Online: https://www.theguardian.com/environment/2019/may/14/germanys-afd-attacks-greta-thunberg-as-it-embraces-climate-denial.

141 "Treibhäuser des Klima Alarmismus – Mit welchen Tricks deutsche Universitäten abweichende Meinungen niederhalten", 3 April 2020. Online: https://eike-klima-energie.eu/2016/04/03/treibhaeuser-des-klima-alarmismus-mit-welchen-tricks-deutsche-universitaeten-abweichende-meinungen-niederhalten/.

142 Quarks Science-Cops, 'Der Fall EIKE: So dreist tricksen Klimawandel-Leugner:innen', *Quarks*, 13 November 2021, Online Podcast: https://www.quarks.de/podcast/quarks-science-cops-der-fall-eike-so-dreist-tricksen-klimawandel-verharmloser/.

143 'Polar Bear Population: How many polar bears are there?', Arctic WWF website, Online: https://arcticwwf.org/species/polar-bear/population/.

144 Damian Carrington, 'Earth has lost half of its wildlife in the past 40 years, says WWF', the *Guardian*, 30 September 2014, Online: https://www.theguardian.com/environment/2014/sep/29/earth-lost-50-wildlife-in-40-years-wwf; Michael Greshko, 'What are mass extinctions, and what causes them?', *National Geographic*, 26 September 2019, Online: https://www.nationalgeographic.com/science/article/mass-extinction.

145 Gerado Ceballos, Paul R. Ehrlich and Rodolfo Dirzi, 'Biological annihilation via the ongoing sixth mass extinction signaled by vertebrate population losses and declines',

PNAS 114 (30), July 2017, Online: https://www.pnas.org/content/114/30/E6089.
146 参考までに以下を参照。The WWF's Species directory: https://www.worldwildlife.org/species/directory?direction=desc&sort=extinction_status.
147 'Die Heartland Lobby', Correctiv, 2 April 2020, Online: https://correctiv.org/top-stories/2020/02/04/die-heartland-lobby-2/.
148 Christian Esser, Manka Heise, Katarina Huth and Jean Peters, 'Undercover bei Klimawandel-Leugnern', ZDF Frontal, 4 February 2020, Video footage min. 5, Online: https://www.zdf.de/politik/frontal/undercover-bei-klimawandel-leugnern-100.html.
149 Statista, 'Where Climate Change Deniers Live', Online: https://www.statista.com/chart/19449/countries-with-biggest-share-of-climate-change-deniers/.
150 William J. Ripple, Christopher Wolf, Thomas M. Newsome, Jillian W. Gregg, Timothy M. Lenton, Ignacio Palomo, Jasper A. .J Eikelboom, Beverly E. Law, Saleemul Huq, Philip B. Duffy, Johan Rockström, 'World Scientists' Warning of a Climate Emergency 2021', *BioScience*, 2021, biab079, https://doi.org/10.1093/biosci/biab079.
151 Eliza Macintosh et al., 'World leaders meet for "last chance" COP26 climate talks in Glasgow', CNN, 1 November 2021, Online: https://edition.cnn.com/world/live-news/cop26-climate-summit-intl-11-01-21/index.html.
152 以下を参照。https://www.greenpeace.org/usa/fighting-climate-chaos/climate-deniers/koch-industries/.
153 Matthew Taylor and Jonathan Watts, 'Revealed: the 20 firms behind a third of all carbon emissions', the *Guardian*, 9 October 2019, Online: https://www.theguardian.com/environment/2019/oct/09/revealed-20-firms-third-carbon-emissions.
154 ドイツ語の原文は 'behindert'.
155 Quarks Science Cops, 'Der Fall EIKE: So dreist tricksen Klimawandel-Leugner:innen', *Quarks*, 13 November 2021, Online Podcast: https://www.quarks.de/podcast/quarks-science-cops-der-fall-eike-so-dreist-tricksen-klimawandel-verharmloser/.
156 Aylin Woodward, 'As denying climate change becomes impossible, fossil-fuel interests pivot to 'carbon shaming'', *Business Insider*, 28 August 2021, Online: https://www.businessinsider.com/fossil-fuel-interests-target-climate-advocates-personally-2021-8.
157 Avaaz, 'How youth climate anxiety is linked to government inaction', 14 September 2021, Online: https://secure.avaaz.org/campaign/en/climate_anxiety_panel/.
158 Alice Echtermann, 'Gesucht: Influencer*in, jung, rechts', Correctiv, 21 February 2020, online: https://correctiv.org/faktencheck/hintergrund/2020/02/21/gesucht-influencer-in-jung-rechts/.
159 AfDによる実際のフェイスブックの投稿は以下を参照。https://www.facebook.com/jungealternativerlp/posts/2511328659094706.
160 たとえば以下を参照。https://www.youtube.com/watch?v=v8dXpe1Pp6Q.
161 David Smith, '"Anti-Greta" teen activist to speak at biggest US conservatives conference', the *Guardian*, 25 February 2020, Online: https://www.theguardian.com/us-news/2020/feb/25/anti-greta-teen-activist-cpac-conference-climate-sceptic.
162 Christian Esser, Manka Heise, Katarina Huth and Jean Petersm 'Undercover bei Kli-

mawandel-Leugnern', ZDF Frontal, 4 February 2020, Video footage min. 5, Online: https://www.zdf.de/politik/frontal/undercover-bei-klimawandel-leugnern-100.html; Desmond Butler and Juliet Eilperin, 'The anti-Greta: A conservative think tank takes on the global phenomenon', *The Washington Post*, 23 February 2020, online: https://www.washingtonpost.com/climate-environment/2020/02/23/meet-anti-greta-young-youtuber-campaigning-against-climate-alarmism/.

163 Pu Yan, Ralph Schroeder & Sebastian Stier (2021) 'Is there a link between climate change scepticism and populism? An analysis of web tracking and survey data from Europe and the US', *Information, Communication & Society*, DOI: 10.1080/1369118X.2020.1864005.

164 'Thüringen: AfD gewinnt vier Bundestags-Wahlkreise und wird stärkste Partei', MDR Thüringen, 27 September 2021, Online: https://www.mdr.de/nachrichten/deutschland/wahlen/bundestagswahl/thueringen-endergebnis-afd-ullrich-maassen-100.html.

165 NASA Climate Change, 'What is the difference between weather and climate?', 27 September 2019, Online: https://www.youtube.com/watch?v=vH298zSCQzY.

166 参考までに以下を参照。NASA's website explanation: https://climate.nasa.gov/causes/.

167 同上。

168 Max Falkenberg, Alessandro Galeazzi, et al., 'Growing polarization around climate change on social media', *Nature Climate Change* 12, November 2022, pp. 1114–1121.

第4章

169 以下を参照。Benjamin Toff, Sumitra Badrinathan, Camila Mont'Alverne, Amy R. Arguedas, Richard Fletcher and Rasmus Kleis Nielsen, 'Depth and breadth: How news organisations navigate trade-offs around building trust in news', *Reuters Institute for the Study of Journalism*, Oxford University, 2 December 2021, Online: https://reutersinstitute.politics.ox.ac.uk/depth-and-breadth-how-news-organisations-navigate-trade-offs-around-building-trust-news.

170 Megan Brenan, 'Americans' Trust in Media Dips to Second Lowest on Record', Gallup, 7 October 2021, Online: https://news.gallup.com/poll/355526/americans-trust-media-dips-second-lowest-record.aspx.

171 Nic Newman with Richard Fletcher, Craig T. Robertson, Kirsten Eddy, and Rasmus Kleis Nielsen, 'Reuters Institute Digital News Report', Reuters Institute, June 2022, online: https://reutersinstitute.politics.ox.ac.uk/digital-news-report/2022.

172 'Australians trust of the media and journalists is on the way down: Edelman', Radio Info, 24 February 2022, online: https://radioinfo.com.au/news/australians-trust-of-the-media-and-journalists-is-on-the-way-down-edelman/.

173 Nicole Hemmer, 'History shows we ignore Tucker Carlson at our peril', CCN, 15 April 2021, Online: https://edition.cnn.com/2021/04/15/opinions/tucker-carlson-replacement-theory-peter-brimelow-republican-party-hemmer/index.html.

174 Nicolas Confessore, 'What to Know About Tucker Carlson's Rise', *The New York Times*, 2022, 30 April 2022, Online: https://www.nytimes.com/2022/04/30/business/media/

tucker-carlson-fox-news-takeaways.html.

175 Eric Deggans, 'I have a name for what fueled Joe Rogan's new scandal: Bigotry Denial Syndrome', NPR, 9 February 2022, Online: https://www.npr.org/2022/02/09/1079271255/joe-rogan-spotify-racism-controversy.

176 'Kyrie Irving refuses to directly answer question about his beliefs on Jewish people', the *Guardian*, 3 November 2022, Online: https://www.theguardian.com/sport/2022/nov/03/kyrie-irving-admits-link-to-antisemitic-work-had-negative-impact-on-jews.

177 Sarah Polus, 'Ye, Candace Owens wear "White Lives Matter" shirts at Paris Fashion week', *The Hill*, 3 October 2022, Online: https://thehill.com/blogs/in-the-know/3672606-ye-candace-owens-wear-white-lives-matter-shirts-at-paris-fashion-week/.

178 Benjamin Lee and Ben Beaumont-Thomas, 'Kanye West on slavery: "For 400 Years? That sounds like a choice"', the *Guardian*, 2 May 2018, online: https://www.theguardian.com/music/2018/may/01/kanye-west-on-slavery-for-400-years-that-sounds-like-a-choice.

179 Center on Extremism, 'Unpacking Kanye West's Antisemitic Remarks', Anti-Defamation League, 14 October 2022, Online: https://www.adl.org/resources/blog/unpacking-kanye-wests-antisemitic-remarks; Dani Anguiano, 'Chorus of outrage against Kanye West grows . . .', the *Guardian*, Online: https://www.theguardian.com/us-news/2022/oct/24/los-angeles-leaders-condemn-kanye-wests-antisemitic-comments; and Melissa Dellatto; Carlie Porterfield, 'Kanye West's Antisemitic, Troubling Behavior . . .', *Forbes*, Online: https://www.forbes.com/sites/marisadellatto/2022/11/04/kanye-wests-anti-semitic-troubling-behavior-heres-everything-hes-said-in-recent-weeks/?sh=7c679f975e8f.

180 Chloe Melas, 'Exclusive: Kanye West has a disturbing history of admiring Hitler, sources tell CNN', CNN, 27 October 2022, Online: https://edition.cnn.com/2022/10/27/entertainment/kanye-west-hitler-album/index.html?utm_source=twCNNi&utm_medium=social&utm_content=2022-10-27T16%3A27%3A02&utm_term=link.

181 Dani Anguiano, 'Chorus of outrage against Kanye West grows as anti- Semitic incidents rattle LA', the *Guardian*, 25 October 2022, online: https://www.theguardian.com/us-news/2022/oct/24/los-angeles-leaders-condemn-kanye-wests-antisemitic-comments.

182 Brandy Zadrozny, 'Elon Musk's "amnesty" pledge brings back QAnon, far-right Twitter accounts', NBC News, 2 December 2022, Online: https://www.nbcnews.com/tech/internet/elon-musks-twitter-beginning-take-shape-rcna58940.

183 Link to Musk's original tweet: https://twitter.com/elonmusk/status/1602278477234728960.

184 Sophie Zeldin-O'Neill, 'Jeremy Clarkson condemned over Meghan column in the Sun', the *Guardian*, 18 December 2022, Online: https://www.theguardian.com/media/2022/dec/18/jeremy-clarkson-condemned- meghan-column-the-sun.

185 Cynthia Miller-Idriss, *The Extreme Gone Mainstream: Commercialization and Far-Right Youth Culture in Germany* (N.Y.: Princeton University Press, 2018).

186 Julia Ebner, *Going Dark: The Secret Social Lives of Extremists* (London: Bloomsbury, 2020)〔ユリア・

エブナー『ゴーイング・ダーク――12の過激主義組織潜入ルポ』西川美樹訳、左右社、2021年〕.

187 Anita Snow, '1 in 3 fears immigrants influence US elections: AP-NORC Poll', Associated Press, 10 May 2022, Online: https://apnews.com/article/immigration-2022-midterm-elections-covid-health-media-2ebbd 3849ca35ec76f0f91120639d9d4.

188 以下を参照。Black Lives Matter global website: https://blacklivesmatter.com/.

189 Armed Conflict Location & Event Data Project (ACLED), Demonstrations and Political Violence in America: New Data for Summer 2020, September 2020, Online: https://acleddata.com/2020/09/03/demonstrations-political-violence-in-america-new-data-for-summer-2020/.

190 William Allchorn, 'Turning Back to Biologised Racism: A Content Analysis of Patriotic Alternative UK's Online Discourse', Global Network on Extremism and Technology, 22 February 2021, Online: https://gnet-research.org/2021/02/22/turning-back-to-biologised-racism-a-content-analysis-of-patriotic-alternative-uks-online-discourse/.

191 Jon Stone, 'Black Lives Matter is "not force for good" says Tory MP Sajid Javid', *Independent*, 5 October 2020, Online: https://www.independent.co.uk/news/uk/politics/sajid-javid-black-live-matter-blm-racism-tory-mp-b806336.html.

192 Arj Singh, 'Britons are more likely to view Black Lives Matter as a force for good than ill, data shows', *i* News, 25 July 2021, Online: https://inews.co.uk/news/politics/black-lives-matter-britain-take-knee-popularity-1118702.

193 Robert Booth, 'Black Lives Matter has increased racial tension, 55% say in UK poll', the *Guardian*, 27 November 2020, Online: https://www.theguardian.com/world/2020/nov/27/black-lives-matter-has-increased-racial-tension-55-say-in-uk-poll.

194 Simon Murdoch, 'Patriotic Alternative: Uniting the Fascist Right?', Hope not Hate, August 2020, Online: https://www.hopenothate.org.uk/wp-content/uploads/2020/08/HnH_Patriotic-Alternative- report_2020-08-v3.pdf.

195 Sarah Haylock et al., 'Risk factors associated with knife-crime in United Kingdom among young people aged 10–24 years: a systematic review', *BMC Public Health*, Vol 20 (1451), 2020, Online: https://bmcpublichealth.biomedcentral.com/articles/10.1186/s12889-020-09498-4.

196 参考までに以下を参照。Patriotic Alternative Website: https://www.patrioticalternative.org.uk/.

197 以下を参照。'The Enemy Within the Far-Right', Channel 4 *News Dispatches*, May 2022, Online: https://www.channel4.com/programmes/the-enemy-within-the-far-right-dispatches/on-demand/71213-001.

198 同上。

199 William Allchorn, 'Turning Back to Biologised Racism: A Content Analysis of Patriotic Alternative UK's Online Discourse', Global Network on Extremism & Technology, 22 February 2021, Online: https://gnet-research.org/2021/02/22/turning-back-to-biologised-racism-a-content-analysis-of-patriotic-alternative-uks-online-discourse/.

200 Milo Comerford, Tim Squirrell, David Leenstra and Jakob Guhl, 'What the UK Migrant Centre Attack Tells Us About Contemporary Extremism Trends', ISD, digital

dispatches, 14 November 2022, online: https://www.isdglobal.org/digital_dispatches/what-the-uk-migrant-centre-attack-tells-us-about-contemporary-extremism-trends/.

201 Stephanie Finnegan, 'Leeds neo-Nazi Mark Collet behind far-right group Patriotic Alternative pushing "hateful" home schooling with racist songs', Leeds Live, 21 February 2021, Online: https://www.leeds-live.co.uk/news/leeds-news/leeds-neo-nazi-mark-collet-19882854.

202 Stephanie Finnegan, 'Leeds neo-Nazi Mark Collet behind far-right group Patriotic Alternative pushing 'hateful' home schooling with racist songs', Leeds Live, 21 February 2021, Online: https://www.leeds-live.co.uk/news/leeds-news/leeds-neo-nazi-mark-collet-19882854.

203 'England FA condemn racist abuse aimed at Marcus Rashford, Bukayo Saka, Jadon Sancho after Euro 2020 shootout loss', ESPN, 12 July 2021, Online: https://www.espn.com/soccer/england-eng/story/4431389/england-fa-condemn-racist-abuse-aimed-at-rashfordsakasancho-after-euro-shootout-loss.

204 'Non-white footballers played better when stadiums were empty during the pandemic', *The Economist*, 10 June 2021, Online: https://www.economist.com/graphic-detail/2021/06/10/non-white-footballers-played-better-when-stadiums-were-empty-during-the-pandemic.

205 Rebecca Shabad, 'Where does the phrase "When the looting starts, the shooting starts" come from?', NBC News, 29 May 2020, Online: https://www.nbcnews.com/politics/congress/where-does-phrase-when-looting-starts-shooting-starts-come-n1217676.

206 Jamila Lyiscott, *Black Appetite, White Food* (London: Routledge, 2019), p.23.

207 Stephen Menendian, Samir Gambhir and Arthur Gailes, 'The Roots of Structural Racism Project', Othering and Belonging Institute, 21 June 2021, Online: https://belonging.berkeley.edu/roots-structural-racism.

208 Christopher Ingraham, 'Three quarters of whites don't have any non-white friends', *The Washington Post*, 27 November 2014, Online: https://www.washingtonpost.com/news/wonk/wp/2014/11/27/three-quarters-of-whites-dont-have-any-non-white-friends-2/.

209 Tanya Abraham, '84% of BAME Britons think the UK is still very or somewhat racist', YouGov, Jun2 2020, Online: https://yougov.co.uk/topics/politics/articles-reports/2020/06/26/nine-ten-bame-britons-think-racism-exists-same-lev.

210 Office for Statistics, 'Births and infant mortality by ethnicity in England and Wales: 2007 to 2019', Online: https://www.ons.gov.uk/peoplepopulationandcommunity/healthandsocialcare/childhealth/articles/birthsandinfantmortalitybyethnicityinenglandandwales/2007to2019.

211 Emma Kasprzak, 'Why are black mothers at more risk of dying?', BBC, 12 April 2019, Online: https://www.bbc.co.uk/news/uk-england-47115305.

212 HM Government, 'Unemployment by ethnicity', January 2021, Online: https://www.ethnicity-facts-figures.service.gov.uk/work-pay-and-benefits/unemployment-and-economic-inactivity/unemployment/latest#by-ethnicity.

213 HM Government, 'Black Caribbean ethnic group: facts and figures', 27 June 2019, On-

line: https://www.ethnicity-facts-figures.service.gov.uk/summaries/black-caribbean-ethnic-group#stop-and-search.

214 Nazir Afzal, Black people dying in police custody should surprise no one', the *Guardian*, 11 June 2020, Online: https://www.theguardian. com/uk-news/2020/jun/11/black-deaths-in-police-custody-the-tip-of-an-iceberg-of-racist-treatment.

215 Angelika Schuster and Tristan Sindelgruber, 'Operation Spring', 2005, Online: https://dok.at/film/operation-spring/.

216 Jakobi Williams, '"don't know woman have to do nothing'she don't want to do": Gender, Activism, and the Illinois Black Panther Party', *Black Women, Gender + Families*, Vol. 6, No. 2 (Fall 2012), pp. 29–54, Online: https://www.jstor.org/stable/10.5406/blacwomegendfami.6.2.0029.

217 Ashley Roach-McFarlane, *The Forgotten Legacy of Claudia Jones: a Black Communist Radical Feminist* (Verso Books, 22 March 2021), Online: https://www.versobooks.com/blogs/5030-the-forgotten-legacy-of-claudia-jones-a-black-communist-radical-feminist.

218 以下を参照。2020 US Census: https://www.census.gov/library/stories/2021/08/improved-race-ethnicity-measures-reveal-united-states-population-much-more-multiracial.html.

219 Amnesty International, 'Gun Violence – Key Facts', 2022, Online: https://www.amnesty.org/en/what-we-do/arms-control/gun-violence/.

220 HM Government, 'Official Statistics: Hate crime, England and Wales, 2021 to 2022', Home Office, 6 October 2022, Online: https://www.gov.uk/government/statistics/hate-crime-england-and-wales-2021-to-2022/hate-crime-england-and-wales-2021-to-2022.

221 Jakob Guhl and Jacob Davey, 'A Safe Space to Hate: White Supremacist Mobilisation on Telegram', ISD, June 2020, Online: https://www.isdglobal.org/isd-publications/a-safe-space-to-hate-white-supremacist-mobilisation-on-telegram/.

222 Adam Gabbatt and Jason Wilson, 'Klan leader charged over driving car into Black Lives matter protesters', the *Guardian*, 8 June 2020, Online: https://www.theguardian.com/us-news/2020/jun/08/klan-leader-charged-harry-rogers-virginia.

223 Kenya Evelyn, 'Drivers target Black Lives Matter protesters in "horrifying" spate of attacks', the *Guardian*, 9 July 2020, Online: https://www.theguardian.com/world/2020/jul/09/black-lives-matter-drivers-target-protesters-spate-of-attacks.

224 この会議の最初の録音開始から23分。

225 この会議の3回目の録音開始から17分。

226 たとえば以下を参照。https://antisemitism.adl.org/power/.

227 以下を参照。https://encyclopedia.ushmm.org/content/en/article/protocols-of-the-elders-of-zion.

228 反ユダヤ主義のステレオタイプや「シオニストのユダヤ人にメディアが乗っとられている」という作り話のさらなる詳しい分析は以下を参照。Matthias J. Becker and Dr Daniel Allington, 'Decoding Antisemitism: An AI-driven Study on Hate Speech and Imagery Online', Decoding Antisemitism Discourse Report, August 2021, p. 9, Online: https://kclpure.kcl.ac.uk/portal/files/157768985/TUB_Decoding_Antisemitism_EN_FIN.pdf.

229 この会議の3回目の録音開始から9分。

230 この会議の3回目の録音開始から3分。

第5章

231 David Spiegelhalter, 'Is 10 per cent of the population really gay?', the *Guardian*, 5 April 2015, Online: https://www.theguardian.com/society/2015/apr/05/10-per-cent-population-gay-alfred-kinsey-statistics.

232 UCLA Williams Institute, 'How Many Adults Identify as Transgender in the United States?', June 2016, Online: https://williamsinstitute.law.ucla.edu/publications/trans-adults-united-states/.

233 以下の米国での調査結果にもとづく推定値。Gallup survey: https://news.gallup.com/poll/389792/lgbt-identification-ticks-up.aspx.

234 Vikki Julian, 'New research on reporting trans issues shows 400% increase in coverage and varying perceptions on broader editorial standards', IPSO, 2 December 2020, Online: https://www.ipso.co.uk/news-press-releases/press-releases/new-research-on-reporting-of-trans-issues-shows-400-increase-in-coverage-and-varying-perceptions-on-broader-editorial-standards/.

235 Michelle Goldberg, 'The Right's Disney Freakout', *The New York Times*, 1 April 2022, Online: https://www.nytimes.com/2022/04/01/opinion/disney-dont-say-gay.html.

236 Laurel Powell, '2021 Becomes Deadliest Year on Record for Transgender and Non-Binary People', Human Rights Campaign, 9 November 2021, Online: https://www.hrc.org/press-releases/2021-becomes-deadliest-year-on-record-for-transgender-and-non-binary-people.

237 'Transphobic hate crime reports have quadrupled over the past five years in the UK', BBC, 11 October 2020, Online: https://www.bbc.com/news/av/uk-54486122.

238 Galop, 'Transphobic Hate Crime Report 2020', Online: https://galop.org.uk/resource/transphobic-hate-crime-report-2020/.

239 Nick Lowles, Nick Ryan and Joe Mulhall, 'State of Hate 2022: On the March Again', Hope not Hate, March 2022, Online: https://hopenothate.org.uk/wp-content/uploads/2022/03/state-of-hate-2022-v1_17-March-update.pdf.

240 Sanchez Manning, 'Now even the word "maternity" is facing a ban at Britain's "wokest" university after diversity chiefs said the term was now "problematic" and "exclusionary"', *Daily Mail*, 23 January 2022, Online: https://www.dailymail.co.uk/news/article-10431337/Now-maternity-facing-ban-Britains-wokest-university-diversity-chiefs-ruling.html.

241 以下を参照。https://www.mumsnet.com/Talk/womens_rights/3159058-Disgusted-by-all-the-transphobia-here?pg=13.

242 Harriet Williamson, 'Rosie Duffield's views on transgender people should have no place in the Labour party', the *Independent*, 20 September 2021, Online: https://uk.news.yahoo.com/rosie-duffield-views-transgender-people-125635733.html.

243 Alana Mastrangelo, 'Exclusive – Sarah Palin on Trans Athletes: "He is a dude" beat-

ing women's swimming records', *Breitbart*, 27 December 2021, Online: https://www.breitbart.com/politics/2021/12/27/exclusive-sarah-palin-on-trans-athletes-he-is-a-dude-beating-womens-swimming-records/.

244 Samantha Schmidt, 'Conservatives find unlikely ally in fighting transgender rights: Radical Feminists', *The Washington Post*, 7 February 2020, Online: https://www.washingtonpost.com/dc-md-va/2020/02/07/radical-feminists-conservatives-transgender-rights/ および https://www.nbcnews.com/feature/nbc-out/conservative-group-hosts-anti-transgender-panel-feminists-left-n964246.

245 Kashmira Gander, 'Trans Women are Parasites for "Occupying the Bodies of the Oppressed"', *Newsweek*, 15 March 20218, Online: https://www.newsweek.com/trans-women-are-parasites-occupying-bodies-oppressed-says-academic-846563.

246 'Pride in London sorry after anti-trans protest', BBC, 6 July 2018, Online: https://www.bbc.com/news/uk-england-london-44757403.

247 以下を参照。website: https://www.gettheloutuk.com/.

248 Trevor Phillips, 'Trans extremists are putting equality at risk', *The Times*, 22 October 2018, Online: https://www.thetimes.co.uk/article/trans-extremists-are-putting-equality-at-risk-fjv8skwz0.

249 Leo McKinstry, 'We must halt this transgender madness – it is hurting women and girls, blasts LEO McKINSTRY,' *Express*, 29 October 2020, Online: https://www.express.co.uk/comment/columnists/leo-mckinstry/903140/Transgenderism-harming-women-must-be-stopped.

250 Tim Newark, 'This transgender madness is now a danger to women, says Tim Newark', *Express*, 13 October 2018, Online: https://www.express.co.uk/comment/express-comment/1030959/transgender-madness-danger-women-comment-tim-newark.

251 Darren Boyle, 'Trans rapist, 25, who groomed a 13-year-old girl asking her on text "do you mind if my hands wander?" days after being released from prison is jailed for 100 months', *Mail Online*, 3 February 2022, Online: https://www.dailymail.co.uk/news/article-10472547/Trans-rapist-25-groomed-13-year-old-girl-jailed-100-months.html.

252 Shawn Cohen, 'EXCLUSIVE: "We're uncomfortable in our own locker room." Lia Thomas' UPenn teammate tells how the trans swimmer doesn't always cover up her male genitals when changing and their concerns go ignored by their coach', *Daily Mail*, 27 January 2022, Online: https://www.dailymail.co.uk/news/article-10445679/Lia-Thomas-UPenn-teammate-says-trans-swimmer-doesnt-cover-genitals-locker-room.html.

253 Robert Coulter et al., 'Prevalence of Past-Year Sexual Assault Victimization Among Undergraduate Students: Exploring Differences by and Intersections of Gender Identity, Sexual Identity, and Race/ Ethnicity', Society for Prevention Research, 2017. Online: https://vaw.msu.edu/wp-content/uploads/2016/03/2-Coulter-Prev-Sci-2017.pdf.

254 たとえば以下を参照。RAINN, 'Perpetrators of Sexual Violence: Statistics, online: https://www.rainn.org/statistics/perpetrators-sexual-violence; Office for National Statistics, 'Nature of sexual assault by rape or penetration, England and Wales, year ending March 2020', Census 2021, Online: https://www.ons.gov.uk/peoplepopulationandcom-

munity/crimeandjustice/articles/natureofsexualassaultbyrapeorpenetrationenglandandwales/yearending-march2020#perpetrator-characteristics; Devon Rape Crisis and Sexual Abuse Services, 'Myths, Facts and Statistics', 2022, Online: https://devon-rapecrisis.org.uk/about-us/myths-facts-and-statistics/.

255 National Center for Transgender Equality, 'The Report of the 2015 US Transgender Survey', December 2015, Online: https://transequality.org/sites/default/files/docs/usts/USTS-Executive-Summary-Dec17.pdf.

256 FRA – European Union Agency for Fundamental Rights, 'Being Trans in the European Union: Comparative analysis of EU LGBT survey data', 2014, Online: https://fra.europa.eu/sites/default/files/fra-2014-being-trans-eu-comparative-0_en.pdf.

257 Nazia Parveen, 'Karen White: how "manipulative" transgender inmate attacked again', the *Guardian*, 11 October 2018, Online: https://www.theguardian.com/society/2018/oct/11/karen-white-how-manipulative-and-controlling-offender-attacked-again-transgender-prison.

258 実際のツイートは以下。https://twitter.com/jk_rowling/status/1269382518362509313?lang=en.

259 Katelyn Burns, 'Is J.K. Rowling Transphobic?, A Trans Woman Investigates', *Them*, 28 March 2018, Online: https://www.them.us/story/is-jk-rowling-transphobic.

260 YouGov, 'How Brits Define a Transgender Woman', 2022 Tracker, Online: https://yougov.co.uk/topics/politics/trackers/how-brits-define-a-transgender-woman.

261 Katelyn Burns, 'The internet made trans people visible. It also left them more vulnerable', *Vox*, 27 December 2019, Online: https://www.vox.com/identities/2019/12/27/21028342/trans-visibility-backlash-internet-2010.

262 'Bathroom Bill to Cost North Carolina $3.76B AP Analysis Finds', NBC News, 27 March 2017, Online: https://www.nbcnews.com/feature/nbc-out/bathroom-bill-cost-north-carolina-3-76b-ap-analysis-finds- n738866.

263 Simon Murphy and Libby Brooks, 'UK government drops gender self-identification plan for trans people', the *Guardian*, 22 September 2020, Online: https://www.theguardian.com/society/2020/sep/22/uk-government-drops-gender-self-identification-plan-for-trans-people.

264 たとえば以下を参照。Jean Linis-Dinco, 'Machines, Artificial Intelligence and rising global transphobia', Melbourne Law School, March 2021, Online: https://law.unimelb.edu.au/news/caide/machines,-artificial-intelligence-and-the-rising-global-transphobia; Daniel Laufer, 'Computers are binary, people are not: how AI undermines LGBTQ identity', Access Now, 6 April 2021, Online: https://www.accessnow.org/how-ai-systems-undermine-lgbtq-identity/.

265 Jennifer Bilek, 'The agenda behind gender ideology, Women's Declaration International (WDI), 7 December 2021, Online: https://www.youtube.com/watch?v=5DpRlp_3ZZQ.

266 以下を参照。https://twitter.com/bjportraits/status/1197507155403952128.

267 以下を参照。https://twitter.com/bjportraits/status/1171413732171419648.

268 同上。

269 Trystan Reese, *How We Do Family* (NY: The Experiment, 2021), pp. 147–148.

270 GLAAD, 'Social Media Safety Index', May 2021, Online: https://www.glaad.org/sites/default/files/images/2021-05/GLAAD%20SOCIAL%20 MEDIA%20SAFETY%20INDEX_0.pdf.

271 Ashley Stahl, 'Why Democrats Should Be Losing Sleep Over Generation Z', *Forbes*, 11 August 2017, Online: https://www.forbes.com/sites/ashleystahl/2017/08/11/why-democrats-should-be-losing-sleep-over-generation-z/?sh=162371f77878; Andrew Ellison, 'Teenagers oppose gay marriage and shun tattoos', *The Sunday Times*, 15 September 2016, Online: http://www.thetimes.co.uk/article/teenagers-oppose-gay-marriage-and-shun-tattoos-f2rf0td0b.

272 John Gramlich, 'Young Americans are less trusting of other people – and key institutions – than their elders', Pew Research, 6 August 2019, Online: https://www.pewresearch.org/fact-tank/2019/08/06/young-americans-are-less-trusting-of-other-people-and-key-institutions-than-their-elders/.

273 以下を参照。https://www.prageru.com.

274 Nellie Bowles, 'Right-Wing Views for Generation Z, Five Minutes at a Time', *The New York Times*, 4 January 2020, Online: https://www.nytimes.com/2020/01/04/us/politics/dennis-prager-university.html.

275 'A Snapshot of Anti-Trans Hatred in Debates around Transgender Athletes', Institute for Strategic Dialogue, 20 January 2022, Online: https://www.isdglobal.org/digital_dispatches/anti-trans-hatred-against-athletes-highlights-policy-failures-facebook-twitter/?mc_cid=d3f575d23e&mc_eid=1dcda39307.

276 'It's Intersex Awareness Day – here are 5 myths we need to shatter', Amnesty International, October 2018, Online: https://www.amnesty.org/ en/latest/news/2018/10/its-intersex-awareness-day-here-are-5-myths-we-need-to-shatter/#:~:text=Myth%20 2%3A%20Being%20intersex%20is,intersex%20people%20are%20massively%20under-represented.

277 Kat Chow, '"Model Minority" Myth Again Used As A Racial Wedge Between Asians and Blacks', NPR, 19 April 2017, Online: https://www.npr.org/sections/codeswitch/2017/04/19/524571669/model-minority-myth-again-used-as-a-racial-wedge-between-asians-and-blacks.

278 Jo Yurcaba, 'Texas governor calls on citizens to report parents of transgender kids for abuse', NBC News, 23 February 2022, Online: https://www.nbcnews.com/nbc-out/out-politics-and-policy/texas-governor-calls-citizens-report-parents-transgender-kids-abuse-rcna17455.

279 German Lopez, 'Women are getting harassed in bathrooms because of anti-transgender hysteria', *Vox*, 18 May 2016, Online: https://www.vox.com/2016/5/18/11690234/women-bathrooms-harassment.

第6章

280 Sam Jones and Guy Chazan, '"Nein Danke": the resistance to Covid-19 vaccines in German-speaking Europe', *Financial Times*, 10 November 2021, Online: https://www.ft.com/content/f04ac67b-92e4-4bab-8c23-817cc0483df5.

281 Brian Kennedy, Alec Tyson and Cary Funk, 'Americans' Trust in Scientists, Other Groups Declines', Pew Research, February 2022, online: https://www.pewresearch.org/science/2022/02/15/americans-trust-in-scientists-other-groups-declines/.

282 以下を参照。D. Reynolds, J. Garay, S. Deamond, M. Moran M, W. Gold, R. Styra, 'Understanding, compliance and psychological impact of the SARS quarantine experience', in *Epidemiol. Infect.* 136, 2008, 997–1007; Lieberoth Andreas, Lin Shiang-Yi, et al., 'Stress and worry in the 2020 coronavirus pandemic: relationships to trust and compliance with preventive measures across 48 countries in the COVIDiSTRESS global survey', The Royal Society, February 2021, Online: https://royalsocietypublishing.org/doi/10.1098/rsos.200589.

283 Lieberoth Andreas, Lin Shiang-Yi, et al., 'Stress and worry in the 2020 coronavirus pandemic: relationships to trust and compliance with preventive measures across 48 countries in the COVIDiSTRESS global survey', The Royal Society, February 2021, Online: https://royalsocietypublishing.org/doi/10.1098/rsos.200589.

284 Bruce Y. Lee, 'Graphene Oxide In Pfizer Coivd-19 Vaccines? Here Are the Latest Unsupported Claims', *Forbes*, 10 July 2021, Online: https://www.forbes.com/sites/brucelee/2021/07/10/graphene-oxide-in-pfizer-covid-19-vaccines-here-are-the-latest-unsupported-claims/?sh=7c01e64274d7; Reuters Fact Check, 'Fact Check- COVID-19 vaccines do not contain graphene oxide', Reuters, 23 July 2021, Online: https://www.reuters.com/ article/factcheck-grapheneoxide-vaccine-idUSL1N2OZ14F.

285 'The Pfizer vaccine isn't 99% graphene oxide', Full Fact, 14 July 2021, Online: https://fullfact.org/online/graphene-oxide/; Reuters Fact Check, 'Fact Check- COVID-19 vaccines do not contain graphene oxide', Reuters, 23 July 2021, Online: https://www.reuters.com/article/factcheck-grapheneoxide-vaccine-idUSL1N2OZ14F.

286 Pablo Campra Madrid, 'Detección de Oxido de Grafeno En Suspensión Acuosa', Universidad de Almería, 28 June 2021, Online https://www.docdroid.net/rNgtxyh/microscopia-de-vial-corminaty-dr-campra-firma-e-1-fusionado-pdf#page=16.

287 'Covid-19 vaccines do not make you magnetic', Full Fact, 14 May 2021, Online: https://fullfact.org/online/covid-vaccine-magnet/.

288 Samantha Tatro, '"pH Miracle" Author Robert O. Young Sentenced', NBC San Diego, 29 June 2017, Online: https://www.nbcsandiego.com/news/local/ph-miracle-author-robert-o-young-sentenced/19346/.

289 'Germany: Man refusing COVID jab attacks health workers, demands certificate', Deutsche Welle, 5 September 2021, Online: https://www.dw.com/en/germany-man-refusing-covid-jab-attacks-health-workers-demands-certificate/a-59088281.

290 Sharon Pruitt-Young, '3 Tourists Allegedly Attacked A Hostess Who Asked For Vaccine Proof At A Restaurant', NPR, 17 September 2021, Online: https://www.npr.org/

sections/coronavirus-live-updates/2021/09/17/1038392877/new-york-tourists-attack-hostess-restaurant-vaccine?t=1636114243829.

291 Graeme Massie, 'Apple store security guard stabbed multiple times over mask dispute, police say', the *Independent*, 9 October 2021, Online: https://www.independent.co.uk/news/world/americas/crime/apple-store-mask-stabbing-b1935476.html.

292 '1 dead, 2 injured after dispute over mask at Georgia grocery store, sheriff says', CNN, 15 June 2021, Online: https://abc17news.com/news/national-world/2021/06/15/1-dead-2-injured-after-dispute-over-mask-at-georgia-grocery-store-sheriff-says/.

293 Michal McGowan, 'How the wellness and influencer crowd serve conspiracies to the masses', the *Guardian*, 25 February 2021, Online: https://www.theguardian.com/australia-news/2021/feb/25/how-the-wellness-and-influencer-crowd-served-conspiracies-to-the-masses.

294 Center for Countering Digital Hate, 'The Disinformation Dozen: Why platforms must act on twelve leading online anti-vaxxers', CCDH, March 2021, Online: https://counterhate.com/research/the-disinformation-dozen/.

295 Laura Garcia and Tommy Shane, 'A guide to prebunking: a promising way to inoculate against misinformation', First Draft, 29 June 2021, Online: https://firstdraftnews.org/articles/a-guide-to-prebunking-a-promising-way-to-inoculate-against-misinformation/.

296 Carlotta Dotto, Rory Smith and Chris Looft, 'The "broadcast" model no longer works in an era of disinformation', First Draft, 18 December 2020, Online: https://firstdraftnews.org/articles/the-broadcast-model-no-longer-works-in-an-era-of-disinformation/.

297 Soroush Vosoughi, Deb Roy and Sinan Aral, 'The spread of true and false news online', *Science*, Vol 359, No. 6380 (2018): 1146–1151, Online: https://www.science.org/doi/10.1126/science.aap9559.

298 J-W. Van Prooijen, K.M. Douglas, 'Belief in conspiracy theories: Basic principles of an emerging research domain', *European Journal of Social Psychology*, Vol 48(7), 2018, pp. 897–908, Online: https://www.ncbi.nlm.nih.gov/pmc/articles/PMC6282974/.

299 Serge Moscovici, 'The Conspiracy Mentality', In: C.F. Graumann and S Moscovici (eds), *Changing Conceptions of Conspiracy, Springer Series in Social Psychology*, (NY: Springer), pp. 151–169, Online: https://link.springer.com/chapter/10.1007/978-1-4612-4618-3_9.

300 'Servus TV in Österreich: Ein Sender für Corona-Leugne?', *Tagesschau*, 20 December 2021, Online: https://www.tagesschau.de/ausland/europa/servus-tv-corona-101.html.

301 Hannah Winter, Lea Gerster, Joschua Helmer and Till Baaken, 'Überdosis Desinformation: Die Vertrauenskrise', ISD, 8 May 2021, Online: https://www.isdglobal.org/isd-publications/uberdosis-desinformation-die-vertrauenskrise-impfskepsis-und-impfgegnerschaft-in-der-covid-19-pandemie/.

302 以下を参照。https://londonreal.tv/episodes/.

303 Zoe Tidman, 'Eight police officers hurt after bottles thrown at anti-lockdown protest in London', the *Independent*, 25 April 2021, Online: https://www.independent.co.uk/news/uk/crime/anti-lockdown-protests-london-arrests-police-b1836982.html.

304 Committee to Protect Journalists, 'BBC news crew threatened by COVID-19 protesters in UK', 14 September 2021, Online: https://cpj. org/2021/09/bbc-news-crew-threatened-by-covid-19-protesters-in-uk/.

305 'Germany FM condemns anti-lockdown protesters' attack on journalists', Deutsche Welle, 7 May 2020, Online: https://www.dw.com/en/ germanys-maas-condemns-anti-lockdown-protesters-attack-on-journalists/ a-53359614.

306 Committee to Protect Journalists, 'Protesters against Slovenian COVID-19 response and vaccination storm headquarters of RTVS broadcaster', 9 September 2021, Online: https://cpj.org/2021/09/protesters-against-slovenian-covid-19-response-and-vaccination-storm-headquarters-of-rtvs-broadcaster/.

307 Committee to Protect Journalists, 'BBC news crew threatened by COVID-19 protesters in UK', 14 September 2021, Online: https://cpj.org/2021/09/bbc-news-crew-threatened-by-covid-19-protesters-in-uk/.

308 Wolfgang Vichtl, 'Dieser Hass muss endlich aufhören', *Tagesschau*, 1 August 2022, Online: https://www.tagesschau.de/ausland/europa/kellermayr-corona-aerztin-tot-103.html; Anna Tillack, 'Das ist nicht a bissl Shitstorm', ARD, 31 Januar 2022, Online: https://www.tagesschau.de/ausland/europa/oesterreich-impfgegner-101.html; Colette M. Schmidt, 'Landärztin schließt nach Morddrohungen aus Impfgegnerszene Ordination', *Der Standard*, 28 Juni 2022, online: https://www.derstandard.de/consent/tcf/story/2000136994081/landaerztin-schliesst-nach-morddrohungen-aus-corona-massnahmen-und-impfgegner-szene.

309 Brian Friedberg, 'The Dark Virality of a Hollywood Blood-Harvesting Conspiracy', *Wired*, 31 July 2020, Online: https://www.wired.com/story/opinion-the-dark-virality-of-a-hollywood-blood-harvesting-conspiracy/.

310 Creede Newton, 'What is Qanon, the conspiracy theory spreading throughout the US', Al Jazeera, 8 October 2020, Online: https://www.aljazeera.com/news/2020/10/8/what-is-QAnon-the-conspiracy-theory-spreading-throughout-the-us.

311 https://www.theguardian.com/us-news/2020/aug/11/qanon-facebook- groups-growing-conspiracy-theory.

312 オックスフォード大学の研究者らによる研究では、ワクチンを接種した人はワクチンを接種していない人よりもデルタ株を拡散する可能性が低いことがわかった。ウイルス量を追跡したシンガポールの研究者らは、デルタ株のワクチンを接種した人は感染性期間がより短いことを発見した。詳細は以下を参照。Nidhi Subbaraman, 'How do vaccinated people spread Delta? What the science says', *Nature*, 12 August 2021, Online: https://www.nature.com/articles/d41586-021-02187-1.

313 Barney Davis, '"Covid denier" Gary Matthews dies from the virus alone day after testing positive', *Evening Standard*, 28 January 2021, Online: https://www.standard.co.uk/news/uk/covid-denier-gary-matthews-dies-b908310.html.

314 Steve Almasy, 'Man who dismissed Covid-19 and then survived it says he is an example for doubters', CNN, 13 October 2020, Online: https://edition.cnn.com/2020/10/12/health/texas-coronavirus-skeptic-turned-survivor-guilt/index.html.

315 Anders Anglesey, 'COVID-19 Deniers Event Leaves Host Dead, 12 Infected', *Newsweek*, 14 April 2021, Online: https://www.newsweek.com/covid-19-deniers-event-leaves-host-dead-12-infected-1583553.

316 Nick Lowles, Nick Ryan and Joe Mulhall, 'State of Hate 2022: On the March Again', Hope not Hate, March 2022, Online: https://hopenothate.org.uk/wp-content/uploads/2022/03/state-of-hate-2022-v1_17-March-update.pdf.

317 Michael Powell, 'Exposed: Leader of ex-Army group that's plotting mayhem as 200 members of a sinister anti-vax group meet in a Staffordshire park to practise smashing through police lines', *Daily Mail*, 9 January 2022, Online: https://www.dailymail.co.uk/news/article-10382723/Exposed-Leader-ex-Army-group-thats-plotting-mayhem.html; Miles Dilworth, '"We need to target vaccine centres, schools, and councils": Inside the chilling anti-vax group where ex-soldiers are teaching hundreds to wage "war" on the government and preparing them for "direct action"', *Daily Mail*, 9 January 2022, Online: https://www.dailymail.co.uk/news/article-10384239/Alpha-Men-Assemble-Inside-anti-vax-group-members-taught-wage-war-government.html.

318 START, 'Qanon Offenders in the United States', START Research Brief, May 2021, Online: https://www.start.umd.edu/sites/default/files/publications/local_attachments/START%20QAnon%20Research%20 Brief_5_26.pdf.〔2021年9月22日の時点では、79人から更新され、101人になっている〕

319 James Crowley, 'Artist Claims His Song Was Banned from Soundcloud for Qanon Similarities But Points Out That "F*** Tha Police" Is Still Available', *Newsweek*, 29 October 2020, Online: https://www.newsweek.com/artist-song-removed-soundcloud-QAnon-nwa-police-1543277.

320 Community Security Trust (CST), 'Coronavirus and the Plague of Antisemitism', CST Research Briefing, 2020, Online: https://cst.org.uk/news/blog/2020/07/30/antisemitic-incidents-report-january-june-2020; European Comission and ISD, 'The rise of antisemitism online during the pandemic', Publications Office of the European Union, 1 June 2021, Online: https://op.europa.eu/en/publication-detail/-/publication/d73c833f-c34c-11eb-a925-01aa75ed71a1/language-en.

321 CST, 'Antisemitic Incidents Report 2010', October 2010, Online: https://cst.org.uk/data/file/b/4/Incidents-Report-2010.1425052704.pdf.

322 CST, 'Antisemitic Incidents Report 2021', February 2022, Online: https://cst.org.uk/news/blog/2022/02/10/antisemitic-incidents-report-2021.

323 Anti-Defamation League (ADL), 'Financial Crisis Sparks Wave of Internet Anti-Semitism, ADL, October 2009, Online: https://www.adl.org/sites/default/files/documents/assets/pdf/anti-semitism/united-states/financial-crisis-sparks-internet-anti-semitism-2008-10-24.pdf.

324 詳細は以下を参照。Jigsaw Research, 'News Consumption in the UK: 2022', Ofcom Report, 21 July 2022 online: https://www.ofcom.org.uk/data/assets/pdf_file/0027/241947/News-Consumption-in-the-UK-2022-report.pdf.

325 Jeff Grabmeier, 'Fact-checking works across the globe to correct Misinformation',

Phys Org, Ohio State University, 6 September 2021, Online: https://phys.org/news/2021-09-international-fact-significantly-belief-misinformation.html.

第7章

326 Amy Mackinnon, Robbie Gramer and Jack Detsch, 'Russia Planning Post-Invasion Arrest and Assassination Campaign in Ukraine, US Officials Say', *Foreign Affairs*, 18 February 2022, Online: https://foreignpolicy.com/2022/02/18/russia-ukraine-arrest-assassination-invasion/.

327 以下を参照。Kharkiv Human Rights Protection Group: https://khpg.org/en/1412628810.

328 Lauren Fryer, 'Some LGBTQ Ukrainians are fleeing Russian occupation. Others are signing up to fight', NPR, 13 March 2022, Online: https://www.npr.org/2022/03/12/1086274340/ukraine-lgb-tq?t=1649154629479.

329 Hélène Barthélemy, 'How the World Congress of Families serves Russian Orthodox political interests', Southern Poverty Law Center, 16 May 2018, Online: https://www.splcenter.org/hatewatch/2018/05/16/how-world-congress-families-serves-russian-orthodox-political-interests.

330 Amy Cheng, 'Putin slams "cancel culture" and trans rights, calling teaching gender fluidity a crime against humanity', *The Washington Post*, 22 October 2021, Online: https://www.washingtonpost.com/world/2021/10/22/putin-valdai-speech-trump-cancel-culture/.

331 Ezra Klein, 'The enemies of liberalism are showing us what it truly means', *The New York Times* International Edition, 5 April 2022, Online: https://www.nytimes.com/2022/04/03/opinion/putin-ukraine-liberalism.html.

332 Morgenpost, Live Blog on Ukraine, Update from Sunday 10 April, 1 p.m., Online: https://www.morgenpost.de/berlin/article234941541/berlin-ukraine-krieg-fluechtlinge-news-hauptbahnhof-aktuell-giffey.html; and Hubert Gude, 'Wie es zum, "Autokorso der Schande" kam', *Der Spiegel*, 6 April 2021. Online: https://www.spiegel.de/panorama/gesellschaft/berlin-wie-es-zum-autokorso-der-schande-kam-a-533f7b3f-bd87-49e3-b648-713bb7d4a6b4.

333 ドイツ語の原文は 'Wann bist du aufgewacht?', 'Ich bin schon vor Covid aufgewacht', 'Mit der ganzen Scheiße und den Lügen, die uns erzählt wurden, hab ich schon geahnt dass irgendwas passieren wird', 'Ich hatte Delta. Mir ging's so schlecht. Ich hab geschworen, mich impfen zu lassen weil's so schlimm war. Ich wär fast draufgegangen. Zum Glück hatte ich sechs Monate Zeit, da hab ich erst gesehen was die Impfung wirklich ist.'

334 ドイツ語の原文は: 'Richtig geil, wir wachsen mehr und mehr', ' Seit ein paar Monaten. Wir haben noch andere Gruppen.'

335 筆者の録音18分50秒からを参照。ドイツ語の原文は 'Das würde man nie bei einer Schwuchteln-Demo sehen.'

336 ドイツ語の原文は 'Ich hoffe Russland wird ihre Bestreben umsetzen können. Ich hoffe auf einen russischen Sieg.'

337 ドイツ語の原文は 'Lügenmärchen' and 'globale Ausführungseliten'.

338 この会話の実況録画はアンニとマルティンのユーチューブ動画52分30秒から視聴できる。https://www.youtube.com/watch?v=zZfVZRTIykE.

339 ドイツ語の原文は 'Darf ich Sie fragen wofür Sie heute demonstrieren?' 'Für die Meinungsfreiheit im weitesten Sinne. Denn die Berichterstattung über alle möglichen Themen wird in letzter Zeit immer einseitiger, besonders durch die homogenisierten Leitmedien. Damit mein ich nicht nur die öffentlich-rechtlichen, sondern auch die privaten. Bis auf ganz wenige Ausnahmen ist da die Richtung ähnlich.'

340 参考までに以下を参照。Cf. 'Mensch Putin!', ZDF documentary, February 2015. Online: https://www.zdf.de/dokumentation/zdfzeit/mensch-putin-100.html.

341 ドイツ語の原文は 'Wer schlägt nicht seine Frau? Oder wie oft kommt das vor? Ist das jetzt ein Qualitätskriterium?' この会話の実況録画はアンニとマルティンのユーチューブ動画1分45秒から視聴できる。https://www.youtube.com/watch?v=1CvlasK1_pg.

342 ドイツ語の原文は 'Warum wollen Sie nicht vor der Kamera sprechen?', 著者録音37分10秒より。

343 この会話の実況録画はアンニとマルティンの以下のユーチューブ動画1時間1分2秒からhttps://www.youtube.com/watch?v-=zZfVZRTIykE, ならびに筆者の録音35分45秒から視聴できる。ドイツ語の原文は 'Dann haben sie die Pandemie erfunden und den Krieg gegen das eigene Volk. Jetzt ist das eigene Volk aufgewacht und weil das eigene Volk aufgwacht ist brauchen sie eine weitere Krise.'

344 ドイツ語の原文は'ungespritzt'.

345 ドイツ語の原文は'Singles ungeimpft'.

346 ドイツ語の原文は'An alle Pädagogen, Politiker, Journalisten, Impfärzte, Polizisten und weitere Unterstützer die immer noch mitspielen. Fahrt zur Hölle.'

347 ドイツ語の原文は'Hey Gabriel, hier ist Mary (Maria) von der Demo heute. Würd mich freuen, wenn ich bei deiner Gruppe dabei sein darf.'

348 ドイツ語の原文では'Heyyyyy (: ' 'Na klar darfst du'. Zwinkersmiley.

349 'DIESE WELT WIDERT MICH AN. ICH KANN MICH NICHT EINMAL DARAUF VERLASSEN WAS ICH ESSE, SEHE, TRINKE, HÖRE, ODER ATME. ALLES IST VOM SYSTEM VERGIFTET.'

350 ADL, 'New World Order', Glossary, 2022, Online: https://www.adl.org/resources/glossary-terms/new-world-order.

351 ドイツ語の原文は 'Gestern reingestellt schon über 10.8K.'

352 ドイツ語の原文は 'Putin ist von Anfang an gegen diese Satanisten NWO!' 'Weiter machen müssen wir sowieso, auch wenn wir gegen diese Impfpflicht etc. gewinnen. Es geht trotzdem noch weiter . . . Bis diese Satanisten ihre Verdiente Gerechte Strafe bekommen und es (hoffentlich) zu Neu Wahlen kommt mit AFD als Sieger.'

353 ドイツ語の原文は'Kein Grund aufzuhören! Dieses Terrorregime muss weg!'

354 'Ukraine Krieg und Corona: 43 Prozent der Ungeimpften glauben an Ablenkung', NTV, 22 March 2022 https://amp.n-tv.de/panorama/43-Prozent-der-Ungeimpften-glauben-an-Ablenkung-article23214090. html, 以下のCOSMOの調査を引用。https://projekte.

uni-erfurt.de/cosmo2020/web/about/.

355 Pia Lamberty, Maheba Goedeke Tort and Corinne Heuer, 'Von der Krise zum Krieg: Verschörungserzählungen über den Angriffskrieg gegen die Ukraine in der Gesellschaft', CeMAS, 5 May 2022, Online https://cemas.io/publikationen/von-der-krise-zum-krieg-verschwoerungserzaehlungen-ueber-den-angriffskrieg-gegen-die-ukraine-in-der-gesellschaft/.

356 ドイツ語の原文は'WWG1WGA. Corona dient dazu alles zu hinterfragen, von der Maske bis hin zu unserer Geschichte. Mit Spielfilmen wurden wir darauf vorbereitet was jetzt auf uns zukommt. Wir bekommen über 6000 Patente freigegeben. Corona ist ein Intelligenz Test. Der Q-Plan next Level. Der Q-Plan. Das große Erwachen. Befreiung der Menschheit. Einführung von Nesara Gesara. Mit meiner Video Sammlung lernst Du den Q-Plan verstehen und kommst aus der Angst. Danke Dein Q74You.'

357 たとえば以下を参照。Peter Pomerantsev, *This is Not Propaganda: Adventures in the War Against Reality* (London/N.Y.: Public Affairs, 2029)〔ピーター・ポメランツェフ『嘘と拡散の世紀――「われわれ」と「彼ら」の情報戦争』築地誠子／竹田円訳、原書房、2020年〕およびNina Jankowicz, *How to Lose the Information War: Russia, Fake News, and the Future of Conflict* (London/N.Y.: I.B. Tauris, 2020).

358 Alexander Laboda, '"Querdenker", Verschörungsideologien und der Krieg: "Ein Nährboden für faschistische Agitation", MDR Aktuell, 23 March 2022, Online: https://www.mdr.de/nachrichten/deutschland/politik/ukraine-krieg-querdenker-verschwoerungs-theorien-100~amp.html.

359 Lars Wienand, 'Putins deutsche Infokriegerin', t-online, 19 April 2022, Online: https://www.t-online.de/nachrichten/ausland/id_91759336/alina-lipp-auf-telegramm-einst-bei-den-gruenen-jetzt-putins-infokriegerin-.html.

360 Julia Smirnova and Francesca Arcostanzo, 'German Language Disinformation About the Russian Invasion of Ukraine', ISD, March 2022. Online https://www.isdglobal.org/digital_dispatches/german-language-disinformation-about-the-russian-invasion-of-ukraine-on-facebook/.

361 Jason Paladino and Anya van Wagtendonk, 'Meet Patrick Lancaster: A U.S. Navy veteran from Missouri and Russia's favorite war propagandist', Grid, 18 April 2022, Online: https://www.grid.news/story/misinformation/2022/04/18/russias-favorite-war-propagandist-is-a-navy-veteran-from-missouri/.

362 ドイツ語の原文は 'Impflicht gescheitert. Aber wer sind die überhaupt, das die über Menschen-Würde bestimmen dürfen . . . diese Satanisten. Die werden es NIEMALS schaffen bei den Nicht-Geimpfte, Gesunde Normaldenkende. Koste es was es wolle.'

363 ドイツ語の原文は 'DIESE VERBRECHER WISSEN ES – und trotzdem wird das Gift weiter injiziert! Für mich sind Lauterbach und Konsorten MASSENMÖRDER.'

364 ドイツ語の原文は'Verbrecher Lauterbach' and 'MASKE = SKLAVEN MASKE! IMPFUNG = GIFT-TOT. CORONA = STARKE GRIPPE! NICHT MEHR NICHT WENIGER! WIEVIELE STERBEN AN NORMALE GRIPPE FRAU DOKTOR Vannila ?! Vergessen oder 0 Ahnung?! Hirn einschalten bitte! WIR SIND IM 3.WELTKRIEG!

WERDEN NUR VERARACHT! RAFF ES ENDLICH!'

365 DPA/AFP, 'Entfühurung von Lauterbach gescheitert: Rechtsextremisten planten Anschlag', taz, 14 April 2022. Online: https://taz.de/Entfuehrung-von-Lauterbach-gescheitert/!5848838/.

366 M. Götschenberg, H. Schmidt and F. Bräutigam, 'Razzia wegen geplanten Staatsstreichs', Tagesschau, 7. December 2022, Online: https://www.tagesschau.de/investigativ/razzia-reichsbuerger-staatsstreich-101.html.

367 ドイツ語の原文は'Mein emotionales Vermögen reicht gar nicht für Hass gegen Russen im Moment.'

368 ドイツ語の原文は'Soziale Medien haben diesen krieg geprägt wie noch keinen anderen.'

369 ドイツ語の原文は'Wenn man sagen würde, es gibt in der Ukraine besonders viele Neonazis, ist das auf jeden Fall Propaganda.' 'In Russland gebe es nämlich viel mehr Neonazis als in der Ukraine'. 以下を参照。'Extremismusforscher zu Putins Propaganda: In Russland gibt es viel mehr Neonazis als in der Ukraine', Deutschlandfunk, 11 March 2022. Online: https://www.deutschlandfunk.de/ritzmann-ukraine-rechtsexteme-asow-putin-propaganda-100.html.

370 The Soufan Center, 'White Supremacy Extremism: The Transnational Rise of the Violent White Supremacist Movement', September 2019, p.8., Online: https://thesoufancenter.org/research/white-supremacy-extremism-the-transnational-rise-of-the-violent-white-supremacist-movement/.

371 Tara John and Tim Lister, 'A far-right batallion has a key role in Ukraine's resistance. Its neo-Nazi history has been exploited by Putin', CNN, 30 March 2022, Online: https://edition.cnn.com/2022/03/29/europe/ukraine-azov-movement-far-right-intl-cmd/index.html.

372 'Russia planning to deploy 1,000 Wagner mercenaries to eastern Ukraine, says UK's defence ministry', *Euronews* with AP, 29 March 2022, Online: https://www.euronews.com/2022/03/29/russia-planning-to-deploy-1000-wagner-mercenaries-to-eastern-ukraine-says-uk-s-defence-mi.

373 Mark Townsend, 'Russian mercenaries in Ukraine linked to far-right extremists', the *Guardian*, 20 March 2022, Online: https://www.theguardian.com/world/2022/mar/20/russian-mercenaries-in-ukraine-linked-to-far-right-extremists.

374 Tom Ball, 'Rusich's neo-Nazi mercenaries head for Kharkiv', *The Times*, 7 April 2022, Online: https://www.thetimes.co.uk/article/rusichs-neo-nazi-mercenaries-head-for-kharkiv-prjndp9rl?utm_medium=Social&utm_source=Twitter#Echobox=1649340917.

375 Daniel De Simone, Andrei Soshnikov and Ali Winston, 'Neo-Nazi Rinaldo Nazzaro running US militant group The Base from Russia', BBC, 24 January 2020, Online: https://www.bbc.co.uk/news/world-51236915.

376 Mikhail Klimentov, 'Alleged Russian sting operation uncovers "The Sims 3", guns, grenade', *The Washington Post*, 26 April 2022, Online: https://www.washingtonpost.com/video-games/2022/04/26/russian-assassination-sims-3/.

377 Anne Applebaum, Peter Pomerantsev, Melanie Smith and Chloe Colliver, '"Make Germany Great Again": Kremlin, Alt-Right and International Influencers in the 2017 German Elections', ISD, December 2017, Online: https://www.isdglobal.org/wp-content/uploads/2017/12/Make-Germany-Great-Again-ENG-061217.pdf; Chloe Colliver, Peter Pomerantsev, Anne Applebaum and Jonathan Birdwell, 'Smearing Sweden: International Influence Campaigns in the 2018 Swedish Election', ISD, October 2018, Online: https://www.isdglobal.org/isd-publications/smearing-sweden-international-influence-campaigns-in-the-2018-swedish-election/.

378 ドイツ語の原文は 'Butscha – Wo sind die Beweise. Russland wird vorgeworfen, in der ukrainischen Stadt Butscha ca. 300 Zivilisten getötet zu haben. Doch Beweise gibt es dafür einfach mal gar keine.'

379 Pia Lamberty, Maheba Goedeke Tort and Corinne Heuer, 'Von der Krise zum Krieg: Verschörungserzählungen über den Angriffskrieg gegen die Ukraine in der Gesellschaft', CeMAS, 5 May 2022, Online https://cemas.io/publikationen/von-der-krise-zum-krieg-verschwoerungserzaehlungen-ueber-den-angriffskrieg-gegen-die-ukraine-in-der-gesellschaft/.

380 ADL, 'Unmasking "Clandestine", the Figure Behind the Viral "Ukrainian Biolab" Conspiracy Theory', ADL, 5 April 2022, Online: https://www.adl.org/blog/unmasking-clandestine-the-figure-behind-the-viral-ukrainian-biolab-conspiracy-theory.

381 Elise Thomas, 'QAnon goes to China – via Russia', ISD Digital Dispatches, March 2022, Online: https://www.isdglobal.org/digital_dispatches/QAnon-goes-to-china-via-russia/.

382 'Statistiken zur Akzeptanz von und zum Umgang mit Verschwörungstheorien in Deutschland', Statista, 10 March 2022, Online: https://de.statista.com/themen/7332/akzeptanz-von-und-umgang-mit-verschwoerungstheorien-in-deutschland/#dossierKeyfigures.

383 Joel Rose, 'Even If It's "Bonkers," Poll Finds Many Believe QAnon And Other Conspiracy Theories', NPR/Ipsos, 20 December 2020, Online: https://www.npr.org/2020/12/30/951095644/even-if-its-bonkers-poll-finds-many-believe-QAnon-andother-conspiracy-theories.

384 Nick Lowles, Nick Ryan and Joe Mulhall, 'State of Hate 2022: On the March Again', Hope not Hate, March 2022, Online: https://hopenothate.org.uk/wp-content/uploads/2022/03/state-of-hate-2022-v1_17-March-update.pdf.

385 Lynn Vandrasik, Robert Amour and Al Jones, 'White Hat, Black Hat, White Hat: QAnon Sentiment Towards Xi Jinping, March 2018-April 2022', Q Origins Project, April 2022, Online: https://qoriginsproject.org/white-hat-black-hat-white-hat-QAnon-sentiment-towards-xi-jinping-march-2018-to-april-2022/.

386 元の引用は以下を参照。The Q Origins Project: https://dchan.qorigins.org/qresearch/res/16168326.html#16168398.

387 Sean Illing, '"Flood the zone with shit": How misinformation overwhelmed our democracy', *Vox*, 6 February 2020, Online: https://www.vox.com/policy-and-poli-

tics/2020/1/16/20991816/impeachment-trial-trump-bannon-misinformation.

388 Sergio Olmos, '"Key to white survival": how Putin has morphed into a far-right saviour', the *Guardian*, 5 March 2022, Online: https://www.theguardian.com/us-news/2022/mar/05/putin-ukraine-invasion-white-nationalists-far-right.

389 Ayesha Rascoe, 'Russian intellectual Aleksandr Dugin is also commonly known as "Putin's brain"', NPR, 27 March 2022, Online: https://www.npr.org/2022/03/27/1089047787/russian-intellectual-aleksandr-dugin-is-also-commonly-known-as-putins-brain.

390 Alexander Dugin, *The Great Awakening vs the Great Reset* (Arktos Media, 2021).

391 同上。

392 Tim Hume, 'How COVID "Truthers" Stirred Up a Culture War Over Drag Queen Readings', *VICE*, 31 August 2022, Online: https://www.vice.com/en/article/y3p38b/drag-queen-story-hour-covid.

393 Matthew Rose, *A World after Liberalism: Philosophers of the Radical Right* (N.Y.: Yale University Press, 2021).

394 Anne Applebaum, 'There Is No Liberal World Order', *The Atlantic*, 31 March 2022, Online: https://www.theatlantic.com/magazine/archive/2022/05/autocracy-could-destroy-democracy-russia-ukraine/629363/.

395 Ezra Klein, 'The Enemies of Liberalism Are Showing Us What It Really Means', *The New York Times*, 3 April 2022, Online: https://www.nytimes.com/2022/04/03/opinion/putin-ukraine-liberalism.html.

396 以下を参照。https://twitter.com/AtlanticCouncil/status/1504095197185167368.

第8章

397 Cynthia Idriss-Miller, 'How Extremism Went Mainstream', Foreign Affairs, 3 January 2022, Online: https://www.foreignaffairs.com/articles/ united-states/2022-01-03/how-extremism-went-mainstream?check_logged_in=1&utm_medium=promo_email&utm_source=lo_flows&utm_campaign=registered_user_welcome&utm_term=email_1&utm_content= 20220124.

398 Milo Comerford and Sasha Havlicek, 'Mainstreamed Extremism and the Future', ISD, The Future of Extremism Series, Online https://www.isdglobal.org/wp-content/uploads/2021/10/ISD-Mainstreamed-extremism-and-the-future-of-prevention-3.pdf.

399 Jacob Davey, 'Gamers Who Hate: An Introduction to ISD's Gaming and Extremism Series', ISD, September 2021, Online: https://www.isdglobal.org/isd-publications/gamers-who-hate-an-introduction-to-isds-gaming-and-extremism-series/.

400 Fernando H. Calderón et al., 'Linguistic Patterns for Code Word Resilient Hate Speech Identification', *Sensors* 21(23), December 2021: 7859, Online: https://www.ncbi.nlm.nih.gov/pmc/articles/PMC8659976/.

401 以下を参照。Strong Cities Network: https://strongcitiesnetwork.org/en/.

402 Bond Benton and Daniela Peterka-Benton, 'Hating in plain sight: The hatejacking of brands by extremist groups', *Public Relations Inquiry*, Vol 9, No. 1 (2019): 7–26, Online:

https://journals.sagepub.com/doi/10.1177/2046147X19863838.

403 Kevin McSpadden, 'You Now have a Shorter Attention Span Than a Goldfish', *TIME*, 14 May 2015, Online: https://time.com/3858309/attention-spans-goldfish/.

404 たとえば以下を参照。Moustafa Ayad, 'Islamogram: Salafism and Alt-Right Online Subcultures', 16 November 2021, Online: https://www.isdglobal.org/isd-publications/islamogram-salafism-and-alt-right-online-subcultures/; Cristina Moreno-Almeida and Paolo Gerbaudo, 'Memes and the Moroccan Far-Right', *The International Journal of Press/Politics*, Vol. 26, No. 4 (2021): 882–906, Online: https://journals.sagepub.com/doi/pdf/10.1177/1940161221995083.

405 Ala' Alrababa'h, William Marble, Salma Mousa and Alexandra A. Siegel, 'Can Exposure to Celebrities Reduce Prejudice? The Effect of Mohamed Salah on Islamophobic Behaviors and Attitudes', *American Political Science Review*, Vol. 115, No. 4 (2021), Online: https://www.cambridge.org/core/journals/american-political-science-review/article/can-exposure-to-celebrities-reduce-prejudice-the-effect-of-mohamed-salah-on-islamophobic-behaviors-and-attitudes/A1DA34F9F5BCE905850AC8FBAC78BE58.

406 以下を参照。Facts for Friends website: https://www.factsforfriends.de/.

407 Pia Lamberty, Maheba Goedeke Tort and Corinne Heuer, 'Von der Krise zum Krieg: Verschwörungserzählungen über den Angriffskrieg gegen die Ukraine in der Gesellschaft', CeMAS, 5 May 2022, Online: https://cemas.io/publikationen/von-der-krise-zum-krieg-verschwoerungserzaehlungen-ueber-den-angriffskrieg-gegen-die-ukraine-in-der-gesellschaft/.

408 N. Grinberg, K. Joseph, L. Friedland, S. Swire-Thompson and D. Lazer, 'Fake news on Twitter during the 2016 US presidential election', *Science*, Vol. 363 (2019): 374–378, Online: https://www.science.org/doi/10.1126/science.aau2706.

409 A. Guess, J. Nagler, J. Tucker, 'Less than you think: Prevalence and predictors of fake news dissemination on Facebook', *Science Advances*, Vol. 5 (2019), Online: https://www.science.org/doi/10.1126/sciadv.aau4586.

410 Nadia M. Brashier and Daniel L. Schacter, 'Aging in an Era of Fake News', *Current Directions in Psychological Science*, Vol. 29, No. 3 (2020): 316–323, Online: https://journals.sagepub.com/doi/10.1177/0963721420915872.

411 Laura Garcia and Tommy Shane, 'A guide to prebunking: a promising way to inoculate against misinformation', First Draft, 29 June 2021, Online: https://firstdraftnews.org/articles/a-guide-to-prebunking-a-promising-way-to-inoculate-against-misinformation/.

412 Jakob Guhl and Jacob Davey, 'Hosting the "Holohoax": A Snapshot of Holocaust Denial Across Social Media', ISD, 17 August 2020, Online: https://www.isdglobal.org/isd-publications/hosting-the-holohoax-a-snapshot-of-holocaust-denial-across-social-media/.

413 ISD, 'Bankrolling Bigotry: An Overview of the Online Funding Strategies of American Hate Groups', 27 October 2020, Online: https://www.isdglobal.org/isd-publications/bankrolling-bigotry/.

414 以下を参照。DeepDAO.io.

［著者］

ユリア・エブナー Julia Ebner

1991年ウィーン生まれ。戦略対話研究所（ISD）上席主任研究官。オンラインの過激主義、偽情報、ヘイトスピーチなどを研究対象とする。研究結果をもとに、国際連合、北大西洋条約機構、世界銀行ほか数々の政府機関や諜報機関に対してアドバイスを行っている。「ガーディアン」「インディペンデント」などに寄稿。著書『The Rage: The Vicious Circle of Islamist and Far-Right Extremism』（I.B.Tauris & Co Ltd、2018年、未邦訳）で、「シュピーゲル」のベストセラー、2018年ブルーノ・クライスキー賞を受賞。『Going Dark: The Secret Social Lives of Extremists』（邦題:ゴーイング・ダーク 12の過激主義組織潜入ルポ、左右社刊行）は各紙で賞賛された。

［訳者］

西川美樹 Nishikawa Miki

翻訳家。訳書にユリア・エブナー『ゴーイング・ダーク』（左右社）、ウィル・ソマー『Qアノンの正体』（河出書房新社）、エドウィン・ブラック『弱者に仕掛けた戦争』（共訳、人文書院）、パメラ・ロトナー・サカモト『黒い雨に撃たれて』（共訳、上下巻、慶應義塾大学出版会）、ブランコ・ミラノヴィッチ『資本主義だけ残った』、ジェイムズ・Q・ウィットマン『ヒトラーのモデルはアメリカだった』（以上みすず書房）など。

ゴーイング・メインストリーム

過激主義が主流になる日

2024年6月15日 第1刷発行

著者　ユリア・エブナー

翻訳　西川美樹

解説　清水知子

発行者　小柳学

発行所　株式会社左右社

〒151-0051東京都渋谷区千駄ヶ谷3-55-12 ヴィラパルテノンB1
TEL 03-5786-6030　FAX 03-5786-6032
info@sayusha.com　https://www.sayusha.com

装幀　水戸部 功

印刷所　モリモト印刷株式会社

Printed in Japan. ISBN978-4-86528-416-4

ゴーイング・ダーク

12の過激主義組織潜入ルポ

［ユリア・エブナー 著、西川美樹 訳、木澤佐登志 解説］

過激主義者はどうやって「普通の人びと」を取り込むのか?

カリスマ白人至上主義インフルエンサー／愛国主義者専用の出会い系アプリ／ハマったら最後、Qアノンの陰謀論／ＩＳＩＳのハッカー集団による初心者講座／反フェミニスト女性のチャットルーム／ネオナチのロックフェスティバル

差別的で攻撃的なイデオロギーを掲げる組織は、オンラインプラットフォームを駆使して、周縁のムーブメントをメインストリームへと押し上げる。オンラインで始まった憎悪が、次第に現実世界へと移行していく様子をとらえた、緊迫のノンフィクション。

ISBN：978-4-86528-054-8／本体二三〇〇円＋税